히브리서

어떻게 설교할 것인가

두란노 HOW주석 시리즈 47

히브리서 어떻게 설교할 것인가

엮은이 | 목회와신학 편집부

펴낸곳 | 두란노아카데미
등록번호 | 제302-2007-00008호
주소 | 서울시 용산구 서빙고로 65길 38 두란노빌딩

편집부 | 02-2078-3484　　academy@duranno.com　http://www.duranno.com
영업부 | 02-2078-3333　　FAX 080-749-3705
초판1쇄발행 | 2004. 3. 9.　개정판1쇄발행 | 2009. 12. 1.　11쇄 발행 | 2019. 9.16

ISBN　978-89-6491-097-9　　04230
ISBN　978-89-6491-045-0　　04230(세트)

책값은 뒤표지에 있습니다.

히브리서

어떻게 설교할 것인가

• 목회와신학 편집부 엮음 •

두란노 **HOW** 주석

HOW
COMMENTARY
SERIES
47

두란노아카데미

설교는 목회의 생명줄입니다

설교는 목회의 생명줄입니다. 교회 공동체를 향한 하나님의 음성입니다. 그래서 목회자는 설교에 목숨을 겁니다. 하나님의 말씀을 가감 없이 전하기 위해 최선을 다합니다.

이번에 출간한 「두란노 HOW주석 시리즈」는 한국 교회의 강단을 섬기는 마음으로 설교자를 위해 준비했습니다. 「목회와신학」의 별책부록 「그말씀」에 연재해온 것을 많은 목회자들의 요청으로 출간한 것입니다. 특별히 2007년부터는 표지를 새롭게 하고 내용을 더 알차게 보완하는 등 시리즈의 질적 향상을 추구하였습니다. 독자 여러분의 끊임없는 관심과 격려를 부탁드립니다.

「두란노 HOW주석 시리즈」는 성경 본문에 대한 주해를 기본 바탕으로 하면서도, 설교에 결정적으로 중요한 '적용'이라는 포인트를 놓치지 않았습니다. 또한 성경의 권위를 철저히 신뢰하는 복음주의적 관점을 견지하고자 노력했습니다. 또한 성경 각 권이 해당 분야를 전공한 탁월한 국내 신학자들에 의해 집필되었습니다.

학문적 차원의 주석서와는 차별되며, 현학적인 토론을 비껴가면서도 고밀도의 본문 연구와 해석이 전제된 실제적인 적용을 중요시하였습니다.

이 점에서는 목회자뿐만 아니라 성경공부를 인도
하는 평신도 지도자들에게도 매우 귀중한 지침서
가 될 것입니다.

오늘날 교회에게 주어진 사명은 땅 끝까지 이르러
예수 그리스도의 복음을 전파하는 것입니다. 사도
행전적 바로 그 교회를 통해 새롭게 사도행전 29장
을 써나가는 것입니다. 이 시리즈를 통해 설교자의
영성이 살아나고, 한국 교회의 강단에 선포되는 말
씀 위에 성령의 기름부으심이 넘치기를 바랍니다.
이 땅에 말씀의 부흥과 치유의 역사가 일어나고,
설교의 능력이 회복되어 교회의 권세와 영광이 드
러나기를 기도합니다.

바쁜 가운데서도 성의를 다하여 집필에 동참해 주
시고, 이번 시리즈 출간에 동의해 주신 모든 집필
자들에게 이 자리를 빌어 감사의 뜻을 전합니다.

두란노서원 원장

contents

발간사

Ⅰ.배경연구

II. 본문연구

I. 배경 연구

01

히브리서의
역사적, 사회적 배경

서론

신약 저작들 가운데서 히브리서가 차지하는 중요성은 아무리 강조해도 지나치지 않다. 무엇보다 히브리서는 다른 신약 성경에서는 찾아 볼 수 없는 적어도 두 가지 중요한 신학 사상을 제공해 준다. ① 멜기세덱의 반차를 좇는 예수의 제사장직 개념, ② 예수의 희생 제사적 죽음을 설명하는 데 속죄일 의식을 사용하는 것. 하지만 이와 같은 중요성에도 불구하고 히브리서는 신약의 다른 서신서들과 달리 그 기원(저자, 저작 장소, 저작 연대)이 분명치 않을 뿐 아니라, 수신자들의 정체와 상황도 정확히 알려져 있지 않다.

그럼에도 불구하고 히브리서를 적절히 해석하기 위해서는 이러한 역사적 상황을 어느 정도 구체적으로 규명하는 것이 필요하다. 따라서 대부분의 주석가들은 내적 혹은 외적 증거들에 기초하여 본 서신의 역사적 상황을 규명하기 위해 상당한 노력을 기울여 왔다. 그 결과 오늘날 학자들 사이에서는 수신자, 수신지, 저작 연대 등과 관련하여 비록 일치된 견해는 아니라 할지라도 상당히 타당성 있는 제안들이 제기되고 있다. 물론 이러한 제안들은 그 어느 것도 결정적이지 못하다. 하지만 그러한 제안들을 점검해나가는 가운데 히브리서를 해석하는 데 있어 중요한 몇 가지 열쇠들이 발견될 수 있을 것이다.[1]

수신자들의 정체와 상황

히브리서의 수신자들이 처했던 역사적 상황을 재건하는 일은 서신서 본문 자체에 의존하는 길밖에 없다. 하지만 본문으로부터 이끌어 낸 증거들은 상당히 모호하며 더욱이 다양한 해석들에 의해 그 결과가 달라질 수도 있는 것들이다. 그럼에도 불구하고 그러한 내적 증거들을 통한 수신자들의 상황 재건은 오늘날 상당한 진전을 보이고 있으며, 그처럼 재건된 상황은 히브리서의 해석에 유용한 지침들이 될 수 있다.

1. 수신자의 정체

히브리서는 다른 서신서들과 달리 그 서두에서 수신자의 정체를 밝히지 않는다. 뿐만 아니라 히브리서 전체를 통해서도 저자는 그의 서신의 수신자가 누구인지에 대해 명시적으로 밝히지 않는다. 물론 히브리서의 현존하는 모든 사본들과 고대 번역본들은 '히브리인들에게'(프로스 엡라이우스)²라는 표제어를 가지고 있지만, 이 표제어가 언제부터 붙여지게 되었는지는 확실치 않다. 본 표제어에 대한 현존하는 최초의 증거는 아마도 터툴리안(De Pudicitia 20)과 파피루스 P46으로 보이는데, 이들은 모두 2세기 말 혹은 3세기 초의 증거들이다. 우리는 이러한 증거들에 의해 적어도 2세기 말 혹은 3세기 초에 이르러서 히브리서가 히브리인들에게 보내어진 서신이라는 전통이 일반적으로 받아들여졌으며, 그러한 전통은 그 이후 모든 교회 안에서 그대로 수용되었으리라는 점을 추론할 수 있다. 하지만 이는 초대 교회에서의 전반적인 이해를 입증해 줄 뿐이며, 그 이상의 결정적인 증거로 받아들여지기는 어렵다.

그럼에도 불구하고 본 서신의 수신자들이 히브리인 그리스도인들이었다는 초대 교회의 이해는 그 타당성이 매우 높은 것으로 보인다. 오늘날 대부분의 학자들도 수신자들이 유대인 그리스도인들이었으리라는 견해에 동의하고 있다. 그들의 그러한 동의는 주로 내적 증거들에 기초한 것이다. 첫째, 히브리서의 논점 전개에서 구약 성경의 역할이 매우 중요하다는 점은 본 서신의 수신자들이 유대인 그리스도인이었음을 강력히 시사해 준다. 히 브리서에서는 구약 성경의 구절들이 빈번히 인용되고 있을 뿐만 아니라, 구약 성경의 이야기들을 수신자들이 이미 잘 인지하고 있는 것으로 전제하 면서 사용되고 있다(예 12:16~17:3). 특히 대제사장 제도, 제사 의식, 성막의 구조, 모세의 언약 등과 관련한 구체적이고 상세한 논점 전개는 본 서신의 수신자들이 구약 성경에 매우 익숙한 유대인 그리스도인들이었을 가능성 을 강하게 시사한다.

둘째, 수신자들이 직면해 있던 위험은 유대교의 핍박으로 말미암은 유 대교와의 타협 혹은 유대교에로의 복귀 가능성이었던 것으로 보이는데, 이 러한 점은 히브리서의 수신자들이 유대인 그리스도인들이었다고 가정함으 로써 가장 잘 설명될 수 있다. 누가의 기술(記述)로 미루어 볼 때, 초대 교회 가 유대교에서 당하였던 핍박은 매우 실제적이고 극렬한 것이었음을 알 수 있다. 베드로와 요한이 당한 심문(행 3~4장), 사도들이 당한 투옥 및 심문(행 5:17~41), 스데반의 순교(행 7장), 사울이 행한 핍박(행 8:3; 9:1~2), 바울의 선교 여행 중 유대인들에게서 당한 수난(행 13:45~50; 14:2, 19~22; 17:5~14; 21:30~36; 22:12~30) 등. 이러한 현실적인 핍박에 직면하여 자신들의 기독교 신앙의 순수성을 포기하고 유대교와의 타협 혹은 유대교로의 복귀 유혹을 가장 심각하게 받았을 대상은 당연히 유대인 그리스도인들이었을 것이다.

히브리서의 수신자들을 보다 구체적으로 규명하려는 노력들이 있어 왔 는데, 그들 중 대표적인 것들은 다음과 같다. 스피크(C. Spicq)는 본 서신의 수신자들이 기독교로 개종한 유대교 제사장 집단(참조 행 6:7)이라고 제안한 다. 특히 스피크는 수신자들을 사도행전 6~7장에서 언급되고 있는 스데반 주변 사람들과 연결하려 한다. 그는 쿰란 공동체가 예루살렘 성전으로부 터 분리한 제사장들로부터 유래되었다고 주장하면서, 히브리서의 수신자 들과 쿰란 공동체와의 연관성을 제안한다. 그 근거로서 새로운 대제사장 직에 대한 강조라든지 새언약에 대한 강조 등이 히브리서와 쿰란 문서들에서 특징적으로 발견된다는 점을 든다. 결론적으로 그는 히브리서가 쿰란 공동체 출신자들을 포함한 에세네파 그리스도인들에게 보내진 것이라고 제안한다.[4]

야딘(Yigael Yadin)은 히브리서의 수신자들과 쿰란 공동체 사이의 연관성을 좀더 구체적이고 흥미롭게 제시한다. 그는 히브리서의 수신자들이 원래 쿰란 공동체에 속하였다가 기독교로 개종하면서 자신들의 이전 신조들을 일부 수용하고 있는 자들이라고 전제한 후, 본 서신은 그 문제의 쿰란 공동체의 신조들을 논박하기 위해 쓰여졌다고 제안한다. 쿰란 문서들에 따르면, 쿰란 공동체는 두 메시아, 즉 제사장적 메시아와 왕적 메시아를 고대하고 있었다. 그런데 왕적 메시아는 제사장적 메시아에 종속하게 되어 있었고, 제사장적 메시아는 천사장 미가엘에게 종속하게 되어 있었다. 그렇게 함으로써 온 세상은 장차 천사의 권위 아래 놓이게 되어 있었던 것이다.

그들은 또한 신명기 18:18에서 약속된 모세와 같은 선지자의 출현을 고대하고 있었으며, 모세의 율법에 규정된 제사 제도가 정통 계열인 레위지파 사독 계열의 대제사장직의 회복과 더불어 예루살렘에서 온전히 재개될 것을 고대하였다. 그들이 예루살렘을 떠나 사해 광야에 살게 된 것은 현 제사 제도가 붕괴될 때를 기다리기 위함이었고 예루살렘에로의 재진입을 준비하기 위함이었다. 한편 야딘은 히브리서 저자가 이러한 기대와 신조들을 일부 수용하고 있던 수신자들에게 선지자(1:1~3), 천사(1~2장), 모세(3~4장), 아론(5~10장)보다 뛰어난 하나님의 아들 그리스도의 절대적인 지고성을 강조하는 편지를 써 보낼 필요를 느꼈을 것이라고 제안한다.[5]

한편 몬테피오레(H. W. Montefiore)의 제안은 좀 색다르다. 그는 먼저 루터(M. Luther)의 제안에 따라 히브리서의 저자를 고린도에서 개종하였던 알렉산드리아의 아볼로(행 18:24~28 등)로 규정한다. 이러한 전제 위에, 그는 후일 고린도 교회의 유대인 개종자들이 주변 유대교로부터 압박을 받아 다시 유대교로 돌아가려는 위험에 처해 있는 상황에서, 아볼로가 그러한 위험을 경고하기 위해 본 서신을 그들에게 보냈다고 제안한다.[6]

하지만 위와 같은 구체적인 제안들은 그 밖의 다른 다양한 제안들과 더불어 오늘날 그 어느 것도 결정적인 것으로 받아들여지지 못하고 있다. 그 이유는 이러한 제안들 모두가 그 논점들 대부분을 추론의 축적에 의거하기 때문이다.

한편 몇몇 학자들은 히브리서가 이방인 그리스도인들에게 보내진 것이라는 주장을 제기하기도 하였다.[7] 그들의 주장의 근거들 중 중요한 것들은 다음과 같다. 첫째, 3:12("형제들아 너희가 삼가 혹 너희 중에 누가 믿지 아니하는 악심을 품고 살아 계신 하나님에게서 떨어질까 염려할 것이요")은 유대교로 돌아가려는 자들에 대한 경고로서보다는 이방 종교로 돌아가려는 자들에 대한 경고로 보는 것이 더 적절하다는 주장이다. 하지만 그리스도 안에서 이루어진 성취를 온전히 인정하지 않고 유대교로 돌아가려는 시도는 히브리서 저자에게 '살아 계신 하나님에게서 떨어져 나가는 것' 으로 보였을 가능성이 얼마든지 있다(물론 이방인들에게도 가능한 경고이기는 하지만 말이다).

둘째, 6:1과 9:14의 '죽은 행실' 은 유대교보다는 이방 종교에 대한 묘사로 보는 것이 더 적절하다는 주장이다. 하지만 앞의 경우와 마찬가지로 히브리서 저자에게 있어서는 유대교도 '죽은 행실' 로 규정할 만한 충분한 이유가 있었던 것으로 보인다.

셋째, 히브리서의 고급 헬라어 문체와 70인역으로부터의 인용은 유대인보다는 이방인 수신자의 가능성을 보여 준다는 주장이다. 하지만 그때 당시 유대인들이 흩어져 사는 상황에서 헬라어 사용이 일반화되어 있었다는 사실과, 더 나아가서 본 서신의 헬라어가 독자들의 헬라어 수준을 반영할 필연성은 없다는 점을 고려할 때, 이러한 주장 역시 유대인 수신자의 가능성을 부인할 만한 근거는 될 수 없다. 이렇게 볼 때 히브리서의 수신자들을 순수한 이방인 그리스도인들로 보는 주장은 그다지 설득력이 없으며, 따라서 최근 학자들 가운데서 이러한 극단적인 입장을 취하는 예를 찾아보기가 어렵다는 사실은 그리 놀라운 일이 아니다.[8]

지금까지의 논의를 종합해 볼 때, 우리는 히브리서 수신자들의 정체와 관련하여 다음과 같은 보다 일반적인 결론에 만족할 수밖에 없다. 첫째, 히 브리서 수신자들이 유대인 그리스도인들을 주된 대상으로 하였다는 점은 내적, 외적 증거들로 미루어 볼 때 거의 확실하다. 둘째, 적지 않은 학자들 이 제안하는 것처럼 히브리서 수신자들이 제사장 집단이었으리라는 추론 은 가능하며, 적어도 희생 제사 제도에 지대한 관심을 가지고 있던 자들이 었음은 분명하다. 셋째, 초대 교회의 일반적인 상황으로 미루어 볼 때 히브 리서 수신자들 가운데 어느 정도의 이방인들이 포함되어 있었을 가능성은 부인하기 어렵다.

2. 수신자들이 처한 상황

본 서신이 실제 역사 가운데 존재하던 특정 공동체에게 보내졌다는 사 실은 의문의 여지가 없다. 아마도 수신자들은 한 도시의 여러 구역들에 흩 어져 존재하던 큰 공동체에 속해 있던 한 작은 가정 교회였던 것으로 보인 다(참조 13:24 - "너희의 모든 인도자들과 성도들에게 문안하라"[9]). 저자는 그의 편지의 수신자들을 개인적으로 알고 있으며, 조만간 그들을 몸소 다시 방문하게 되기를 고대하고 있다(13:19, 23). 특히 몇몇 구절들은 저자가 수신자들의 과 거 신앙 경력(예. 2:3~4; 5:11~14; 6:9~11; 10:32~34)과 현재 상황(예. 2:1~4; 3:7~4:13; 5:11~6:12; 10:19~39; 12:14~29)을 깊이 알고 있었음을 증거해 준다. 이러한 구절들에 비추어 우리는 수신자들의 신앙 경력과 그들이 직면해 있 던 위험 및 상황을 어느 정도 구체적으로 추론해 볼 수 있다.

그들은 복음을 예수께 직접 들었던 자들로부터 전해 들음으로써 믿음에 이른 자들이었다(2:3). 그런데 그들은 구원을 등한히 여기고 복음에 대한 헌 신이 약화되어 가는 위험에 빠져들고 있었다(2:1~4). 심지어 그들 중 어떤 이들은 하나님으로부터 돌아서서 구원의 길에서 떨어져 나갈 위기에 봉착 해 있었던 것이다(2:1; 3:12~13; 4:1, 11; 6:11; 12:15).

사실 그들이 신앙적 삶의 실천을 전혀 경험하지 못한 자들은 아니었다. 그들은 성도들을 섬김으로써 형제에 대한 자신들의 사랑을 증명해 보였던 자들이었다(6:9~10). 그뿐 아니라 수신자 공동체는 그 태동 단계부터 고난에 직면해 있었는데, 그럼에도 불구하고 그들은 그 고난을 잘 견뎌냈을 뿐 아니라 자신들보다 더 큰 고난을 당하는 자들을 동정하였고, 또한 자신들의 재산을 빼앗기는 것까지도 기꺼이 감수했었다(10:32~35).

하지만 이와 같은 영광스런 신앙 경력에도 그들은 영적으로 둔감한 상태에 빠져 있었다. 특히 그들은 복음의 진리를 탐구해 나가는 데 있어 적극적이지 못하였고, 그 결과 그 복음의 진수를 깨닫는 데 있어 지극히 제한적일 수밖에 없었다(5:11). 그들은 마땅히 선생이 되어야 할 정도의 상당히 긴 신앙 경력을 가지고 있었음에도 불구하고 아직 영적 유아기를 넘어서지 못했거나 아니면 그 상태로 되돌아갔던 것이다(5:12). 특히 5:13의 "의(義)의 말씀에 숙달되지 못한"이라는 표현으로 미루어 볼 때, 수신자들은 복음의 원리에 따르는 신앙적 삶의 실천에 있어서 지극히 초보적인 단계에 머물러 있었던 것으로 보인다(참조 6:1~2).

그들이 이와 같은 상태에 머물러 있게 된 이유는, 히브리서의 전반적인 논점 전개로 미루어 볼 때, 그들의 지적인 능력 부족 때문이라기보다는 오히려 고난에 대한 두려움(10:32~34)과 유대교에 대한 미련(4:14~10:39; 13:9~10)[10] 때문이었던 것으로 보인다. 그들은 지금 순교를 당하기까지 고난을 당하지는 않았다(12:4). 하지만 이제는 그들에게 그러한 위협이 점점 현실화되어 가고 있었고, 그러한 상황에 직면하여 그들은 자신들의 인내와 헌신이 약화되어 가는 위기에 직면해 있었던 것이다(10:35~36; 12:3; 13:13).

또한 수신자들은 그들이 속하였던 전체 공동체의 지도자들이 전해 주었던 교훈과 상충되는 유대교 전통들에 미혹되고 있었다. 아마도 그들은 그리스도의 희생 제사의 충족성과 영원성을 위협하는 유대교 행습들(예, 구약의 제사 제도, 음식법)을 수용하는 경향을 보였던 것 같다(13:7~9; 참조 9:10). 그들의 이러한 경향으로 말미암아 그들은 지도자들과 긴장 관계에 놓이게 되었다(13:1, 17). 이와 같은 복합적인 상황 하에서 그들은 중앙 공동체에서 거리를 두게 되었을 뿐 아니라, 가정 교회 모임까지도 그만 두고자 하는 경향이 생겨나는 위기에 봉착해 있었던 것으로 보인다(참조 10:25; 13:24).

이러한 위기 상황에 처해 있던 수신자들에게 저자는 여러 가지 경고(2:1~4; 3:7~4:12; 6:1~8; 10:26~31; 12:15~17; 12:25~29)와 격려(6:9~12; 10:35~36, 39; 12:3; 13:13 등)의 말로 그러한 위기에서 벗어나야 할 것을 권면하고 있는 것이다.

수신지

본 서신의 수신지와 관련해서는 대단히 다양한 제안들이 있어 왔다. 이러한 제안들은 대개 수신자들의 정체와 연관되어 있으며, 이는 또한 저작 연대와도 긴밀하게 관련되어 있다. 그 다양한 제안들 중 보다 중요한 것들로는 다음 몇 가지를 들 수 있다.

히브리서가 갖는 많은 알렉산드리아적 특성들(예를 들어, 천상적 원형과 지상적 모형의 이원론, 70인역의 사용, 필로와의 긴밀한 연관성 등)을 근거로 본 서신의 수신지를 알렉산드리아로 규정하려는 시도들이 자주 있어 왔다. 하지만 히브리서의 알렉산드리아적 특성은 수신지의 증거도 될 수 있지만 저작 장소의 증거도 될 수 있다. 더욱이 히브리서의 저자를 바울로 규정한 그릇된 전통이 처음 생겨난 곳이 알렉산드리아라는 사실은 이러한 제안의 타당성을 심각하게 약화시킨다.[11]

적지 않은 학자들은 히브리서의 수신지를 팔레스틴 내의 한 도시(특히 예루살렘)라고 규정한다. 수신자들이 당하였던 고난은 유대인 회당의 핍박으로 인한 것이었고, 그들에게 임박한 위기는 다가오는 예루살렘 성전의 파괴 사건으로 일치될 수 있다는 점이 이러한 주장의 근거로 제시된다. 특히 그들이 직면한 유대교와의 타협 유혹은 예루살렘을 수신지로 가정하였을 때 가장 용이하게 설명 가능하다는 점도 중요한 증거로 대두된다.[12] 하지만 예루살렘 성전 및 그곳에서 진행되던 제사에 대한 언급이 전혀 없다는 점

(오히려 광야의 장막 제도에 대한 언급이 특징적으로 나타남)은 예루살렘 수신지를 전제할 때 설명되기 힘들다. 더욱이 예루살렘 교회가 경제적으로 극심한 어려움을 겪음으로써 외부 교회들의 구제를 받았다는 사실(참조 행 11:29; 24:17; 롬 15:26; 고전 16:3; 갈 2:10 등)로 미루어 볼 때 수신자들이 구제의 선행을 베풀었다는 점(6:10; 13:16) 역시 설명되기 힘들다. 그렇다면 예루살렘을 수신지로 간주하는 제안은 그 몇 가지 강점들에도 불구하고 받아들여지기 어렵다.

13:24의 "이달리야에서 온 자들도 너희에게 문안하느니라"는 구절은 많은 학자들에 의해 수신지와 관련된 결정적인 단서로 받아들여지고 있다. 하지만 본 구절의 해석은 간단하지 않다. 그것은 '이탈리아로부터 온 자들'이라는 의미일 수도 있고, 혹은 '이탈리아에 있는 자들'이라는 의미일 수도 있다. 문법적으로 후자의 의미가 불가능한 것은 아니지만, 전자의 의미가 보다 자연스럽다(참조 행 6:9; 10:23 등). 만일 우리가 "이달리야에서 온 자"들을 전자의 의미로 해석할 경우, 이 문안은 본 서신의 저자와 함께 있던 이탈리아 출신 성도들이 그들의 출신지 교회에 보내는 것으로 이해될 수 있으며, 따라서 수신지는 이탈리아에 소재한 한 도시였을 가능성이 짙다.

이탈리아 내의 도시들 중에서는 유대인들과 그리스도인들이 집단으로 거주하였던 로마가 가장 강력한 가능성으로 보인다. 이러한 가능성은 히브리서가 일찍이 주후 95년에 로마의 클레멘트에 의해 인용된다는 사실에 의해 지지를 얻는다. 또한 로마 교회가 핍박을 경험하였으며, 구제를 행한 경력이 있다는 점도 위의 가능성을 지지해 준다. 더욱이 13:23에서 언급되는 디모데가 로마 교회에 잘 알려져 있던 인물이었다는 점(참조 롬 16:21)도 이 가능성에 대한 주목할 만한 지지 요소다.

저작 연대

히브리서의 저작 연대와 관련된 명백한 단서를 찾아내기란 거의 불가능하다. 따라서 이 문제에 대한 판단은 여러 관련 자료들에 근거한 추론에 의존할 수밖에 없다. 저작 연대와 관련된 한 가지 확고한 외적 증거는 로마의 클레멘트가 그의 서신에서 히브리서를 인용한다는 점이다.[13] 그의 서신의 저작 연대가 주후 95년경이었던 점으로 미루어 볼 때, 히브리서의 저작 연대는 주후 95년보다는 이른 시점이었던 것이 분명하다.

히브리서의 저작 연대 측정과 관련하여 또 한 가지 기준이 되는 중요한 사건은 주후 70년에 일어난 예루살렘 성전 파괴다. 만일 본 서신이 성전 파괴 이후에 쓰여졌다면, 본 서신의 성격상(참조 8:13) 그 사건에 관련된 언급이 명시적 내지는 암시적으로라도 나타나야 할텐데, 본 서신 내에서는 그런 흔적이 전혀 발견되지 않는다. 더욱이 제사와 관련된 언급들의 동사가 서신서 전체에 걸쳐 현재형으로 사용된다는 사실은 그때 당시 성전에서 레위기적 제사가 실행되고 있었음을 시사해 준다. 그렇다면 히브리서가 주후 70년보다 이른 시기에 저작되었다고 보는 것이 이러한 상황들을 가장 자연스럽게 설명해 준다.

히브리서의 수신지를 로마라고 간주할 경우, 10:32~34에 언급된 핍박을 로마에 있던 그리스도인들에 대한 박해 사건들과 연관시켜 보아야 할 것이다. 이와 관련해 우리는 세 차례의 박해 사건들을 고려해 볼 필요가 있다. ① 주후 49년 클라우디오스 황제의 박해, ② 주후 64년 네로 황제의 박해, ③ 주후 80년대와 90년대의 도미티아누스 황제의 박해.

이 세 가지 박해 사건들 중 ②와 ③의 경우에는 많은 그리스도인들이 순교를 당하였는데, 이는 12:4의 "너희가 … 아직 피흘리기까지는 대항치 아니하고"라는 구절에 비추어 볼 때 히브리서 수신자들이 경험하였던 박해는 아닌 것으로 보인다. 이에 반해 아마도 유대인 그리스도인들을 포함한(예, 브리스길라와 아굴라; 참조 행 18:2) 많은 유대인들을 로마에서 추방하였던 클라우디오스의 박해는 10:32~34과 12:4의 기술을 모두 잘 충족시킨다. 특히 그들이 자신들의 산업을 빼앗기는 것도 기쁘게 당하였다는 10:34의 기술은 아마도 추방의 결과로 인한 재산 손실을 지칭하는 것으로 적절히 설명된다. 이러한 관찰이 적절한 것이라면, 히브리서의 저작 시기는 클라우디우스 황제의 박해(49년) 이후와 네로 황제의 박해(64년) 이전 어느 한 시점이었을 것으로 보인다.

한편 수신자들이 처한 상황과 관련해서 이미 살펴보았듯이 히브리서의 수신자들은 예수의 가르침을 직접 받지 못하였던 제2세대 그리스도인들이었고, 그들이 그리스도인이 된 이후 상당 기간이 지나서야 본 서신이 저작되었다는 점을 감안한다면, 본 서신의 저작 시기가 60년대 이전이었을 것으로 보이지는 않는다.

이러한 여러 가지 내적, 외적 증거들을 종합해 볼 때, 히브리서는 아마도 주후 64년 네로의 박해가 있기 얼마 전에 기록되었을 것으로 추론해 볼 수 있을 것이며, 이보다 정확한 어느 시점을 추론해 낸다는 것은 불가능하다.

결론

지금까지 다양한 논의들에 비추어 볼 때, 히브리서의 역사적 배경을 정확하게 규명하는 것은 불가능할지라도 어느 정도 개괄적인 그림을 그려보는 것은 가능하다. 히브리서는 아마도 로마 교회에 소속해 있던 한 작은 유대인 가정 교회에 보내졌던 서신으로 보인다. 그 가정 교회 소속 공동체원들은 어쩌면 과거 제사장 출신들이었을 수도 있고, 아니면 적어도 구약의 제사 제도에 깊은 관심과 미련을 가지고 있던 자들이었던 것 같다. 그들은 신앙적으로 이미 성숙한 단계에 도달할 정도의 신앙 경력을 갖고 있음에도 불구하고 아직도 어린아이의 상태에 머물러 있었다.

사실 그들은 아마도 클라우디우스 황제의 유대인 추방령으로 인하여 심각한 재산 손실과 고난을 잘 감당했던 자들이었다. 하지만 이제는 그들에게 다가오는 보다 심각한 핍박의 위기에 직면하여 그들의 인내와 헌신은 약화되어 가고 있었고, 게다가 아마 주변의 유대인 회당들로부터 오는 압박에 못 이겨 유대교와의 타협(특히 구약의 희생 제사에 다시 동참하는 문제와 관련하여)을 모색하려는 위험에 빠져 들고 있었을 것이다. 이와 같은 주변의 압박과 다가오는 박해로 인하여 그들은 배교할지도 모르는 위험한 처지에 놓여 있었던 것이다.

　바로 이러한 위기와 위험에 처한 그들에게 히브리서 저자는 매우 절박한 목회적 관심을 가지고 이 서신을 써 보내고 있으며, 그의 이러한 목회적 관심은 서신의 중간중간에 삽입되어 나타나는 경고 구절들(2:1~4; 3:7~4:12; 6:1~8; 10:26~31; 12:15~17; 12:25~29)에 잘 반영되어 있다. 이러한 일반적인 역사적 상황 이해는 비록 만족할 만큼 완벽한 것은 아니지만 히브리서를 해석하는 데 있어 상당히 유용한 기초와 지침이 될 수 있을 것이다.

02

히브리서에 나타난
신학적 중심주제

히브리서 하면 생각나는 것들

히브리서! 이 말을 들을 때 목회자에게 가장 먼저 떠오르는 생각은 무엇일까? 어떤 분들은 조금 성급히 히브리서 11장을 떠올리며 '믿음'이라고 대답할는지도 모른다. 그러나 히브리서의 전체구조와 맥락을 염두에 두고 생각해 본다면 아마 다음 몇 가지 답으로 요약될 수 있을 것이다.

첫 번째, 히브리서는 신약 성경 속에서 구약의 분위기를 가장 강하게 느낄 수 있는 책이라는 것이다. 이 답변과 거의 동시에 나올 수 있는 답은, 히브리서는 기독론이 주된 사상이며 특히 독특한 '대제사장 기독론'을 전개하고 있고, 대제사장으로서의 그리스도의 위치와 역할에 대해 명백하게 설명하고 있다는 것이다.

또 하늘의 은사와 내세의 능력을 현재에서 맛본다는 '실현된 종말론'과, 그 완성은 재림 때 이루어진다는 '미래 종말론' 등 종말론에 대한 교훈이 나타난다는 점을 들 수도 있다. 또 어떤 분들은 서론적인 문제를 생각하여 히브리서는 저자와 수신자가 정확히 밝혀지지 않은 성경이며, 그 주된 관점이 기독교 신학에 관한 최초의 체계적인 논문인지, 아니면 서신인지 또는 설교문인지 파악하기 어려운 성경이라고 대답할지도 모른다.

이 외에 하나를 더 든다면, 그리스도인들이 그들의 최종적인 목표(안식;

4:1)를 망각하고 현실에 안주(재림부인; 9:28)한 결과, 성숙이 정지된 정도가 아니라 심지어는 복음을 떠나게 되었을 때 이를 회복하기 위해 '예수를 재발견하라'는 권면의 메시지가 나타나는 성경이라고 하기도 한다.

이러한 몇 가지 답들은 히브리서의 특징을 잘 나타내 준다. 다르게 표현하면, 이런 주제들이 히브리서의 중요한 신학적인 주제라는 말이다. 어떻게 보면 이런 대답들은 서로 잘 연결되지 않는 단편적인 주제들을 모아 놓은 것처럼 보이지만, 사실은 그렇지 않다. 결론부터 먼저 말한다면, 히브리서에 나타나는 어떤 신학적인 주제들 가운데 다른 것들과 동떨어진 것은 없고 오히려 서로가 밀접한 연관을 가지고 있다.

그렇다면 히브리서 전체를 관통하는 중심주제는 무엇인가? 어떤 주제가 히브리서를 가장 정확하게 해석할 수 있는 포괄적인 주제인가? 따라서 이 글의 목적은 히브리서의 신학적인 중심주제를 개괄적으로 살피고, 또한 왜 그런 주제가 다루어지지 않으면 안 되는지에 대한 당시의 상황과 원인을 살핌으로 설교자들에게 거시적인 안목을 제시하고자 하는 데 있다.

히브리서의 중심주제

히브리서를 해석할 때 중심주제가 무엇인가를 결정하는 일은 매우 중요한 문제다. 일반적으로 히브리서를 연구하는 학자들은 히브리서 안에 중심적이고 통합적인 주제가 있다는 것에 의견을 같이하고 있으나, 그 중심주제가 무엇인지에 대해서는 다양한 견해를 보이고 있다. 이를테면, 히브리서 11장을 중심으로 나타나는 '믿음'을 중심주제라 하기도 하고, 또 어떤 학자들은 12장의 '종말론'을 중심주제라고 주장하기도 한다. 또 다른 학자들은 3장과 4장을 중심으로 '안식일과 안식', '새로운 하나님의 백성'을 핵심주제라고 해석했고(Otfried Hofius, *Katapausis: Die Vorstellung vom endzeitlichen Ruheort im Hebräerbrief*, Tübingen, 1970; A. T. Lincoln, "Sabbath, Rest, and Eschatology in the New Testament," in *From Sabbath to Lord's Day*, Grand Rapid, 1982), 또 다른 이들은 "복음에서 떠나지 말라"는 '경고의 메시지'가 등장하는 6장을 히브리서의 중심으로 보기도 한다.

그러나 우리의 주된 관심은 히브리서의 어느 특정한 부분만을 강조하는 주제가 아니라, 히브리서 전체를 통합시키는 근본적인 주제가 무엇인가 하는 것이다. 이러한 문제에 대해서 몇 가지의 중요한 시도들이 있어 왔는데, 그것은 크게 다음과 같이 나눌 수 있다.

1. 기독론적 접근

1) 대제사장직의 우월성을 강조

19세기 말부터 20세기 전반에 걸쳐 히브리서는 신학적인 관점 때문에 학자들의 관심을 모았다. 그리고 일반적으로 히브리서는 기독론이 그 중심에 위치한 책이라는 것으로 그 연구 경향이 모아졌다. 특히 기독론적인 관점 중에서도 '그리스도의 대제사장직'(The high priesthood of Christ)에 관한 설명을 가장 중점적인 주제로 보았는데, 바로 이 제사장직 교리가 히브리서의 신학을 함께 묶어 주고 히브리서의 특징을 가장 정확하게 표출하는 중심주제라는 것이다.

이들에 의하면, 히브리서의 전체적인 구조는 두 개의 서로 연결되는 '에 코멘'(we have …, 우리가 … 가지고 있다)의 사용으로 집약될 수 있다고 한다. 즉 8:1에, "이제 하는 말의 중요한 것은 이러한 대제사장이 우리에게 있는 것이라"(We have a high priest)라는 것과 13:10의 "우리에게 제단이 있는데 …"(We have an altar …)이다.

'히브리서의 기독론'에 관한 상세한 글은 다른 글에서 다루어지고 있기 때문에, 여기서는 일반적인 내용보다는 다른 성경과 비교하여 독특한 점만을 간략히 다루겠다.

히브리서에는 1장부터 시작해서 그리스도의 우월성, 그리스도 제사장직의 우월성, 그리고 희생제물로서의 그리스도의 우월성이라는 세 가지의 중심주제가 전개되고 있다(히 1:1~10:18). 즉 히브리서 기자는 당시 성도들이 여러 가지 이유로 다시 되돌아가려고 했던 유대교에 대하여 '기독교의 우월성' 이라는 주제를 전개시키고 있는데, 그 주안점을 "그리스도가 어떤 분인가"에 두어 성도들을 권면하는 것이다.

이것을 좀 더 세분하면, 선지자보다 우월하신 그리스도(1:1~3), 천사보다 우월하신 그리스도(1:4~2:18), 모세보다 우월하신 그리스도(3:1~4:13), 그리고 아론보다 우월하신 대제사장 그리스도(4:14~10:18)로 나눌 수 있다. 여기서 한 걸음 더 나아가 10:19~12:29의 권면도 '새롭고 산 길 되시는 예수 그리스도' 에 기초하여 전개하고 있기 때문에, 히브리서의 특징과 그 중심개념이 '기독론', 특히 '대제사장 기독론' 은 아주 자연스럽게 맺어지는 결론이 되었고, 지금까지도 가장 전통적인 견해로 자리잡고 있다.

2) 다른 성경들과의 차이점

그렇다면 히브리서에만 대제사장 기독론이 나타나는가? 물론 그렇지는 않다. 성경의 다른 부분에도 그리스도께서 '대제사장' 이라는 개념이 나타나기는 하지만, 본서만큼 그리스도의 대제사장직을 특색 있고 구체적으로 묘사한 책은 없기 때문에 특별한 의미가 부여되고 있는 것이다. 특히 다음의 두 가지 점에서 신약의 다른 성경들과 특별한 차이점을 보이고 있다.

첫째, 멜기세덱의 계통을 따른 예수의 제사장직은 신약의 기독론에 완전히 새로운 차원을 도입하고 있다. 특별히 히브리서 저자의 탁월한 독창성이 있다면, 그는 신약 성경 가운데 그리스도의 제사장직을 드러내어 천명하는 유일한 저자라는 점이다. 바울은 한번도 이 주제를 다룬 적이 없었다. 그는 제사장, 대제사장, 혹은 대제사장직에 관하여 언급한 적이 없었다.

또한 히브리서를 제외하고는 신약 성경의 다른 어떤 책에서도 예수님을 대제사장이라고 분명히 논증하지 않는다. 그러나 히브리서 저자는 반복적으로 예수를 '제사장', 혹은 '대제사장' 이라고 부르기를 주저하지 않는다. 그리고 거기서 더 나아가 그는 독자들에게 "우리의 믿는 도리의 사도시며 대제사장이신 예수를 깊이 생각하라"고 권고하고 있다(히 3:1).

둘째, 대속죄일의 예식과 예수님의 희생의 죽음을 연관시켜 기독론을 전개시키는 것 역시 "그리스도는 우리의 죄를 위해 죽으셨다"(고전 15:3~4)는 초대 교회 케리그마의 이해수준을 넘어서고 있다. 여기서 '이해수준을 넘어선다'는 말은 전파의 내용이 달랐다거나, 사상적 발전이 있었다는 것을 의미하지는 않는다. 또한 히브리서의 저자가 초기 기독교의 전파와 사도적 케리그마와 전혀 무관한 독자적인 기독론을 전개시킨다는 의미도 아니다. 오히려 히브리서는 전반적으로 초대 교회의 전파와 사도적 케리그마와 거의 정확히 일치한다.

좀 더 구체적으로 말하자면 초대 교회와 사도들이 전했던 복음의 내용, 즉 첫째는 자신들의 메시지가 구약예언의 성취라는 것과(행 2:16; 10:43; 롬 1:2; 고전 15:3~4), 둘째는 예수님을 설명함에 있어 그의 삶과 죽음, 부활, 그리고 승천을 중심으로 설명하는 역사적 이해(행 2:10; 3:18; 5:30; 롬 4:25; 고전 15:3; 갈 3:13 등), 셋째는 예수님을 통하여 죄 용서와 구원을 얻으라는 촉구(행 2:3, 8)와 일치한다는 것이다.

그러나 이와 비교하여 히브리서에 특이점들이 나타나는 이유는 히브리서 수신자들이 접해 있는 특별한 역사적 정황에 기인한다. 당시 초대 교회가 전했던 케리그마의 복음은 모든 상황을 다 고려한 것이 아니었기 때문에 이전에 제기되지 않던 문제들을 낳게 되었으며, 따라서 히브리서는 이러한 문제에 대한 대답을 그들의 상황에 맞게 제시하고 있다.

2. 종말론적 접근

또 다른 학자들은 히브리서에 나타나는 신학적이고 교리적인 부분을 해석할 때 종말론적인 해석을 시도하였다. 그들은 당연히 '종말론' 이야말로 히브리서의 핵심적이고 통합적인 요소라고 결론지었다. 히브리서의 종말론을 강조하는 자들은 히브리서 안에는 '실현된 종말론'(realized eschatology)뿐만 아니라 '미래적 종말론'(futuristic eschatology)도 존재한다고 한다. 실제로 히브리서에는 종말론적인 요소들이 전반에 걸쳐 발견된다. 히브리서에는 현재를 종말론적인 성취의 때로 인정하는 반면(실현된 종말론), 그 완성은 그리스도의 재림 때까지 기다린다는 미래 종말론이 동시에 나타난다. 당연한 귀결로 '이미'(already)와 '아직 아니'(not yet) 사이의 긴장이 책 전체에 걸쳐서 분명하게 보여지고 있다.

몇 가지 예를 들어 보면 다음과 같다. 첫째, 4:9의 "그런즉 안식할 때가 하나님의 백성에게 남아 있도다"라는 구절은 하나님께서 그의 백성에게 약속하신 안식을 설명하는 과정에서 나타난 것이다. 그 의미는 비록 여호수아가 이스라엘을 약속의 땅으로 인도하였다 하더라도 이것은 하나님이 약속하신 안식과 동일시 될 수는 없고 '영원히 안식할 때'가 하나님의 백성에게는 남아 있다는 것이다. 그러므로 "우리는 그 안식에 들어가기를 힘써야"(4:11)하며, 이 때의 '안식'은 미래적인 것으로 말한다. 그러나 4:3에서는 현재는 성취의 때이기 때문에 "이미 믿는 우리들은 저 하나님의 안식에 들어갔다"고 이미 실현된 종말론을 말하고 있다.

둘째, 실현된 종말론의 또 다른 예는 "하늘의 은사와 내세의 능력을 맛본다"고 하는 표현에서 나타난다(6:4~5). '하늘의 은사'라는 말은 '하늘의 부르심'(3:1)이나 '하늘의 도성'(12:22)과 같이 종말론적인 용어이다. 이런 종말론적인 축복은 당시 성도들은 이미 '맛보았던', 즉 '부분적으로 경험'했었던 것이다. 그리고 이런 실현된 종말론은 하늘의 예루살렘과 시온산을 논의할 때도 발견된다.

이 땅에 발붙이고 사는 동안 그리스도인들은 '땅에서는 외국인과 나그네였던'(11:13) 구약성도들과 동일한 자들이다. 그 성도들은 "여기(이 세상)에 영구한 도성이 없고 오직 장차 올 것을 찾는 자"들이다(13:14). 여기서 '영구한 도성'이란 하늘의 예루살렘을 말하고 있으며(12:22), 이 예루살렘은 마지막 종말론적인 완성의 때에야 비로소 이 땅 위에 임할 것이다.

그러나 또한 성도들은 회개하고 예수를 믿을 때에 이미 이 도성에 이르렀다고 말할 수 있다(12:22, 실현된 종말론). 이 말은 다르게 말하면 성도들이 그리스도 안에서 하나님께 현재적으로 나아갈 수 있음을 달리 표현한 것이다. 우리는 미래가 아닌 '지금' 은혜의 보좌 앞에 나아갈 수 있고(4:16), 하나님께 가까이 갈 수 있다(7:19). 이처럼 우리는 '이미' 하늘의 예루살렘에 가까이 가고 있지만(실현된 종말론), 그러나 '아직' 그리로 들어가지는 못하고 있다(미래 종말론). 이처럼 히브리서에는 종말론적인 요소들이 전체에 걸쳐 발견되는데 이는 중요한 중심주제다.

이와 같은 종말론적 접근은 전통적인 '기독론적 접근'과 비교해 볼 때, 히브리서를 해석함에 있어 균형을 회복하였다고 할 수 있다. 그러나 히브리서에 종말론이 중요하게 대두되는 것은 인정되지만, 전체적인 저술목적과 구조를 무시한 채 종말론만이 히브리서의 중심주제라고 확언하는 것은 조금은 과장된 진술처럼 보인다.

3. 권유적인 부분을 강조하는 시도들

히브리서의 강조점을 '교리적인 부분'에서 '권유적인 면'으로 이동시키는 데 중요한 역할을 한 신학자는 케제만(E. Käsemann)이다. 그는 히브리서 연구의 전환점이 된 「순례하는 하나님의 백성」(Das Wandernde Gottesvolk)이라는 책에서, 히브리서의 중심주제를 '방황하는 하나님의 백성'으로 제시함으로 많은 학자들에게 히브리서의 중심을 신학적 교리부분보다는 권유적 부분에 두도록 하는 데 커다란 영향을 주었다. 그러나 그의 이론의 결함은 이 '순례'라는 주제를 영지주의적 배경에서 찾고자 한 점과 히브리서의 중요한 부분인 제사장직과 제의(priesthood and cultus) 부분(7~10장)을 도외시한 점이다.

또 다른 시도들은 히브리서의 기저를 이루는 통일을 '제사장직'이나 '순례' 같은 주제들로 보는 것에서 벗어나 다른 포괄적인 중심주제들에 대한 다양한 모색들이었다. 이러한 일련의 연구 중에는 '배도'(背道)라는 주제를 사용하여 히브리서의 권유적 부분을 강조하려는 학자들이 많았다. 이 주제는 히브리서의 수신자들이 기독교의 신앙을 포기하고 유대교로 다시 돌아가려고 했다는 데 기초한 것이다. 이들은 히브리서 전체를 이 '배도' 라는 주제를 중심으로 일관성 있게 해석하였다.

그러나 이것이 우리에게 히브리서의 배경에 관심을 갖게 하고 또한 히브리서를 전체적으로 보게 하는 중요한 주제임에는 틀림이 없지만, 한 가지 주제를 가지고 전체를 다 설명하려는 해석에서 많은 무리가 따르게 되었다. 즉 '배도' 라는 한 주제에만 지나치게 치중함으로 신학적인 진술 부분마저 경고 부분에 첨가된 서론으로 격하시킴으로, 결국은 히브리서의 중심을 '교리적 부분' 보다는 '권유적 부분' 에 맞추는 결과를 초래하였다.

지금까지 우리는 많은 학자들 사이에서 히브리서에 나타난 가장 핵심적이고 포괄적인 신학적 주제라고 알려진 주제들을 다루었다. 조금은 지루해 보일지도 모르지만, – 이 글의 주요 목적이 히브리서에 나타난 신학적인 주제를 다루는 것이기 때문이기도 하지만 – 설교자들이 이러한 해석의 동향들을 알고 접근하는 것은 히브리서를 전체적으로 바라보는 데 필수적이다.

다각적이면서도 균형잡힌 시각

우리가 히브리서를 펴고 처음부터 읽기 시작할 때 받게 되는 느낌은, 그것이 마치 신학적인 논문처럼 보인다는 것이다. 그러나 제목은 '서신' 이라고 되어 있기 때문에, 히브리서가 어떠한 종류의 문헌인지에 관해 학자들 사이에 의견이 분분하다. 어떤 학자들은 히브리서를 기독교 신학에 관한 최초의 체계적인 논문으로 보았고, 또 어떤 이들은 서신으로, 또 다른 부류의 학자들은 설교문으로 파악하기도 했다.

히브리서의 내용뿐 아니라 구조 또한 이런 논란을 불러일으키기에 충분하다. 히브리서의 구조는 신학적인 논증 부분과 강한 권면의 단락들이 번갈아 가며 전개된다. 이런 특징은 대체로 신학적인 논증이 이루어진 다음에, 신앙과 생활의 문제를 다루는 권면의 말씀이 따라오면서 신학적인 논증 부분을 절정으로 이끄는 방식으로 나타난다.

그러나 정작 우리의 관심이 모아지는 것은 히브리서가 서신인지, 설교인지 혹은 신학적 논문인지 하는 것이 아니다. 또 구조에 관한 것도 아니다. 우리의 관심을 끄는 것은 왜 히브리서가 이런 식으로 기록되지 않으면 안 되었는지? 저자는 도대체 무엇을, 왜 말하려고 하는지? 히브리서는 왜 기록되었고, 저자가 궁극적으로 강조하고자 했던 목표는 무엇인가? 하는 것이다. 이것을 배제한다면 이 서신의 중심주제를 결코 찾아내지 못할 것이다.

이런 맥락에서 생각해 본다면 히브리서에 아무리 교리적인 설교부분이 많이 나타나고, 신학적인 논증부분이 상당부분을 차지하고, 또 독특하고도 강한 기독론적 특징과 종말론적 특징을 보여 준다 하더라도, 이와 같은 신학적인 논증 자체가 히브리서의 궁극적인 목표는 아니라는 점이다. 심지어 전통적으로 가장 핵심적인 신학적 주제라는 '기독론' 마저도 히브리서 전반에 흐르는 강한 권면을 위한 기초를 제시해 준다고 보아야 할 것이다.

수신자들의 정황

이쯤 되면 독자들은 히브리서의 배경을 정확히 아는 것에 대한 중요성을 깨달았을 것이다. 그러면, 왜 히브리서에는 구약적인 특징이 두드러지게 나타나는가? 또한 왜 그리스도를 '대제사장'으로 묘사하는가? 그리고 왜 꼭 기독론적인 진술과 종말론적인 진술이 나와야만 하는가? 그리고 이런 신학적인 주제들이 서로 밀접하게 연관이 되어 있다면 그 당시 독자들의 상황은 과연 어떠했겠는가? 이런 질문들이 생길 것이다. 여기서는 간략하게 살펴보고자 한다.

수신자에 대한 가장 일반적인 견해는 이 서신서의 독자들을 당시 박해의 위협 때문에 유대주의 아래 몸을 감추고 있던 로마－유대기독교 공동체로 보는 것이다. 이들은 신앙 때문에 박해의 위협을 당하자, 그리스도교와는 달리 그 당시 로마의 관용적인 종교정책의 혜택을 누리던 유대교의 비호 아래로 슬며시 끼어 들려고 했었다. 즉 그들은 현실 타협주의적인 태도를 보였고, 이런 자세는 점차 그들을 기독교 신앙에서 떠나게 하는 결과를 초래하였다.

만일 우리가 이러한 상황에 있다면, 과연 어떤 권면의 메시지를 그들에게 줄 것인가? 그들과 더불어 신학적인 토론을 할 것인가? 아마 그렇지는 않을 것이다. 그러나 만일 신학적인 문제를 논한다 할지라도, 그것은 단지 그들의 신앙을 다시 회복시키기 위한 목적 때문일 것이다. 그러므로 히브리서 저자가 '기독론'을 중심적으로 전개시키는 것도 이러한 맥락에서 이해하는 것이 필요하다.

한마디로 히브리서는 신학적이거나 학술적인 논문이 아니라 기독교 신앙을 부정하는 '배교'라는 긴급한 상황에 있는 자들을 향해 그들의 마음을 돌이킬 목적으로 기록한, 설득을 위한 저작이다. 그러므로 히브리서의 신학은 이러한 저작 배경과 정황을 떠나서는 오해와 몰이해의 가능성을 남겨두게 된다.

그러므로 히브리서 전체를 읽어 본 사람이라면 적어도 다음과 같은 주장에 동의하게 될 것이다. 즉 히브리서는 대제사장이시며 새 언약의 중재자이신 예수 그리스도를 믿는 자들, 특히 환난과 박해 속에 살아가던 초대교회의 그리스도인들에게 경고와 권면과 확신을 촉구하는 메시지를 담고 있다. 이런 점에서 히브리서는 교리서가 아니라 목회서신적 설교문이라 할 수 있다. 설교자들이 이런 균형잡힌 시각을 가지고 접근할 때, 히브리서를 단순히 교리의 체계 속에서만 해석하지 않고 전체의 맥락 속에서 바로 설교할 수 있게 될 것이다.

예수를 재발견하라

히브리서를 받아 읽었던 공동체는 다원적 문화 속에 있던 유대 기독교 공동체였다. 그들은 복음을 수용한 이후, 얼마간 생동감 있는 모습을 간직했다. 그러나 곧이어 닥친 여러 유무형의 압력으로 인해 그들의 민족적 동질감의 근원인 유대교와 문화적인 고향인 헬라적 이방요소들을 그리워하도록 유혹받았다. 그러한 가운데 그들은 흔들렸고, 세속화가 진행되기 시작했다. 그 세속화의 진행은 다음과 같은 모습을 밟았다.

먼저, 그들은 복음의 절대성을 포기하며 다원주의적 가치관을 수용했고, 삶의 중심에서 복음을 밀어내기 시작했으며, 그러는 가운데 자신들의 최종목표인 '안식'을 망각했다. 또한 현실에 안주하고자 했고, 그 결과 당연히 재림을 부인하게 되었으며, 마침내 배교라는 마지막 위기에 처했다.

당시 공동체가 직면한 문제는 '절대성의 상대화'이며, 또한 '상대주의의 보편화'였다. 기독교의 정체성을 무너지게 하는 것은 바로 신앙의 대상을 상대화시키는 자세에서 기인한 것이다. 히브리서 저자는 이 혼란의 근본적인 원인을 바로 파악하고, 이것을 회복하기 위해 공동체가 상대화시켜 버렸던 신앙의 대상, 곧 그리스도를 재확인하는 것에서 그의 권면을 시작한다. 그것은 바로 기독론적인 권면, 즉 '예수님의 신성과 인격'에 관한 것이었다. 만약 이런 기본을 공동체가 굳게 견지하고 있었다면, 공동체는 그 어떤 박해와 위협에도 결코 흔들리지 않을 것이기 때문이었다(3:13). 그런 이유 때문에 이들에게 주어지는 중심 메시지는 "예수를 재발견하라"는 것이었다.

그 다음, 이렇게 회복된 공동체는 "이제 이 땅에 살지만, 이 세상에 속하지 않은 사람으로 하나님 나라를 본향으로 삼아 나그네와 행인처럼 살아가야 한다"고 종말론적인 격려를 하고 있다. 구체적으로 그 모습은 삶의 모든 부분을 정결한 요소로 단장하고, 지극히 윤리적이고 거룩한 모습을 유지하는 것으로 나타나야 한다는 메시지를 준다.

그러면 히브리서를 읽으면서 바라보는 오늘 우리 한국 교회의 모습은 어떠한가? 너무도 많은 신자들이 적당히 현실과 타협하며, 신앙의 절대성을 양보하고, 세속화의 수순을 밟아 가는 모습들을 보이고 있다. 즉, 가치관의 혼란을 가져와 눈에 보이는 대로만 판단하고, 현실을 더 중시하며, 거기에 안주하려는 모습과 더 이상 본향인 하나님 나라를 기다리지 않고 나그네와 행인처럼 살아가지 않는 모습을 보여 준다. 솔직히 이런 모습이 오늘 우리들의 모습이 아니던가? 그 모습이 히브리서 독자들의 모습과 너무도 흡사하지 않는가?

그러므로 히브리서를 설교하는 설교자들이 이런 현실을 직시하고, 다시 우리 신앙의 절대적 대상인 "예수를 재발견하라", "본향을 기억하고, 나그네와 행인으로 이 세상을 살아가라"고 날마다 힘있게 외쳐야 한다. 그래서 위기 가운데 서 있는 교회와 성도들을 다시 깨우는 귀한 역사가 이 땅 위에 속히 일어나기를 소망해 본다.

03

히브리서 기자의 간곡한 부탁: 배교는 있을 수 없습니다!

    한국 교회가 성장한 1970~80년대의 특징 중의 하나는 교인들이 모이기를 힘썼다는 것이다. 많은 교인들은 주일 예배는 물론 삼일 저녁 기도회, 금요철야, 새벽기도, 부흥회에도 열심히 참석했다. 어떤 의미에서 그들은 자기가 가지 않으면 안 된다는 책임감을 갖고 모임에 참석했다. 아직도 대다수의 교인들은 교회 출석과 봉사에 열심이지만 꼭 그렇게 생각하지는 않는 사람들도 생기기 시작하는 것으로 보인다. 예컨대 성수주일은 절대적인 것이 아니라는 생각으로 이런 저런 핑계를 대며 주일 예배에 참석하지 않는 사람들이 생겨나고 있으며, 아예 교회를 떠나려는 사람들도 있다는 이야기도 들려온다. 이런 문제에 대한 성경의 답변은 무엇인가? 히브리서는 이런 상황 속에 있는 성도들에게 적합한 말씀들이 기록되어 있기에 이를 연구하여 오늘의 해결책을 찾는데 도움을 받고자 한다.

히브리서를 받는 교회 공동체의 상황

    히브리서는 원래 유대인이었다가 예수를 그리스도로 믿게 된 사람들 즉 유대 기독교인들에게 보내진 서신이다. 이들이 예수를 믿는 순간에는 기쁨과 감격이 넘쳤을 것이다. 그러나 예수를 믿음으로 인해 그동안 유지되었던 유대 공동체와의 관계가 단절되고 이로 인한 사회적인 소외로 이어져 급기야는 경제적인 궁핍에까지 이르게 되었을 때 이들 중에 일부 교인들은 과거로 돌아가고 싶은 유혹을 받았고 이들의 신앙적인 기초가 흔들리게 되었다. 가장 중요한 문제는 예수를 그리스도로 고백하는 믿음이 약해졌고 이에 반비례해 유대교의 종교문화에 대한 향수는 더 커져 급기야 성전 제사를 그리워하는 상태에까지 이르게 되었다는 것이다. 굳센 결단을 한 뒤 한 동안은 자기가 뿌리를 내리고 살던 공동체를 떠나기까지 하면서 믿음의 정절을 지킬 수 있을지는 모르지만 시간이 갈수록 사회적인 단절, 혈연과의 단절, 문화적 단절, 종교적 단절이 생각했던 것보다 훨씬 크다는 것을 느끼고 돌아가고 싶어진 것이다. 유대 제사에 대한 향수가 점점 커져 제사장의 옷에서 나는 방울소리조차 그리워진다면 문제는 심각한 것이다.

이런 가운데 설상가상으로 예수를 그리스도로 믿지 않는 유대인들의 의도적인 모함과 유혹의 소리는 더 커지고 있었다. 이런 저런 이유를 들면서 배교(背敎)하라는 것이다. 왜냐하면 예수는 기껏해야 천사 정도밖에 안 되기 때문에 메시아가 아니라는 것이다. 이에 대해 히브리서 기자는 히브리서 1:4~2:18에 걸쳐 천사들은 하나님이 지으신 피조물 중 가장 높은 자이고 하나님을 위해 봉사하는 자들이지만 예수는 이들과 비교할 수 없고 말할 수 없이 높은 전혀 다른 차원의 존재 즉 하나님의 아들 메시아임을 강력하게 선포하고 있다(1:5). 예수가 십자가에 달려 죽음을 당하신 것(2:7)을 보면 죽지 않는 천사보다 못한 존재라고 생각할 수 있을지 모르지만 그것은 잠깐 동안일 뿐이며 모든 사람을 위해 죽게 하시는 하나님의 뜻을 따르는 상황에서 그렇게 보였을 뿐이라고 히브리서 기자는 강변한다(2:9~10). 더군다나 그렇게 고난을 받음으로 시험받는 인간들을 능히 도우실 수 있다는 것을 생각한다면 결코 예수를 천사보다 낮은 존재로 말할 수 없다는 것이다(2:18).

그 외에도 히브리서를 받는 교회공동체 안에는 이런 저런 이유를 들어 예수의 권위를 깎아내리는 자들이 있었다는 사실을 파악하는 것이 중요하다. 이들 중에는 예수는 기껏 천사나 선지자와 같은 정도의 존재에 불과하며, 선지자일지는 몰라도 대제사장은 아니라고 하면서 완전한 속죄자 예수의 권위를 깎아 내리는 자들도 있었다(3:1~4:13). 나아가 예수가 제사장이라 할지라도 유대교의 대제사장보다 못하다는 억지 주장을 펼치는 사람들도 있었다. 이런 모든 주장에 대해 히브리서 기자는 예수는 우리의 모든 죄와 연약함을 너끈히 짊어지신, 어떤 유대교 제사장과도 비교할 수 없는 절대적이며 완벽한 대제사장이심을 선언한다(4:14~16; 5:1~14).

히브리서 기자는 여러 가지 이유를 들어 이런 상황 속에 있는 사람들에게 배교는 상상할 수도 없다고 하면서 그들이 그리스도만을 굳세게 붙들어 최후의 승리를 거두라고 격려하고 있다. 이러한 이유들은 오늘날 교회를 떠나는 사람들이 생기지 않도록 만드는 목회적인 교훈이 될 수 있는데 그 점들을 하나씩 살펴보기로 한다.

배교자들에 대한 적절한 교훈: 배교자가 생겨나지 않게 하려면 어떻게 해야 하는가?

1. 올바른 믿음 · 분명한 믿음을 갖도록 인도한다

히브리서를 받는 교회 공동체에는 배교의 움직임을 보이는 그리스도인들이 있었다. "흘러 떠내려 갈까 염려하노라"(2:1)는 말씀은 바로 그런 교인들이 있었으며 그들이 그리스도를 믿는 믿음에서 떠나 다른 길로 가는 것 즉 배교를 걱정하고 있는 히브리서 기자의 마음을 잘 담고 있다. 상황이 심각한 것은 그들이 그리스도를 통한 구원의 길에서 아주 멀어질 수 있기 때문이다. "그러므로 우리는 두려워할지니 그의 안식에 들어갈 약속이 남아 있을지라도 너희 중에 혹 미치지 못할 자가 있을까 함이라"(4:1). 그들이 그렇게 된 것에는 이유가 있는데 복음의 말씀을 들었지만 그리스도를 믿는 믿음으로까지 이어지지 않았기 때문이다. "저희와 같이 우리도 복음 전함을 받은 자이나 그러나 그 들은 바 말씀이 저희에게 유익되지 못한 것은 듣는 자가 믿음을 화합지 아니함이라"(4:2) 믿음 따로 삶 따로의 삶을 사는 사람은 믿음 없는 삶으로 종국에는 믿음 없는 것으로 끝날 것을 경고하고 있다.

2. 성숙한 믿음을 갖도록 돕는 것이 필요하다

"그러므로 우리가 그리스도 도의 초보를 버리고 죽은 행실을 회개함과 하나님께 대한 신앙과 세례들과 안수와 죽은 자의 부활과 영원한 심판에 관한 교훈의 터를 다시 닦지 말고 완전한 데 나아갈지니라 하나님께서 허락하시면 우리가 이것을 하리라 한번 비침을 받고 하늘의 은사를 맛보고 성령에 참예한 바 되고 하나님의 선한 말씀과 내세의 능력을 맛보고 타락한 자들은 다시 새롭게 하여 회개케 할 수 없나니 이는 자기가 하나님의 아들을 다시 십자가에 못 박아 현저히 욕되게 함이라"(히 6:1-6)

히브리서를 받는 교회 공동체 안에 일부 교인들이 그리스도와 교회를 떠나가려 했던 근본적인 이유는 무엇일까? 그들의 믿음이 계속해서 초보상태에 머물러 있었기 때문이다. "때가 오래므로 너희가 마땅히 선생이 될 터인데 너희가 다시 하나님의 말씀의 초보가 무엇인지 누구에게 가르침을 받아야 할 것이니 젖이나 먹고 단단한 식물을 못 먹을 자가 되었도다. 대저 젖을 먹는 자마다 어린아이니 의의 말씀을 경험하지 못한 자요. 단단한 식물은 장성한 자의 것이니 저희는 지각을 사용하므로 연단을 받아 선악을 분변하는 자들이니라"(5:12~14). 오랫동안 신앙생활을 하고 이제는 남을 가르칠 정도의 장성한 신앙을 가져야 함에도 불구하고 여전히 어린아이와 같은 상태에 머물러 있는 발육부진의 병을 앓고 있었다. 그들은 성숙한 신앙으로까지 나아가지 못했던 것이다. 히브리서 기자는 여기에 대한 원인을 말씀을 깊이 깨닫지 못했기 때문이라고 설명한다. 그들은 그리스도의 의의 말씀을 경험하지 못했기 때문이며, 선악을 분별하는 능력을 갖추지 못했기 때문이다. 그러기에 유대교로 돌아가는 것이 얼마나 잘못된 것인지도 모르는 것이다.

동물의 세계에서는 제때 성장하지 못한 새끼들은 많은 경우 맹수의 밥이 되고 만다. 이와 마찬가지로 신앙의 미숙아들은 믿음이 성장하지 못했기 때문에 상대적 열등감을 느꼈을 수도 있고 또한 색다른 가르침에 솔깃했을 것이다.

이 말은 하나님 앞에서 자신의 죽은 행실 즉 악한 행실을 철저히 회개한 뒤 그리스도를 받아들인 성도들이 하나님께 대한 신앙을 굳세게 하도록 계속적으로 도와줘야 한다는 말이 된다. 그렇지 않으면 그들은 그리스도를 떠날 수 있는 위험이 있으며 참으로 바람직하지 않게 나중에 다시 회개, 세례, 안수를 받고, 부활과 심판에 관해 다시 배워 믿게 하는 과정을 반복해야 하는 수고를 하게 된다는 것이다(6:1~2). 기자는 그러면서도 이 모든 과정은 신앙에 관한 일이기에 인간이 의도하는 대로 되는 것이 아니라 하나님께서 허락하여야 한다고 보고 있다. 즉 하나님이 믿음을 갖게 해 주셔야 믿음을 갖게 됨을 새삼스럽게 인정하고 있다(6:3).

나아가 히브리서 기자는 히브리서 11과 12장을 통해 '소망으로서의 믿음'을 잘 설명해 주고 있다. 믿음으로 살았던 위대한 신앙의 선배들의 삶을 예로 들면서 그들처럼 믿음으로 굳세게 살아갈 것을 권면한다. '세상이 감당할 수 없는' 고난과 고통을 겪고 마침내 승리한 믿음의 사람들의 삶을 통해 고난 속에서도 믿음을 잃지 않을 것을 강조한다(11:33~38). 그런 가운데 무엇보다 "믿음의 주요 온전케 하시는 이인 예수를" 바라보자고 선포한다(12:2). 왜냐하면 그 분도 고난에 찬 삶을 살았지만 '그 앞에 있는 기쁨'을 위하여 부끄러움을 개의치 않고 십자가를 지셨기 때문이다. 그분의 삶을 상기시킴으로 현재의 고난을 믿음으로 극복할 것을 권하고 있다.

3. 모임에 빠지기 시작하는 사람들을 특별한 관심으로 돌보는 것이 필요하다

오늘날에도 교회의 모임 즉 예배, 봉사, 교육의 모임에서 멀어지는 신자들은 있을 수 있는데 신앙적인 회의가 생기면 나타나는 뚜렷한 현상 중의 하나가 각종 모임과 예배에 참석하지 않는다는 것이다. "모이기를 폐하는 어떤 사람들의 습관과 같이 하지 말고 오직 권하여 그날이 가까움을 볼수록 더욱 그리하자"(10:25).

히브리서 기자는 이런 현상이 나타날 때 해야 할 첫 번째 일은 그리스도에 대한 소망을 굳게 잡도록 돕는 것이라고 말한다. "또 약속하신 이는 미쁘시니 우리가 믿는 도리의 소망을 움직이지 말고 굳게 잡아 서로 돌아보아 사랑과 선행을 격려하며"(10:23~24). 참으로 적절한 주장이다. 외줄에 매달린 사람이 굳게 잡을 것은 줄 밖에 없듯이 믿음 때문에 모든 것을 버렸던 사람이 위기 속에서 추구할 것은 소망의 믿음밖에 없기 때문이다.

배교가 나쁜 이유는 그리스도와 교회를 떠나는 것만이 아니라 끝내 돌아오지 않을 경우 결국 하나님의 아들을 짓밟고 자신을 거룩하게 한 언약의 피, 거룩한 피를 부정한 것으로 만드는 결과가 되는데, 이는 매우 무거운 죄가 되며 그 심판의 정도는 상상을 초월하기 때문이다. "우리가 진리를 아는 지식을 받은 후 짐짓 죄를 범한즉 다시 속죄하는 제사가 없고 오직 무서운 마음으로 심판을 기다리는 것과 대적하는 자를 소멸할 맹렬한 불만 있으리라"(10:26~27). 히브리서 기자는 공포심을 갖게 할 정도로 강력하게 권면해서 배교하지 못하게 하는 한편 다른 한 편으로는 참으로 그 심판의 끔찍함을 맞게 될 배교자의 앞날을 상상하며 안타까운 마음으로 권면하고 있는데 이는 또한 성령을 욕되게 하는 큰 죄가 때문이다(참조. 막 3:20~30). "모세의 법을 폐한 자도 두세 증인을 인하여 불쌍히 여김을 받지 못하고 죽었거든 하물며 하나님 아들을 밟고 자기를 거룩하게 한 언약의 피를 부정한 것으로 여기고 은혜의 성령을 욕되게 하는 자의 당연히 받을 형벌이 얼마나 더 중하겠느냐 너희는 생각하라 원수 갚는 것이 내게 있으니 내가 갚으리라 하시고 또 다시 주께서 그의 백성을 심판하리라 말씀하신 것을 우리가 아노니 살아 계신 하나님의 손에 빠져 들어가는 것이 무서울진저"(10:28~31).

4. 잘못된 가르침에 유혹받지 않도록 가르치고 경고하는 것이 필요하다

안타까운 것은 예나 지금이나 잘못된 가르침에 현혹되는 사람이 많다는 사실이다. 히브리서를 받는 교회 공동체에도 다른 교훈에 현혹되고 있는 사람들이 있었는데 독특하게도 이들은 먹는 음식의 문제로 유혹을 받았던 것으로 보인다. 그것을 먹으면 은혜를 받게 된다는 감언이설로 현혹하는 이단들이 있었다. 서신을 받는 사람들이 전에 유대인이었다는 점을 고려한다면 유대인들이 먹는 음식으로 유대 기독교인들을 유혹했을 가능성도 추측해 볼 수 있다. "여러 가지 다른 교훈에 끌리지 말라 마음은 은혜로써 굳게 함이 아름답고 식물로써 할 것이 아니니 식물로 말미암아 행한 자는 유익을 얻지 못하였느니라"(13:9).

너무나 당연한 것인데 절대로 배교하지 말아야 할 또 다른 이유는 하나님은 예수 그리스도를 믿었다가 배교하는 자를 기뻐하지 않으시기 때문이다. 히브리서 기자는 이를 '뒤로 물러가면 기뻐하지 아니하신다'는 구약성서의 말씀으로 강조하고 있다(10:38; 합 2:3). 왜냐하면 '뒤로 물러가는' 것은 멸망으로 가는 것이요 영혼을 구원받는 길에서 아주 멀어지는 것이기 때문이다. "우리는 뒤로 물러가 침륜에 빠질 자가 아니요 오직 영혼을 구원함에 이르는 믿음을 가진 자니라"(10:39). 이는 손에 쟁기를 잡고 뒤를 돌아보는 자는 하나님의 나라에 합당치 않다는 예수님의 말씀과도 같다(눅 9:62).

여기서 히브리서 기자는 이러한 불행을 피할 수 있는 방법을 제시하는데 그것은 지도자 즉 오늘날로 말하면 목회자들에게 순종하고 그의 가르침을 따르라는 것이다. 왜냐하면 목회자야 말로 늘 깨어서 양떼들의 영혼을 위하여 기도하는 사람들이기 때문이요 양떼들의 잘못을 마치 자신의 잘못인 것으로 여겨 안타까운 마음으로 회개하는 자이기 때문이다. 그러니 배교는 유익이 되지 않는 것은 너무나 당연하고 오히려 엄청난 걱정을 안겨주는 것이 되기 때문이다. "너희를 인도하는 자들에게 순종하고 복종하라 저희는 너희 영혼을 위하여 경성하기를 자기가 회개할 자인 것 같이 하느니라 저희로 하여금 즐거움으로 이것을 하게 하고 근심으로 하게 하지 말라 그렇지 않으면 너희에게 유익이 없느니라"(13:17). 오히려 하나님의 말씀을 가르쳐 준 그들의 성실한 태도와 그들의 진실한 삶을 깊이 생각하고 그들의 믿음을 본받으라고 한다(13:7).

5. 고난에 굴복하지 않도록 가르치는 것이 필요하다

"또 아들들에게 권하는 것같이 너희에게 권면하신 말씀도 잊었도다 일렀으되 내 아들아 주의 징계하심을 경히 여기지 말며 그에게 꾸지람을 받을 때에 낙심하지 말라 주께서 그 사랑하시는 자를 징계하시고 그의 받으이시는 아들마다 채찍질하심이니라 하였으니 너희가 참음은 징계를 받기 위함이라 하나님이 아들과 같이 너희를 대우하시나니 어찌 아비가 징계하지 않는 아들이 있으리요 징계는 다 받는 것이거늘 너희에게 없으면 사생자요 참아들이 아니니라 또 우리 육체의 아버지가 우리를 징계하여도 공경하였거든 하물며 모든 영의 아버지께 더욱 복종하여 살려 하지 않겠느냐 저희는 잠시 자기의 뜻대로 우리를 징계하였거니와 오직 하나님은 우리의 유익을 위하여 그의 거룩하심에 참예케 하시느니라 무릇 징계가 당시에는 즐거워 보이지 않고 슬퍼 보이나 후에 그로 말미암아 연단한 자에게는 의의 평강한 열매를 맺나니 그러므로 피곤한 손과 연약한 무릎을 일으켜 세우고 너희 발을 위하여 곧은 길을 만들어 저는 다리로 하여금 어그러지지 않고 고침을 받게 하라"(히 12:5~13).

히브리서 기자는 배교를 하려는 교인들에게 그렇게 하지 말아야 할 것을 특별한 방식으로 권면하고 있는데 전에 고난을 잘 견뎌냈던 경험을 회상하게 하는 것이다. 전에 있었던 고난을 잘 견뎌 내지 않았느냐? 예수를 생명의 주로 믿는다는 이유로 비방을 받고 고난을 당하고 사람들에게 구경거리가 되도록 창피를 당했지만 잘 견디어 냈지 않았느냐? 그런 상황에서도 굳세게 견뎠고 더욱이 같이 고통당하는 사람들과 함께 할 정도로 확신에 차 있지 않았느냐? 나아가 예수를 그리스도로 믿는다는 이유로 감옥에 갇힌 사람들을 동정하기까지 하지 않았느냐? 그런데 과연 지금의 고난이 그 때의 고난보다 더 고통스럽다고 할 수 있느냐? 그렇지 않으니 계속 견디어 나가자고 권면하는 것이다(10:32~33).

이들 중에서 어떤 교인은 예수를 믿는 신앙 때문에 재산을 빼앗긴 바 있는데 그런 고난도 기쁜 마음으로 이겨 나갔다. 그 이유는 자신들의 영원한 보배가 하늘에 있다는 것을 굳게 믿었기 때문이다. 히브리서 기자는 그 점을 회상하게 하여 현재의 환난도 담대하게 버티어 나갈 것을 권면하고 있다. 더욱 그렇게 해야 할 것은 고난이 클수록 하나님으로부터 받을 상이 더 크기 때문이라고 권면한다(10:34~35).

사람들이 배교하려는 경우 그 이유는 무엇일까? 다양한 이유가 있겠지만 흔히 고난에 압도되어 그러한 최악의 길을 택하는 경우가 많은 것으로 보인다. 삶이 너무 힘들거나 큰 고통에서 헤어나지 못할 때 자신이 믿고 있는 신의 존재에 대한 회의에 빠지거나 자신이 신으로부터 버림을 받았다는 생각을 하기가 쉽다. 그렇지만 히브리서 기자는 그리스도 신앙 때문에 받는 현재의 고난에서 벗어나려고 배교의 길을 택해서는 안 되는 이유를 고난이 가지는 긍정적인 의미에서 찾고 있다. 즉 지금 받는 고난이 고난 받는 사람들을 파멸시키려는 목적으로 주어진 것이 아니라는 점을 제발 깨달으라고 한다. 고난의 목적이 보다 단련된 정금 같은 믿음을 갖게 하기 위한 징계라는 것이다. 한시적이며 단련을 위한 교육적인 목적의 고난이라는 것이다. 하나님께서는 사랑하시는 자녀만 즉 친자녀만 징계하시고 보다 강한 존재로 만들기 위해 채찍질 하신다고 설명한다. 따라서 기쁘게 받을 고난이라는 것이다(12:5~9). 결코 이러한 징계로 인해 마음이 비뚤어져 그 징계에서 벗어나려고만 하지 말 것은 하나님께서 자녀들의 유익을 위해서 즉 거룩한 백성으로 만들기 위해서 계획하신 훈련이기 때문이다. "또 아들들에게 권하는 것같이 너희에게 권면하신 말씀을 잊었도다 일렀으되 내 아들아 주의 징계하심을 경히 여기지 말며 그에게 꾸지람을 받을 때에 낙심하지 말라"(12:5). 따라서 지금 힘들지만 의와 평강의 열매를 바라보며 슬픈 얼굴을 기쁜 얼굴로 바꾸고 지쳐있는 몸을 일으켜 세워 하나님께서 가는 길 즉 그리스도를 따르는 길로 가라고 권면한다(12:10~13).

이렇게 해야 할 또 다른 이유는 예수 그리스도도 고난을 피하기는커녕 오히려 적극적으로 고난을 받으셨기 때문이다. "그러므로 예수도 자기 피로써 백성을 거룩케 하려고 성문 밖에서 고난을 받으셨느니라 그런즉 우리는 그 능욕을 지고 영문 밖으로 그에게 나아가자"(13:12~13).

6. 주님의 재림이 가까웠다는 사실을 강조해야 한다

20~30년 전과 비교해 보면 오늘의 한국 교회는 재림에 대한 의식과 종말에 대한 의식이 약해졌다는 느낌을 갖게 된다. 그런 흐름이 각종 모임과 봉사에 참여하는 교인들의 자세에 부정적인 영향을 미치고 있는 것으로 보인다. 히브리서를 받는 교회 공동체의 교인들도 비슷한 상황에 있었다. 그들은 그리스도에 대한 신앙 때문에 야기된 고난이 지속되고 재림에 대한 기대가 희미해짐에 따라 사회적, 경제적, 문화적 단절을 회복시키고자 하는 욕망을 갖게 되었고 그것이 배교의 유혹으로까지 이어진 것으로 보인다. 옛적이나 오늘이나 재림에 대한 올바른 기대 즉 적절한 종말의식을 갖도록 가르치는 것이 배교를 막는 지름길이다. 배교할 수 없는 것은 '잠시 잠깐 후면' 주께서 오시기 때문이다. 즉 지체하지 않고 종말이 임하기 때문이며 하나님의 뜻을 행한 후에 약속하신 것을 받기 위해서는 인내가 필요하기 때문이다(10:36~37).

이렇게 종말의식을 강조하는 것은 히브리서를 받는 교회 공동체에 또 다른 고난 즉 핍박이 다가오고 있었기 때문이다. 전에 당한 고난은 심한 육체적 고난이었지만 앞으로의 고난은 그보다 훨씬 심한 죽음까지 각오해야 하는 순교의 고난이라는 점이 암시되고 있다. "너희가 죄와 싸우되 아직 피흘리기까지는 대항치 아니하고"(12:4). 그러나 히브리서 기자는 이번에도 이겨나갈 수 있다고 한다. 왜냐하면 예수 그리스도는 유대 기독교인들이 처음 믿었을 때와 똑같이 영원하시기 때문이다(13:8).

7. 고난 중에서도 찬양의 삶을 살도록 돕는 것이 필요하다.

히브리서의 마지막 부분에는 한 구절로 이루어진 특별한 말씀이 있는데 그 내용은 하나님을 찬양하는 삶을 살라는 것이다. "이러므로 우리가 예수로 말미암아 항상 찬미의 제사를 하나님께 드리자 이는 그 이름을 증거하는 입술의 열매니라."(13:15) 왜 히브리서기자가 배교하지 말 것을 간곡히 권면하는 그의 서신 마지막 부분에 이 말씀을 기록했는지를 생각해 보자. 특별한 이유 없이 현재의 고난을 찬양하며 견디라는 말씀일 수도 있지만 다른 가능성도 생각해 볼 수 있다.

히브리서를 받는 교인들이 배교라는 최악의 카드를 생각하고 있던 이유 중의 하나는 현재의 고난에 압도되어 찬양하는 기쁨이 과거보다 덜했던 것으로 추측할 수 있다. 전에 유대인으로서 성전 예배를 드리러 가고 올 때 또 성전 안에서 부르며 찬양의 기쁨을 누리던 시절을 그리워하고 있었던 것으로 보인다. 그래서 고난이 계속되는 현재의 신앙생활을 무한정 지속하는 것은 어렵다는 판단을 하고 있었던 것으로 보인다. 따라서 히브리서 기자는 찬양하면서 위로받고 찬양하면서 기쁨을 누리는 생활을 만끽하도록 권고하고 있는 것이다.

인간은 지식과 가르침만으로 사는 존재가 아니라 지, 정, 의의 세 가지 측면에서 기쁨과 보람을 느끼는 존재이다. 이 정서적 요소가 신앙생활을 계속하는데 중요하다는 것을 새삼 깨닫게 해준다.

마치는 말

'교회를 떠나는 사람이 있다'는 말은 참으로 어색한 말처럼 들린다. 왜냐하면 그 말에 익숙하지 않고 또 익숙해지고 싶지 않기 때문이다. 그럼에도 불구하고 그것이 현실이라면 모든 선한 방법을 써서라도 그들을 막아야 한다는 생각을 하게 되는 것은 생명의 길에서 죽음으로 걸어가는 어린아이를 보는 것과 안타까움을 느끼기 때문이다.

배교에 대한 귀한 말씀이 가득 들어 있는 히브리서는 신앙적인 회의에 빠져 있는 사람들에게 줄 수 있는 최고의 선물이다. 신앙적인 회의가 지적 유희가 아닌 현재의 삶의 고통에서 기인하고 있다고 판단되는 기독교인들의 삶에 특히 적합한 교훈들을 이 특별한 책의 곳곳에서 찾을 수 있다.

히브리서는 교회를 떠나는 사람들이 생기지 않게 하기 위해서는 무엇보다 교인들을 믿음에 굳게 서는 성숙한 신앙인으로 교육할 것을 가르쳐 준다. 신앙생활을 한 기간이 곧 그들의 신앙의 성숙함을 증명해 주지 않는다는 것을 되새겨 주고 있다. 따라서 끊임없이 교인들의 신앙이 어떤 상태에 있는지를 확인하고 성숙함에 이르도록 가르쳐야 한다. 왜냐하면 믿음의 길에서 벗어나면 다시 회복하는 것이 너무나 어렵고 불가능 할 수도 있기 때문이다.

또한 교회의 모임에 빠지는 사람들이 있을 경우 특별한 관심을 가지고 돌볼 것을 가르쳐주고 있다. 심방 등 여러 가지 방식으로 그들을 만나 믿음의 소망을 새롭게 하도록 돕고 그리스도에게서 멀어져 '뒤로 물러가는' 것이 얼마나 끔찍한 결과를 낳는지를 경고할 것을 가르쳐 준다.

그들이 교회에서 멀어지는 이유가 너무나 끔찍한 현재의 고난 때문이라고 할지라도 그들이 받는 고통은 영원한 것이 아닌 한시적인 것이며 믿음으로 고난을 잘 이겨나가면 그들에게 신앙적인 면에서 유익이 될 것을 가르쳐 준다. 또한 현재의 어두움과 고난을 끝내는 주님의 재림과 심판이 있을 종말의 시각이 임박했음과 큰 고난 중에서도 더욱 찬양으로 신앙의 기쁨을 회복할 것을 가르쳐 주고 있다. 이 모든 교훈을 통해 히브리서 기자는 간곡히 부탁한다. 배교는 어떤 상황에서도 있을 수 없습니다!

04

히브리서의 믿음

믿음, 무엇이 문제인가?

2009년은 캘빈 탄생 500주년이 되는 뜻 깊은 해다. 종교 개혁의 모토인 이신칭의 신학의 근간을 이루는 사상은 *sola fide*(오직 믿음), *sola gratia*(오직 은혜), *sola scriptura*(오직 말씀)라는 세 가지 표어로 압축되어 표현된다. 즉 구원이 복음을 듣고 믿는 자에게 주어지는 하나님의 은혜로운 선물임을 강조하는 것으로서 당시의 면죄부 구매와 같은 행위로 구원을 받을 수 있다는 가르침을 반박하는 것이다.[1] 그런데 이 세 가지 표어 중 종교 개혁 이후 지금까지 항상 신학적 논쟁의 핵심에 놓여있는 주제는 '믿음'이다. '오직 믿음'이란 표현이 강조하는 것은 구원이 인간의 '행위가 아니라 오로지 믿음으로' 주어진다는 뜻으로서 여기에 함축된 의미는 믿음과 행위가 서로 대립적인 개념으로써 함께 양립할 수 없다는 것을 나타낸다. 그렇다고 해서 개혁자들이 신자의 올바른 행실과 선행에 대해서 무관심했다는 것은 물론 아니다. 구원론에 있어서 개혁자들이 보여준 특징은 가톨릭과는 달리 칭의와 성화를 예리하게 구별하여 칭의는 믿음에 의한 것으로 설명하고, 성도들의 거룩한 행실에 관한 성화의 문제는 별도로 다루고 있다.[2]

그런데 문제는 이러한 신학적 입장에서 성경을 읽다보면 우리는 종종 당황스러운 경우를 만난다는 사실이다. 예를 들면 바울서신에서는 우리가 의롭다 함을 받는 것이 믿음에 의해서라고 설명하지만 야고보서에서는 행위에 의해서 우리가 의롭다 함을 받는 것으로 설명하고 있기 때문이다(약 2:14~26). 특히 흥미로운 것은 바울과 야고보 둘 다 아브라함을 예로 들어 설명하면서 바울은 아브라함이 믿음으로 의롭다함을 받았다고 주장하지만(롬 4장), 반면에 야고보는 아브라함이 행함으로 의롭다 함을 받은 것이라고 반박하고 있다(약 2:21, 24).[3] 이뿐만 아니라 복음서에서도 천국에 들어갈 수 있는 조건을 행위와 관련시켜 설명하는 경우가 종종 있다. "나더러 주여 주여 하는 자마다 천국에 다 들어갈 것이 아니요 다만 하늘에 계신 내 아버지의 뜻대로 행하는 자라야 들어가리라"(마 7:21)와 같은 말씀이다.

그러면 이런 문제에 대해서 우리는 어떻게 이해할 것인가? 바울은 그의 구원론에 있어서 복음서나 야고보서의 저자와는 다른 신학적 입장을 가지고 있었는가? 우리는 여기서 바울과 야고보의 신학적 입장을 자세하게 설명할 수는 없지만 간단하게 다음과 같은 관점의 차이를 지적할 수 있다. 바울은 선교적 상황에서 복음을 처음 접하는 이방인들에게(혹은 유대주의자들에게) 구원이 어떻게 주어지는지를 설명하면서 기독론적인 문제에 관심을 가진 반면 야고보는 이미 복음의 은혜를 입은 자들이 어떻게 복음에 부합하는 삶을 살 것인가 라는 인간론적인 문제에 더 관심을 가지고 있었다. 이러한 관심의 차이는 결국 각자의 독자들이 처해 있었던 상황의 차이에서 기인하는 것이었다. 바울은 이방인 선교 과정에서 발생했던 유대주의자들과의 갈등으로 인하여 구원이 율법의 행위로 주어지는 것이 아니라 복음을 듣고 믿음으로 주어지는 것임을 분명하게 설명했어야만 했다. 반면에 야고보의 독자들은 복음을 받아들인 후 오랜 시간이 지났기에 초기의 순수한 믿음이 사라지고 성도들은 세속화되고 나태해져가는 상황에 있었기 때문에 그리스도인들이 다시 마음을 새롭게하여 그리스도의 복음에 부합하는 거룩한 삶을 살아야 한다는 것을 강조할 필요가 있었다.

따라서 바울의 관심은 구원의 주인 그리스도에 관한 기독론적인 문제였으며 야고보의 관심은 그리스도인들의 실천적인 삶과 관계된 인간론적인 문제였다. 그러나 이 두 가지는 모두 믿음의 주제와 직접적으로 관계되어 있는데, 전자는 믿음으로 구원을 받는 문제이며 후자는 믿음으로 살아가는 문제다. 그러나 여기서 전자와 후자의 관계가 논리적으로는 구별될 수 있지만 본질적으로는 같은 문제다. 즉 의롭게 되는 것과 의롭게 사는 것은 모두 같은 믿음으로 될 수 있는 것이다.

그러면 종교 개혁자들의 관심은 무엇이었는가? 종교 개혁자들도 바울과 같이 인간론적인 문제보다는 기독론적인 문제에 더 관심을 가지고 있었다. 왜냐하면 마치 바울의 반대자들인 유대주의자들이 율법을 지킴으로 구원을 받는다고 주장했던 것과 같이 중세의 로마 가톨릭교회는 성례전과 면죄부 구입과 같은 특정한 종교적인 행위로 구원을 받을 수 있다고 주장을 했기 때문이다. 그러나 개혁자들은 구원이 그러한 종교적 행위로 획득되는 것이 아니라 그리스도의 복음을 믿을 때에 은혜로 주어진다는 바울적인 가르침을 다시 강조한 것이다. 따라서 루터, 캘빈과 같은 개혁자들은 칭의의 문제를 다룸에 있어서 인간론적인 문제보다는 그리스도의 구속적 사역이 가진 신학적 의미를 설명하는 기독론적인 문제에 더 많은 관심을 가질 수밖에 없었다.

이제 21세기의 시대적 상황에 처해 있는 한국 교회의 문제를 생각해 보자. 지금 한국 교회의 상황에서는 교리적 문제보다 실천적인 삶의 문제가 더 심각하다. 물론 이단적인 가르침은 시대를 초월해서 항상 있어 왔고 지금은 더욱 활개를 치고 있지만 적어도 정통적인 교회에서는 교리적으로는 별 문제가 없음에도 성도들의 삶이 세속적이고 복음에 합당한 열매가 없는 것이 이 시대 교회의 문제다. 그러면 우리에게는 어떤 메시지가 더 긴급하게 요청되고 있는가? 바울의 기독론적인 메시지인가? 아니면 야고보의 인간론적인 메시지인가?

물론 원리적인 측면에서는 기독론적인 은총의 메시지와 인간론적인 신실한 복음적 삶에 관한 메시지가 적절하게 균형을 이루는 것이 항상 필요하다. 그러나 교회사를 통해서 우리가 배우는 것은 교회가 항상 이 둘 사이에서 적절한 균형을 유지하지 못했으며 종종 한쪽으로 치우치는 경우가 많았다는 것이다. 따라서 선포되는 메시지도 상황에 따라 한쪽 측면을 특별히 강조할 필요가 있었던 것이 사실이다. 그러나 계속해서 한 쪽을 지나치게 강조할 경우에는 또 다른 문제를 야기할 수 있으며 특히 그 시대의 문제와 상관이 없는 일방적인 가르침은 비록 원칙적으로는 옳은 것이라고 하더라도 종종 그것은 왜곡되고 잘못 이해될 수도 있다는 것을 기억할 필요가 있다. 예를 들어 만약 믿음이 있다고는 하나 거룩한 삶이 결여된 야고보서의 독자들에게 오히려 바울의 이신칭의의 교리만을 계속해서 강조한다면 어떻게 될 것인가? 사실 이것이 현재 한국 교회의 상황이라고 할 수 있다.

여기서 잠시 한국 교회에서 이신칭의의 신학이 어떻게 왜곡되고 있는지 살펴보자. 물론 이신칭의 신학이 그 자체로서는 성경적인 가르침으로서 아무런 문제가 없음에도 불구하고 종종 다음과 같이 잘못 이해되는 경우가 있다.

첫째, '구원은 행위가 아니라 은혜로 주어지는 것이다'라고 하는 것은 구원이 아무런 대가 없이 공짜로 주어진다는 것을 강조하기 위한 것이 아니라 은혜로 주어졌다는 것을 강조하기 위한 것이다. 물론 구원은 우리가 스스로 획득한 것이 아니라 하나님께서 은혜로 주신 것이기 때문에 우리가 아무런 대가를 지불하지 않았다는 것은 사실이다. 그럼에도 불구하고 구원은 공짜로 주어진 것이 아니라 아주 값비싼, 다시 말하면 인간의 그 어떤 위대한 행위보다도 더 값비싼 대가를 치루고 주어진 것이다. 즉 행위가 아니라 믿음이라는 표현이 행위의 무가치성이나 불필요성을 의미하는 것이 아니라 오히려 이와는 반대로 인간의 그 어떤 행위도 구원을 성취하기에는 불충분하며 불완전하다는 것을 지적하는 것이며, 결과적으로 인간은 하나님의 자비하심과 은혜가 아니면 구원 받을 수 없는 존재라는 것을 깨닫게 하기 위한 것이다.

여기서 무엇에 관심을 가지느냐 하는 것은 매우 중요하다. 만약 공짜라는 사실을 강조하게 되면 그리스도의 피와 희생으로 성취된 고귀한 구원을 마치 누구나 손쉽게 얻을 수 있는 값싼 것으로 생각할 수 있다. 그러나 하나님의 은혜를 강조할 때에는 인간이 자신의 업적이나 선행을 결코 자랑할 수 없다는 것을 깨닫고 오로지 하나님의 긍휼하심 앞에 겸손하게 부복할 수밖에 없다는 것을 강조한다. 이렇게 이해할 때 필연적으로 나타나야 할 현상은 인간이 이제부터는 자신의 의를 드러내기 위해 행하는 것이 아니라 하나님의 은혜에 감사하므로 그에게 충성하는 행위를 하는 것이다.

둘째, '행위가 아니라 믿음'이라는 표현이 인간을 모든 책임감으로부터 해방시켜주므로 게으르고 나태하며 부도덕한 삶을 살아도 된다는 것을 허용하는 것이 아니다. 오히려 믿음으로 은혜를 입은 자의 삶의 특징은 인간이 하나님의 크신 은혜를 입었기 때문에 이제는 전적으로 하나님께 헌신하고 충성하는 삶을 살아야 한다는 것을 강조하는 것이다. 즉 그리스도께서 우리를 대신해서 십자가의 희생을 치른 것은 결코 그를 따르는 자들에게 더 쉽고 수월한 구원의 길을 열어주기 위한 것이 아니라 오히려 그리스도의 십자가의 희생을 본받아 그를 따르는 자들도 각자 자신에게 주어진 십자가를 담대하게 지고 따르도록 하기 위한 것이다. 즉 이신칭의 신학은 그리스도인들로 하여금 생명의 은인인 그리스도께 더욱더 충성하도록 하기 위한 것이지 게으르고 불순종하는 자들에게 더 쉽게 구원을 받을 수 있는 길을 열어주기 위한 것이 아니다.

셋째, 가장 심각한 문제는 이신칭의의 신학에서 '행위가 아니라 믿음'이란 표현에 근거하여 믿음을 마치 영지주의적인 지식과 같은 것으로 이해하는 것이다. 사실 종교 개혁의 신학을 따르는 자들이 스스로 영지주의적 신앙을 가졌다고 말하는 경우는 없다. 그럼에도 실질적으로는 교리적 이해나 실천적인 삶에 있어서 영지주의적인 경향이 상당히 짙은 경우가 많이 있다. 영지주의의 구원관은 계시로 주어지는 영적인 지식을 받아들임으로 구원을 받을 수 있다고 주장하는데, 이러한 구원관을 가지게 되면 이 세상에서의 인간의 삶이나 행위는 구원에 아무런 영향을 미칠 수 없기 때문에 종종 반율법적이고 부도덕한 삶을 살면서도 믿기만 하면 여전히 구원을 받을 수 있다고 생각하게 된다. 사실 이러한 경향은 이미 초대교회 때부터 있었는데, 예를 들면 고린도교회에서는 음행하고 우상 숭배하고 탐욕적인 지극히 세속적인 삶을 사는 자들이 교회 안에 있었으며 심지어 그것을 자랑하는 자들이 있었다(고전 5~6장).

사실 이신칭의의 교리를 이와 비슷하게 이해할 수 있는 가능성은 항상 있다. 행위가 아니라 믿음이란 표현 속에 모든 실천적인 요소를 배제해 버리고 영적인 지식이나 교리적인 내용을 받아들이고 승인하는 것을 믿음의 전부인 것처럼 생각하고 실천적인 삶은 어떠하든지 아무런 상관이 없다고 생서할 수도 있다. 우리는 교회 안에서 이러한 사상이 만연되어 있다는 사실을 쉽게 확인할 수 있다. 만약 그리스도인들에게 "당신은 어떻게 구원을 받는다고 생각합니까?"라는 질문을 해 보면 대부분 그리스도인들은 특정한 교리적 지식을 수용하고 인정하는 것을 통하여 구원을 받는다고 생각하고 있다. 예를 들면 하나님이 살아 계시다는 것을 인정하고 그리스도께서 우리를 대신해서 십자가에서 죽었다는 교리를 인정하고 받아들이면 그것으로 구원은 이미 받아놓은 것처럼 생각한다. 물론 이러한 교리적 이해와 승인도 믿음의 중요한 한 부분임에는 분명하다.

그러나 만약 믿음을 단순히 어떤 교리적 체계를 인정하고 받아들이는 정도로 생각한다면 결국 믿음이란 것도 하나의 사상적 체계를 신봉하는 철학적인 신념에 불과하게 된다. 믿음은 자신의 신앙고백이 삶 속에서 실천적으로 고백되어야만 참된 믿음이 될 수 있다. 만약 믿노라 하면서 신앙고백에 부합하는 삶이 없다면 그것은 영지주의적 믿음에 불과하게 되고 말 것이다. 이러한 믿음은 바울도, 마르틴 루터도 결코 가르치지 않았다.

이제 히브리서의 믿음에 대해서 생각해 보자. 왜 히브리서의 믿음이 중요한가? 우리는 앞에서 바울의 관심이었던 기독론적인 문제와 야고보의 관심이었던 인간론적인 문제 사이의 균형과 조화의 중요성을 언급했다. 그런데 이 두 문제 사이에 적절한 균형을 갖추면서 조직적이고 체계적으로 믿음에 대해서 가르치는 것이 히브리서다. 사실 히브리서는 믿음에 관해서 가장 많이 언급하고 있는 책 중에 하나이지만 종교 개혁 이후 많이 등한시되어 왔다.[4] 우리는 여기서 히브리서에서 가르치는 믿음의 특징을 세 가지 측면에서 살펴보게 될 것인데, 그것은 믿음의 기독론적인 측면, 인간론적인 측면 그리고 종말론적인 측면이다. 히브리서는 이러한 세 가지 관점에서 믿음의 개념을 매우 포괄적이고 조직적으로 이해할 수 있도록 도움을 주고 있다.

1. 기독론적 믿음: 구원의 주 예수

먼저, 믿음의 기독론적, 인간론적 측면이라는 표현이 무엇을 가리키는 것인지 잠시 생각해 보자. 믿음을 표현하는 단어는 명사형으로 '피스티스'나 형용사 '피스토스'로 사용되고 있는데 이것은 소극적인 의미로 사용될 수도 있고 적극적인 의미로 사용될 수도 있다. 먼저 소극적인 의미는 존재론적인 특징을 묘사하는 것으로서 '신뢰할 만한' 혹은 '믿을 만한'이란 뜻이며 하나님 혹은 그리스도의 신실하심을 설명할 때 사용된다. 즉 '하나님은 그의 약속에 신실하신 분이시다'라고 할 때 신뢰할 수 있는 그분의 성품을 나타내는 것으로서 신약에서는 구속 사역에 있어서 그리스도의 신실하심을 묘사하기도 한다(신 7:9; 32:4; 롬 3:3; 고전 1:9; 10:13; 고후 1:18).[5] 이것은 믿음이란 용어가 그리스도의 구속 사역과 관련하여 기독론적인 관점에서 사용된 것으로서 우리의 믿음의 대상이며 구원자이신 그리스도의 신실하심을 설명한다. 반면에 '피스티-' 용어의 적극적인 의미는 밖으로 드러나는 행위나 태도를 가리키는 것으로서 인간이 하나님을 신뢰하는 것이나 그에게 충성하는 것과 같이 그리스도인들에게 요구되어지는 믿음 혹은 신실함을 묘사할 때 사용된다. 이것은 믿음이란 단어가 인간론적인 관점에서 사용된 것으로서 그리스도의 구속 사역에 믿음으로 응답하는 인간의 신실한 반응을 설명하는 것이다.

신약성경에서 우리가 그리스도를 믿음으로 구원을 받는다는 구원론적인 가르침에는 기독론적 믿음과 인간론적 믿음이 서로 밀접하게 연결되어 있다. 바울이 그리스도를 통해 성취된 구속 사역의 의미를 설명하면서 예수가 그리스도요 우리의 주가 되었다고 설명할 때에는 주로 기독론적인 문제에 관심을 두고 있다. 반면에 율법이 아니라 믿음으로 의롭다함을 받는다는 것을 설명할 때에는 그리스도를 향한 인간의 태도에 관심을 가지는 것으로서 이것은 인간론적인 믿음 혹은 믿음의 인간론적 측면이라고 할 수 있다.[6] 그러나 신약성경에서 인간론적인 믿음에 대해서 가장 큰 관심을 보이는 것은 역시 야고보서다. 이런 측면에서 로마서의 믿음은 주로 기독론적인 문제에 관심을 가지는 반면 야고보서의 믿음은 인간론적인 문제에 특별히 관심을 가지고 있다.

그러면 히브리서에서는 믿음을 어떤 관점에서 다루고 있는가? 기독론적인 관점인가? 인간론적인 관점인가? 루터는 야고보서와 히브리서를 아주 낮게 평가했는데 이 서신들에 나타난 믿음이 그리스도를 믿음의 대상으로 하는 기독론 중심적인 믿음이 아니라고 생각한 데 그 이유가 있었다. 현대의 학자들 중에서도 히브리서의 믿음을 신약의 특징인 '그리스도를 믿는 믿음'(faith in Christ)으로 소개하지 않고, 구약적이며 유대적 관점인 '하나님을 믿는 믿음'(faith in God)으로 소개하고 있다고 주장한다(히 6:1). 예를 들면, 다우젠벅(Dautzenberg)은 히브리서의 믿음이 하나님을 '신뢰하는 것'이나 약속에 신실하신 하나님을 믿고 '인내하는 것' 등을 나타낸다고 말하면서 히브리서의 믿음에는 기독론적인 특징이 없다고 했다.[7] 그레이서(Grasser) 역시 히브리서의 믿음이 그리스도를 믿음의 대상으로 삼는 기독론적인 믿음이 아니라 윤리적인 관점의 견고한 신앙을 나타내는 것이라고 주장하면서 히브리서의 믿음은 종말론적이라기보다는 믿는 자들의 품행과 더 관계되어 있다고 했다.[8] 반면에 함(Hamm)과 리(Rhee)는 히브리서에 기독론적 믿음의 특징이 있다고 주장했다.[9]

우리는 여기서 히브리서의 믿음에는 분명히 기독론적인 특징이 있으며 바울 서신과 같이 그리스도를 믿음의 대상이며 구원자로 소개하고 있다는 것을 먼저 살펴볼 것이다. 비록 히브리서에서는 '그리스도를 믿음'이라는 형식의 표현이 등장하지는 않지만, 그럼에도 그리스도를 우리의 믿음의 대상으로 소개하고 있다는 것을 알 수 있다. 히브리서 6장 1절에서는 '하나님을 믿음'이라는 표현을 사용하고 있지만 이 표현이 반드시 그리스도를 믿음이라는 개념을 부인하는 것은 아니다. 오히려 신약성경에서는 '하나님을 믿음'이라는 표현이 종종 '그리스도를 믿음'이라는 표현과 동일한 의미로 사용될 때가 있는데 누가, 바울, 베드로 모두 하나님께 회개하고 돌아가는 것이나 하나님을 믿는 것을 그리스도를 믿는 것과 같은 것으로 설명하고 있다(행 20:21; 살전 1:8~10; 벧전 1:21).[10]

사실 히브리서의 저자는 처음부터 끝까지 그리스도를 믿음의 대상으로 전제하고 자신의 논지를 발전시켜 나가고 있는데, 아들을 하나님과 동일한 존재로 소개하고 있는 것이 그 증거다. 히브리서의 서문은 구약의 선지자들을 통해서 주어진 과거의 계시와 마지막 때에 아들을 통해서 주어진 종말론적인 계시를 비교하면서 아들을 소개하는데 그는 하나님과 동일한 영광을 가졌으며, 만물을 창조하셨고, 구원의 사역을 마치고 하나님의 보좌 우편에 앉으셨으며, 지금도 만물을 통치하고 있다고 말한다(히 1:3). 히브리서 1장 5절부터는 이 아들이 천사보다 우월하다는 것을 일곱 개의 구약 인용을 통해서 증거하고 있다. 그런데 일곱 개의 구약 인용을 통해서 저자는 이미 서문에서 언급했던 대로 아들을 하나님과 동일한 존재로 올려놓고 있는데, 특히 8절에서는 시편 45편 6~7절을 인용하면서 아들을 향하여 '하나님' 그리고 '주'라는 호칭을 사용하고 있으며 그의 왕권에 대해서도 언급하고 있다(히 1:8~9). 이것은 구약에서 하나님을 이스라엘의 왕으로 소개하면서 사용했던 신적 칭호들을 히브리서의 저자가 아들에게 그대로 적용시킴으로써 종말의 계시자요 구원자로 온 아들을 하나님과 동일한 분으로 설명하고 있다는 것을 보여주는 것이다.[11]

히브리서 2장에서는 독자들에게 종말론적인 구원의 복음에 충실하라고 권면하면서 3절에서 아들을 구원의 복음을 선포한 자로 소개하고 있으며, 특히 10절에서는 명시적으로 그리스도를 우리의 '구원의 주'(ἀρχηγός τῆς σωτηρίας 아르케고스 테스 소테리아스)라고 소개하고 있다. 17절에서는 그리스도의 대제사장직을 처음으로 소개하면서 그가 우리의 죄를 구속하시는 분이라고 말하고 있다. 4장에서 다시 그리스도의 대제사장직에 대해서 설명하는

데 14절에서는 하나님의 아들 예수를 우리의 신앙고백의 대상자로 소개하고 있으며, 5장 9절에서는 우리가 아들에게 순종해야 하며 그는 우리의 구원의 근원이 되신다고 말하고 있다. 히브리서는 특히 그리스도의 대제사장적인 사역과 그의 희생제사적인 죽음에 대해서 매우 자세하게 설명하고 있는데 이것을 설명하는 목적도 결국은 그리스도께서 우리의 구원을 이루신 구원자라는 사실을 신학적으로 설득력 있게 논증하기 위한 것이다. 12장에서는 예수를 '믿음의 주'(ἀρχηγός τῆς πίστεως 테스 피스테오스 아르케곤, 히 12:2)로 소개하는데 이것은 2장 10절의 '구원의 주'라는 표현과 상당히 유사한 형식으로서 결국 그리스도가 우리의 구원자이며 동시에 신앙고백의 대상자임을 증거하고 있다.

이상 간단하게 살펴본 내용을 근거로 우리는 다음과 같은 결론을 내릴 수 있다. 히브리서의 저자는 아들이 신적인 존재로서 하나님과 동일한 영광과 권능을 가지고 있으며 우리의 구원을 이루신 분으로서 그가 우리의 신앙고백의 대상자임을 분명하게 증거하고 있다. 비록 히브리서에서는 '그리스도를 믿음'이라는 구체적인 형식의 바울적 표현이 등장하지는 않지만 여전히 바울과 같이 그리스도가 우리의 믿음의 대상자이며 구원자가 되신다는 것을 분명하게 증거하고 있음을 알 수 있다. 사실 히브리서는 그리스도께서 우리의 구원의 근거가 되신다는 사실을 가장 신학적이고 논리적으로 논증하는 책이라고 할 수 있다.

2. 인간론적 믿음

히브리서는 그리스도를 우리의 믿음의 대상으로 소개하는 기독론적인 믿음뿐만 아니라 야고보서적인 인간론적인 믿음에 대해서도 매우 지대한 관심을 가지고 있다. 인간론적인 믿음이란 그리스도께서 선포한 구원의 복음에 신실하게 반응하는 인간의 태도를 가리키는 것으로서 기독론적인 그리스도의 사역이 인간론적인 믿음의 근거가 된다. 여기서는 인간론적인 믿음을 두 가지 관점에서 설명하고자 한다. 첫째, 성육신하신 예수께서 인간으로서 신실하게 하나님께 복종함으로 우리에게 참된 믿음의 모델을 보여주셨다. 둘째, 예수의 신실하심을 본받아 그리스도인들도 고난과 핍박에도 굴하지 않고 신실하게 복음에 순종함으로 종말론적인 천상의 안식으로 들어갈 수 있다. 이때 복음을 믿는 것과 복음에 순종하는 것은 동일한 것이라고 말하고 있다.

1) 믿음의 모델이신 예수

예수의 신실하심(혹은 믿음)이 그리스도인들에게 참된 믿음의 모델이 된다는 것은 최근 바울 서신을 중심으로 한 '그리스도의 믿음'(πίστις Χριστοῦ 피스티스 크리스투)에 관한 논쟁에서 활발하게 논의되고 있다.[12] 즉 πίστις Χριστοῦ (그리스도의 믿음)에서 문법적으로 '믿음'과 '그리스도'와의 관계가 무엇이냐에 관한 문제인데 두 가지 해석의 가능성이 있다. 그리스도가 믿음의 주어가 될 수도 있고 목적어가 될 수도 있는데 만약 주어라고 생각하면 이 표현이 그리스도께서 소유하신 믿음이라는 뜻에서 '그리스도의 믿음'(faith of Christ)이 되지만, 반면에 목적어라고 생각하면 그리스도가 믿음의 대상으로서 '우리가 그리스도를 믿음'(faith in Christ)이라는 뜻이 된다. 종교 개혁 시대에 루터가 이 표현을 목적격으로 번역한 이후 전통적으로는 '그리스도를 믿음'이라고 번역해 왔지만 최근에는 이것을 주격적 소유격으로 해석하여 '그리스도의 믿음'이라고 번역해야 한다는 주장이 늘고 있다. 이것은 그리스도를 믿음의 대상으로 보기보다는 그리스도 자신이 믿음을 가진 존재로서 하나님께서 주신 사역을 신실하게 완수했다는 의미로서 그리스도인들에게 믿음의 모델이 되셨다는 것을 강조하기 위한 것이다. 이런 관점의 차이는 그리스도의 신성과 인성 중에서 어느 쪽에 관심의 초점을 두느냐에 따라 달라지는데 그리스도의 신성에 관심을 가지고 접근할 때에는 그리스도를 믿음의 대상으로 해석하게 되고, 인성에 관심을 가질 때에는 하나님을 향한 그리스도 자신의 믿음을 나타내게 된다. 그런데 히브리서의 믿음에는 이 두 가지 관점이 모두 포함되어 있다. 앞에서 이미 그리스도를 믿음의 대상으로 보는 기독론적인 관점을 살펴보았으므로 여기서는 그리스도가 인간론적인 믿음의 모델로 제시된 측면을 살펴 볼 것이다.

히브리서는 예수의 인성에 관심을 가지고 예수께서도 우리와 동일한 인간으로서 하나님을 믿고 그에게 순종했으며 자신에게 주어진 명령에 신실하게 복종했다고 설명한다. 사실 히브리서의 저자는 성육신한 인간으로서 예수의 신실하심에 대해서 신약의 다른 어떤 책보다도 더 많은 관심을 가지고 있다. 히브리서 3장1~6절에 보면 그리스도의 충성(피스토스)에 대해서 설명하고 있다. 반호야(Vanhoye)는 여기서 아들의 '피스토스'가 대제사장으로서 그 자신이 신실한 존재이므로 우리가 그를 신뢰할 수 있다는 것을 나타내는 것이지 적극적인 의미로서 아들이 시험 가운데서도 신실하게 아버지에 대한 충성을 바친 존재로 묘사된 것이 아니라고 주장했으며, 함(Hamm)도 이러한 견해를 따르고 있다.[13]

그러나 이 본문은 기본적으로 모세와 하나님과의 관계와 동일한 관점에서 아들과 아버지의 관계를 설명하는 것으로서 아버지에 대한 아들의 충성을 설명하고 있는 것이다. 특히 3장 2절의 '자기를 세우신 이에게'라는 표현은 예수의 피스토스가 자신의 성품을 나타내는 표현이 아니라 아버지께로 향하는 그의 태도를 나타내는 것임을 분명히 드러내고 있다. 히브리서 2장 17절에서 이미 저자는 그리스도의 대제사장직을 설명하면서 그는 자비하고 충성된 대제사장이라고 소개했다. 여기서 아들의 자비함과 충성됨에 관한 언급은 하나님과 인간 사이에 있는 그의 중보자적 위치의 특징을 설명하는 것으로서 아들이 한편으로 그를 세우신 아버지에게는 충성하는 분이었으며 반면에 그의 사역의 대상인 백성들을 향해서는 자비로운 분이었음을 증거하고 있다.

아버지에 대한 아들의 충성이 더 구체적으로 표현된 곳은 히브리서 5장 7~10절인데 여기에서 아들은 고난 가운데 죽음에 이르기까지 순종했다고 말하고 있다. 즉 예수께서는 육체로 계실 때에 하나님을 경외했으며 순종함으로 온전하게 되어서 중보자로서의 자격을 가지게 되었다고 말한다. 7절에서는 그리스도와 하나님과의 관계를 마치 그리스도인들과 하나님의 관계와 동일한 관점에서 설명하고 있는데 이것은 성육신하신 그리스도가 그의 형제들과 동일한 입장에서 하나님을 경외하고 순종함으로 그의 형제들에게 믿음의 모델이 되었음을 설명하는 것이다. 그러므로 그리스도인들도 성육신한 예수와 동일하게 하나님을 경외하고 순종하도록 부름을 받았다는 것을 설명하고 있다.

히브리서 10장 1~18절에서 저자는 다시 예수께서 온전한 순종의 모범을 보이신 것을 설명하는데, 특히 여기서 주목할 것은 예수께서는 친히 완전한 순종의 모범을 보이셨을 뿐만 아니라 그를 따르는 자들이 온전하게 순종할 수 있도록 해 주셨다고 말한다는 점이다. 어떻게 그것이 가능하게 되었는가? 먼저 7~9절을 보면 예수께서 자신을 드린 희생의 제사가 하나님의 뜻을 온전하게 행한 그의 순종으로 묘사되고 있다. 여기서 하나님의 뜻을 행하는 그의 순종은 구약에서 제사장들이 드리는 제물과 같은 것으로 설명하고 있으며 더 나아가 참으로 하나님의 기뻐하시는 제사는 사실 구약의 동물 제사가 아니라 순종의 제사라는 것을 말하고 있다. 이런 측면에서 바울도 동일하게 하나님의 뜻을 행하는 것이 산 제사이며 참된 영적 예배라고 말하고 있다(롬 12:1). 그런데 여기서 구약의 동물 제사의 불완전함과 무능함이 그리스도의 순종의 제사의 완전함과 대조되고 있다는 사실을 주목할 필요가 있다. 구약의 동물 제사는 죄를 제거할 수 없었으므로 성도들을 온전하게 할 수 없었다(히 10:1, 4, 11). 그러나 그리스도의 순종의 제사는 단번에 죄를 영원히 제거함으로 믿는 자들을 거룩하고 온전하도록 만들었다(히 10:10, 14). 이것은 그리스도의 제사가 가진 효력을 설명하는 것으로서 믿는 자들의 양심을 깨끗하게 함으로 그들이 온전한 믿음으로 하나님께 나아갈 수 있게 되었다는 것을 증거하고 있다(히 10:22). 그리고 저자는 히브리서 11장에서 그리스도인들이 구약의 믿음의 선진들과 같이 환난 가운데서도 끝까지 믿음을 지켜야 할 것을 강조한 후에 다시 그리스도께서는 구약의 선진들의 믿음까지도 온전하게 하는 분이라고 소개하고 있다.

히브리서 12장 2절에는 예수를 믿음의 '주요 온전케 하시는 이'(ἀρχηγός καὶ τελειωτής 아르케고스 카이 텔레이오테스)로 소개하고 있다. 그런데 여기서 '주'로 번역된 단어는 원래 '아르케고스'인데 '시작자 혹은 창시자'라는 의미이며, '온전케 하시는 이'라는 표현은 '텔레이오테스'로서 '끝마치는 자 혹은 완성하는 자'라는 뜻이다. 히브리서에는 이렇게 '시작과 끝'이라는 한 쌍의 표현이 반복적으로 나타나는데(히 2:10; 6:1; 7:3), 히브리서 2장 10절에서는 그리스도께서 우리의 구원의 창시자이며 완성자라고 말하고 있는 반면에 12장 2절에서는 우리의 믿음의 창시자이며 완성자라고 말하고 있다. 이것은 그리스도께서 우리의 구원자이며 대상자인 동시에 그는 또한 우리의 믿음의 모델이 되심을 말하고 있다. 즉 '믿음의 주요 온전케 하시는 이인 예수를 바라보자'라는 저자의 권면은 예수를 우리가 따라야 할 모델로 제시하는 것인데 십자가의 고난을 인내하신 예수처럼 그리스도인들도 믿음의 경주에서 인내할 것을 요구하고 있다.

이 본문에서는 경주자에 대해서 설명하고 있는데 이것은 그리스도인들의 신앙의 여정을 승리를 위해 달려가는 경주에 비유하고 있음을 알 수 있다. '예수를 바라보자'라는 표현에서 이 믿음의 경주에서 우리가 지향하고 있는 목표는 예수라고 소개하고 있으며 이것은 이미 히브리서 6장에서 소개한 우리 앞서 달려가신 예수의 경주자로서의 이미지를 상기시키는 것이다(히 6:19~20). 이 믿음의 경주의 목표인 예수는 우리 믿음의 시작이며 끝이다. 예수께서 우리 믿음의 시작자(혹은 창시자)라는 표현은 우리 믿음의 기원이 그리스도에게 있음을 말하는데 예수께서 처음으로 우리에게 복음을 선포하심으로 우리에게 믿음을 불러일으켰으며(혹은 주셨으며), 뿐만 아니라 또한 그는 우리의 믿음을 완전하게 이루어 나가신다. 여기서 우리 믿음의 '완전함'은 히브리서 11장 40절에서 언급한 구약의 성도들의 믿음의 '불완전함'과 대조를 이루는데 구약의 성도들의 불완전한 믿음도 그리스도를 통하여 온전하게 된다고 말한다.

구약의 믿음의 불완전함과 신약의 믿음의 완전함 사이의 대조는 히브리서 3~4장에서 분명하게 설명하고 있다. 구약의 출애굽 백성들의 믿음은 그들을 불완전한 안식의 땅인 가나안으로 인도했지만, 그리스도인들의 믿음은 그들을 완전한 종말론적인 참된 안식인 창조의 안식 혹은 제 칠 일 안식으로 인도해 주기 때문이다(히 4:4~9). 이 종말론적인 안식의 장소를 히브리서 12장 22~24절에서는 천상적인 예루살렘으로 소개하고 있는데 이곳이 바로 히브리서 6장 20절에서 말한 예수께서 우리 앞서 들어가신 성소이다.[14] 그러므로 그리스도인들도 그들의 신앙의 여정에서 우리를 앞서가신 그리스를 본받아 그의 뒤를 좇아가야 한다. 여기서 히브리서의 저자는 그리스도의 믿음과 그를 따르는 자들의 믿음 사이의 직접적인 관계를 설명하고 있는데 이것은 성도들이 가져야 할 믿음의 본질은 그리스도께서 아버지에게 신실하게 충성하고 복종하신 것과 동일한 것이어야 한다고 설명한다. 저자의 이러한 설명은 자연스럽게 독자들이 보여야 할 인간론적인 믿음을 설명하는 것으로 연결되고 있다.

2) 누가 안식에 들어가는가?

우리는 앞에서 그리스도의 믿음은 그를 따르는 자들에게 믿음의 참된 모델이 무엇인지를 제시하고 있다는 것을 알았다. 그러면 이제 그리스도인들이 예수의 복음에 어떻게 반응해야 하는가? 즉 그리스도를 믿는 인간의 믿음에 대해서 히브리서에서는 어떻게 소개하고 있는지 살펴보자. 그리스도께서 우리 앞서 먼저 안식에 들어가셨는데 그러면 누가 그를 따라서 안식에 들어갈 수 있는가? 히브리서 3~4장에서는 안식에 들어가는 자와 들어가지 못하는 자의 차이에 대해서 자세하게 설명하면서 믿음의 본질에 대해서 설명하고 있다(히 3:19; 4:3).

히브리서 3:19	히브리서 4:3
이로 보건대 저희가 믿지 아니하므로	이미 믿는 우리들은 저 안식에

능히 들어가지 못한 것이라.	들어가는도다.

물론 근본적인 대답은 간단하다. 즉 믿는 사람은 안식에 들어가고, 믿지 않는 사람은 안식에 들어가지 못한다. 그러나 과연 '믿는다는 것이 무엇인가?'고 질문을 하게 되면 그 대답이 그렇게 간단한 것만은 아니다. 왜냐하면 히브리서에서는 우리가 일반적으로 생각하는 것과는 다르게 믿음을 정의하고 있는 것처럼 보이기 때문이다.[15]

먼저 히브리서 3~4장의 구조를 간단히 살펴보자. 히브리서 3장 1~6절은 모세와 그리스도의 신실함에 대해서 설명하고 있으며 이 설명에 근거하여 3장 7절~4장 13절은 안식에 들어가기 위해서는 이미 그들에게 주어진 복음에 신실하게 반응할 것을 권면하고 있다. 이 권면에서 저자는 먼저 시편 95편 7~11절을 인용하면서 모세의 신실함과 출애굽 백성들의 불신실함을 극명하게 대조시키면서 광야의 이스라엘 백성이 안식에 들어가지 못한 이유를 다음과 같이 다양한 형식으로 설명하고 있다.

첫째, 저자는 그들이 '믿지 않는 악심'(καρδία πονηρά ἀπιστίας 카르디아 포네라 아피스티아스 3:12)을 가지고 있었다고 지적하고 있다. 여기서 '악한 마음'(καρδία πονηρά 카르디아 포네라)은 하나님을 신뢰하고 의지하기를 의도적으로 거부하는 것으로서 광야의 백성들의 40년 동안 하나님의 모든 기적과 은혜를 경험하고도 계속적으로 하나님의 음성을 듣기를 거부했던 것을 염두에 두고 있다. 이것은 이미 앞의 8절에서 언급한 그들의 강퍅한 마음을 지적하는 것이다. 그러므로 악심은 믿지 않는 것과 동일한 것으로서 여기서 '믿지 않음'은 단순히 소극적으로 복음을 듣지 못해서 믿지 못하는 상태(unbelief)를 말하는 것이 아니라 하나님을 배척하는 의도적인 불신(disbelief)이다. 즉 이미 하나님의 음성을 들었고 하나님의 능력을 경험했으며 하늘의 양식인 만나를 먹음으로 하나님께서 베풀어주시는 유익을 다 누렸음에도 불구하고 하나님을 신뢰함으로 계속 앞으로 나아가기보다는 어려움이 있을 때마다 모세와 하나님을 원망하며 계속적으로 애굽으로 돌아가려고 하는 그들의 반역적인 행위와 태도를 가리키는 것이다.

둘째, 이런 믿지 않는 악심은 필연적으로 그들이 하나님으로부터 떠나게 되는 결과를 초래한다(히 3:12). 여기서 하나님을 떠난다는 표현은 '아포스테나이'(ἀποστῆναι)인데 이것은 배교를 뜻하는 말이다. 히브리서 6:4~6에서 배교적인 행위는 하나님의 아들을 다시 십자가에 못 박아 욕을 보이는 행위로서 다시 용서받을 수 없는 죄로 표현하고 있다.

셋째, 하나님께 반항하는 것(3:16), 범죄 하는 것(17절), 그리고 불순종(18절)하는 것을 믿지 않는 것이라고 말하고 있다. 즉 '믿지 않음'은 '신실하지 않음'(faithlessness), 혹은 '불순종'(disobedience)과 동일한 것으로서 이러한 행위들은 하나님을 격노케 하는 것이다(히 3:8, 10, 15, 16).

저자는 광야의 백성들이 안식에 들어가지 못한 이유를 이와 같이 여러 가지로 표현한 후에 19절에 가서는 결론적으로 요약해서 말하기를 그들이 믿지 아니함으로 안식에 들어가지 못했다고 말하고 있다. 즉 히브리서의 저자는 믿지 않는 것과 순종하지 않는 것, 믿지 않는 것과 불신하는 것, 믿지 않는 것과 악한 마음을 갖는 것은 모두 동일한 것이며 결코 서로 분리될수 없는 것이라고 설명하고 있다. 광야 백성의 이러한 태도는 모세의 신실함과 극명하게 대조되고 있는데 이로 인해서, 그들은 안식에 들어가지 못했다.

여기서 우리는 모형론적인 관계를 살펴볼 수 있다. 모세와 광야 백성의 관계는 곧 그리스도와 히브리서의 독자들의 관계와 동일한 것이다. 모세가 광야의 백성들을 가나안의 안식으로 인도하여 가듯이 그리스도께서는 신약의 성도들을 천상적인 안식으로 인도해 들어가신다. 그러나 그리스도인들은 광야 백성의 실패를 본받아서는 안 된다. 광야 백성의 실패는 그리스도인들에게 중요한 교훈을 주고 있는데, 복음에 불신실한 것이 얼마나 무서운 결과를 초래하게 되는 것인지를 생생하게 보여주는 증거가 된다. 저자는 그의 독자들도 광야의 백성들과 같은 배교적인 행위에 빠질 수 있는 위험성이 있다는 것을 보았기 때문에 그렇게 강력한 경고의 메시지를 전하게 된 것이다. "그러나 우리는 두려워할지니 그의 안식에 들어갈 약속이 남아 있을지라도 너희 중에 혹 미치지 못할 자가 있을까 함이라"(히 4:1). 그러나 저자는 비록 배교의 위험성이 있음에도 불구하고 독자들이 믿음을 지키고 안식으로 들어갈 수 있을 것이라고 여전히 확신하고 있다. "이미 믿는 우리들은 저 안식에 들어가는도다"(4:3). 그러면 저자는 독자들에게 안식에 들어가기 위해서 어떻게 하라고 말하고 있는가? 그리스도인들은 그들의 처음의 믿음을 끝까지 붙잡아야 한다(3:1, 14)고 말한다. 여기서 '처음부터 끝까지' 라는 표현은 이미 우리가 앞에서 그리스도께서 우리의 믿음의 시작이며 끝이라고 했던 것과 같은 의미로 그들이 처음에 복음을 받아들일 때의 믿음을 끝까지 지켜야 할 것임을 강조하고 있다.

그러면 저자가 볼 때 도대체 독자들의 어떠한 행위가 그들이 처음의 믿음을 버리고 배교적인 행위에 빠질 수 있다고 생각했는가? 이것은 독자들의 상황과 관계된 것으로서 히브리서 전체의 메시지를 통해서 추측할 수 있다. 히브리서에서는 특별히 그리스도의 대제사장직과 그의 희생 제물에 대해서 아주 자세하게 다루고 있다. 이것은 저자가 볼 때 독자들이 그들의 믿음을 끝까지 지키기 위해서는 반드시 그리스도의 제사장적 사역이 가진 신학적 의미를 분명하게 이해하는 것이 필요하다고 생각했기 때문이었다. 아마 저자는 독자들이 기독교의 복음으로부터 유대주의로 되돌아 갈 가능성에 대해서 우려하고 있었던 것 같다. 독자들이 유대주의로 돌아가고자 했던 시도를 두 가지 측면에서 설명할 수 있겠다.

첫째, 기독교로 개종한 이후 지금까지 행해오던 구약의 제사 행위를 중지함으로 인해 시간이 지날수록 죄 씻음의 문제에 대한 고민이 있었을 것이다. 유대교에 있을 때에는 여러 제사를 통해서 수시로 죄 씻음을 받을 수 있었으며, 특히 일 년에 한 번씩 행하는 대속죄일은 유대교에서 매우 중요한 행사인데 여기에 참석하지 못함으로 인해 죄책감을 느낄 수 있을 것이며 따라서 죄의 문제를 해결하기 위해서 다시 동물 제사로 돌아가려고 시도했을 것이다. 둘째, 동물 제사에 대한 미련과 함께 유대주의자들의 핍박은 독자들이 유대주의로 돌아가고자 하는 시도를 더욱 부채질하는 계기가 되었을 것이다. 유대주의자들은 그리스도인들에게 복음을 믿어도 구약의 율법을 지켜야 한다고 강요했으며 율법을 지키지 않는 자들을 핍박하기도 했다. 히브리서에서는 독자들이 핍박 가운데 유대주의로 되돌아가려고 시도했던 흔적들을 다음과 같이 찾아볼 수 있다. '떠내려 가다'(drifting away, 2:1), '등한히 여기다'(neglect, 2:3), '듣는 것이 둔하다'(5:11), '피곤한 손과 연약한 무릎'(dropping hands and weak knees, 12:12).

한편 독자들의 입장에서 볼 때 구약에 근거한 유대적 종교도 하나님으로부터 주어진 계시에 근거하고 있으므로 유대주의로 돌아간다는 것이 근본적으로 기독교의 복음을 포기하는 것은 아니라고 생각할 수도 있었을 것이다. 그러나 저자는 만약 독자들이 유대주의로 돌아간다면 그것은 아주 심각한 배교적 행위와 같은 것이라고 경고하고 있다. 즉 그들이 유대교로 돌아가려는 것은 광야의 백성들이 애굽으로 돌아가려고 했던 것과 동일한 것이다. 저자는 이러한 경고와 더불어 동시에 독자들이 유대주의로 돌아가지 않고 기독교의 복음에 충실해야 할 이유를 신학적으로 철저하게 설명하고 있다. 저자는 계시에 관해서부터 시작해서 구약의 계시보다 종말론적인 아들의 계시가 얼마나 더 우월한 것인지를 서론에서 설명한 후 그 아들은 구약의 선지자들뿐만 아니라 천사들보다도 더 우월한 존재이므로 아들로 통해 주어진 계시를 결코 등한히 여겨서는 안 된다고 강조하고 있다(2:1~4).

계속 이어지는 기독론적인 토론은 모두 아들이 그 자신의 존재론적인 측면에서 뿐만 아니라 그의 사역에 있어서도 구약의 제사장들보다 얼마나 더 위대한 것인지를 설명하고 있다. 아들의 사역 중에서 특히 대제사장적인 사역을 중심으로 설명하는 것은 아마 독자들이 가진 문제가 특별히 죄 용서의 문제와 관련되어 있었던 것으로 간주할 수 있다. 그러므로 저자는 그리스도께서 자기 자신을 단번에 제물로 드림으로 영원히 믿는 자들의 죄를 속했으므로 이제 더 이상 동물 제사에 참여할 필요가 없다고 말한다. 그리스도께서 자신의 피로 우리의 죄를 사했는데도 불구하고 동물 제사로 돌아가려고 하는 것은 그리스도의 피의 대속적인 가치를 부정하고 그리스도의 피를 욕되게 하는 것이다(6:6). 그러므로 독자들은 다시 유대교의 동물 제사로 돌아가지 말고 그들에게 처음부터 전해준 그리스도의 복음을 끝까지 굳게 잡아야 한다. 그러므로 그들에게 주어진 권면은 그들이 처음 들은 복음에 주의하여 주목하라(2:1), 견고히 잡으라(3:6; 4:14), 배신하지 않도록 주의하라(3:12), 인내하라(10:36, 38; 12:1)와 같은 표현들이다.

히브리서 12장 2절에는 예수께서 십자가를 참으심으로 우리 앞서 먼저 안식의 장소인 하나님 보좌 우편에 앉으셨다고 말하고 있다. 여기서 십자가는 수치와 고난의 상징으로서 그리스도께서 안식으로 들어가기 위해 당하신 것이며 또한 그리스도인들의 믿음의 여정 앞에도 이와 같은 고난이 놓여 있음을 예고하고 있다. 4절에서는 그리스도인들의 경주를 피 흘리는 투쟁으로 묘사하고 있는데 이것은 심한 핍박의 상황 속에서 그리스도인들이 믿음으로 인해 받게 되는 고난을 염두에 둔 것으로서 그리스도께서 십자가를 참으신 것처럼 그리스도인들도 고난을 참아야 한다. 그리고 5~13절은 하나님의 징계에 관해서 언급하면서 징계 가운데서도 하나님께 복종하면 하나님의 거룩하심에 참여하게 된다고 설명한다(9~10절). 이것은 그리스도인들의 믿음이 복종과 직접적으로 관계되어 있음을 나타내는 것으로서 사실 히브리서 전체를 통하여 믿음을 하나님의 음성에 순종하는 것과 동일시하고 있다. 그러므로 히브리에서는 믿음의 특징을 다음과 같이 묘사하고 있다.

1) 믿음은 신적 주권에 대한 순종이며, 불순종은 믿지 않는 것과 동일한 것이다(3:14; 4:6, 11).
2) 믿음은 처음에 확신했던 것을 핍박 가운데서도 견고히 잡고 끝까지 인내하는 것이다(3:14; 6:12).
3) 믿음은 그리스도를 바라보고 앞으로 나아가는 것이며 불신앙은 뒤로 물러나는 것이다(2:3~4; 10:38~39).

히브리서는 믿음을 단순히 교리적인 측면에서 그리스도의 구속 사역을 이해하고 인정하는 이론적이고 지적인 문제가 아니라, 교리적 이해에 근거해 실천적으로 복음에 신실하게 순종하며 살아가는 신앙의 여정으로 묘사하고 있다. 이와 같은 강조점을 지닌 히브리서의 인간론적인 믿음은 야고보서에서 강조하는 믿음과 성격이 매우 유사하다. 이제 마지막으로 믿음의 종말론적인 성격에 대해서 생각해 보자.

3. 믿음의 종말론적 성격

히브리서에서는 믿음으로 안식에 들어간다고 했는데 이것을 바울의 언어로 표현하면 믿음으로 구원 받는다거나 믿음으로 의롭게 된다는 말과 같은 것이다. 그러면 히브리서에서는 그리스도인들이 이미 안식에 들어갔다고 말하는가 아니면 안식은 미래에 들어갈 것이라고 말하는가? 바울은 이신칭의를 설명하면서 이미 과거에 성취된 그리스도의 구속 사역에 근거하여 우리가 이미 그리스도 안에서 의롭다함을 받았고 구원을 받았다고 강조한다. 그러므로 바울적인 입장에서 보면 우리는 이미 안식에 들어갔다고 할 수 있다. 반면에 케제만(Käsemann)은 히브리서의 안식이 순전히 미래적인 것이라고 주장했는데 그가 이런 주장을 하게 된 이유는 히브리서의 안식의 개념을 영지주의의 구원관에서 도출하고 있기 때문이다.[16] 그러나 신약의 종말론적인 특징은 이미 하나님의 나라가 임하였다고 생각하는 '실현된 종말론'과 하나님의 나라는 아직 임하지 않았으며 미래에 임할 것이라고 말하는 '미래적 종말론' 사이의 긴장관계에 있는 것으로 진술하는 것이다. 이것을 일명 '시작된 종말론'이라고도 하는데 하나님의 나라가 그리스도의 천국복음 선포로 이미 시작되었으며 파루시아에 완성될 것이라고 믿는 것이다. 히브리서의 종말론적인 특징도 역시 '이미'(already)라는 실현된 종말론과 '아직 아니'(not yet)라는 미래적 종말론 사이의 긴장을 팽팽하게 유지하고 있다. 히브리서의 저자는 안식의 개념을 구약의 시편 95편 11절에서 가져오고 있는데 이 시편에서의 안식은 약속의 땅 가나안을 언급하는 것이지만 히브리서의 저자는 이 안식을 초월적인 개념으로 승화시켜 창조의 안식 혹은 제칠일 안식으로 묘사하고 있다.

케제만의 주장과 달리 히브리서의 저자는 독자들이 이미 이 초월적인 안식에 들어갔거나 아니면 현재적으로 지금 막 들어가고 있다고 설명한다. 히브리서 4장 3절에서 독자들이 현재 안식에 들어가고 있는 것으로 묘사하고 있으며, 12장 22~24절에는 이미 독자들이 천상적인 예루살렘에 도착했다고 언급하고 있다. 반면에 독자들이 아직 안식에 들어간 것이 아니며 안식은 여전히 미래에 들어가야 할 약속으로 남아 있다고 설명하기도 한다(히 4:1, 6, 9, 11). 이 경우에는 천상적인 예루살렘 역시 여전히 미래에 '다가오는 도시'(πόλιν μέλλουσαν 폴린 메루산 13:14)로 묘사함으로 히브리서 12장 22절와 대조가 된다. 그리스도의 사역에 있어서도 동일하게 '이미'와 '아직' 사이의 종말론적인 긴장이 존재한다. 만물 위에 있는 그리스도의 통치권이 이미 과거에 확립되었다는 표현과 아직 만물이 완전히 그에게 복종하지 않았다는 표현이 같이 나타난다. 즉, 히브리서 2장 5~8절에는 하나님께서 '장차오는 세상', 즉 종말론적인 세상을 아들에게 '복종케 했으며'(ὑπέταξεν 휘파탁센 2:5, 8), 그에게 영광과 존귀로 '관을 씌우셨다'(ἐστεφάνωσας 에스테파노사스 2:9)고 함으로 과거와 완료 시제를 사용해서 그리스도의 왕권과 통치권이 이미 만물 위에 성립된 것으로 소개하고 있다. 그럼에도 동일한 문맥에서 만물이 아직 저에게 완전히 복종하지 않았으며 그에게 복종할 때를 아직까지 기다리고 있다고 말하기도 한다(히 2:8; 10:13).

히브리서의 종말론적인 긴장 관계는 문학적 구조에 잘 반영되어 있다. 히브리서는 신학적 토론과 권면이 반복적으로 나타나는데 실현된 종말론의 관점은 주로 신학적 토론부에 반영되어 있지만 미래적 종말론은 주로 권면부에 반영되어 있다. 여기서 히브리서의 문학적 구조를 간단히 살펴보자.

신학적 토론	권면
천사보다 우월한 그리스도(1:1~14)	큰 구원을 등한히 여기지 말라(2:1~4)
모세보다 우월한 그리스도(2:5~3:6)	광야의 불순종을 본받지 말라(3:7~4:13)

우리의 대제사장 그리스도(4:14~5:10)	믿음을 배반치 말라(5:11~6:20)
대제장, 성전, 제사제도(7:1~10:18)	소망을 가지고 고난을 참으라(10:19~39)
믿음의 선조들의 모범(11:1~40)	이와 같이 믿음의 싸움을 싸우라(12:1~17)
시내산과 시온산(12:18~24)	하늘의 음성을 거역하지 말라(12:25~29)
결론적 권면(13:1~19)	끝인사(13:20~25)

위 구조의 신학적 토론부에서는 기독론적인 주제가 발전적으로 전개되어 가고 있지만 권면부의 핵심 내용은 모두 동일하게 '그리스도의 복음에 충실 하라'는 것이다. 이것은 히브리서의 다양한 신학적 주제가 결국은 독자들로 하여금 그들이 처음 받은 복음에 충실하게 머물도록 하기 위한 한 가지 목적 을 성취하기 위해서 토론되고 있음을 알 수 있다. 그리스도의 신분의 우월성 과 그의 사역의 완전성에 대한 설명은 독자들에게 그리스도의 복음이 구약의 율법을 포함한 다른 그 어떤 것보다 더 위대한 것임을 확증하는 것으로서 독 자들에게 복음에 충실할 것을 권하는 신학적 기초가 된다. 그러므로 이런 위 대한 복음을 등한히 여기면 더 엄중한 심판이 있을 것이라고 경고하고 있다.

여기서 주목할 것은 신학적 토론부의 내용이 주로 과거에 이루어진 그리 스도의 구속 사역의 우월성을 설명하는 것으로서 직설법적인 진술이며 구 원은 이미 성취된 것이라는 실현된 종말론적 관점의 기초가 된다. 반면에 권면부의 내용은 안식이 아직 미래적인 것이므로 그 안식에 들어가기 위해 서 그들에게 주어진 복음에 지속적으로 신실하게 반응할 것을 요구하는 명 령법적인 진술로 구성되어 있다. 이것은 히브리서에서 직설법과 명령법 사 이에 '이미'와 '아직 아니'라는 종말론적 긴장이 반영되어 있음을 보여주는 것으로써 히브리서 믿음의 특징을 보여준다. 즉 믿음으로 살아가는 그리스 도인의 삶은 종말론적인 긴장 관계에 있는 삶이다. 그들은 안식에 들어갔으 나 여전히 또한 안식에 들어가기 위해서 힘써야 한다. 링컨(Lincoln)은 히브 리서에 있는 이러한 종말론적인 긴장 관계에 대해서 다음과 같이 말했다.

"히브리서 2장 5절~3장 6절에서는 그리스도와 그의 형제들 사이에 있는 결속으로 인해 확실성이 주된 형식이다. 반면에 3장 7절~4장 13절에서는 배교로 인해 구원에서 떨어질 수 있다는 두려움을 강조하는 것이 주된 형식이다. 신자들은 종말론적인 공동체로써 오직 소망 가운데 그들의 믿음을 끝까지 굳게 지킬 때 그리스도와 함께 유산을 받는 자가 될 것이다."[17]

그러므로 히브리서의 믿음에는 현재적 측면과 미래적 측면이 항상 서로 밀접하게 연결되어 있다. 이러한 종말론적인 믿음의 특징은 믿음장이라고 일컫는 히브리서 11장에도 반영되어 있다. 1절에는 "믿음은 바라는 것들의 실상이요 보지 못하는 것들의 증거니"라고 말한다. 여기서 바라는 것들과 보지 못하는 것들은 모두 미래에 속한 것들이다. 그럼에도 불구하고 그 미래에 속한 것들은 믿음에 의해서 현재적인 실상과 동일한 것이 된다. 히브리서 11장은 전체적으로 믿음의 선진들이 하나님의 약속을 바라보며 현재적인 고난과 핍박을 극복하고 승리한 이야기들로 채워져 있다. 그들에게 있어서 미래의 약속은 현재적인 삶의 특징을 결정하는 것인데, 약속을 바라보고 살아가는 사람들의 삶을 순례자의 삶으로 소개하고 있다. 그들은 한 곳에 정착하여 누리는 편안한 삶을 택하기보다는 이 땅에서는 나그네와 객으로서 거하면서 약속을 향하여 지속적으로 나아가는 고난의 여정을 택하고 있다. 노아는 120년 후에 있을 홍수에 대한 하나님의 말씀을 믿으므로 사람들의 멸시와 조롱을 마다하지 않고 순종하여 방주를 지었으며, 아브라함도 하나님의 약속을 바라보고 명령에 순종하여 고향을 떠나 유리방황하는 나그네의 생활을 택했다. 늙어 단산된 사라가 잉태하는 힘을 얻은 것은 믿음의 능력을 보여주는 것으로서 믿음은 보이지 않는 하나님의 약속을 현실화하는 능력이 있다(히 11:11). 그 외에 수많은 믿음의 선조들의 실례를 통하여 믿음의 삶은 이 세상을 따라 사는 것이 아니라 하나님의 약속에 따라 사는 것임을 증거하고 있다.

저자는 11장에서 믿음의 선진들에 관해서 길게 소개한 후 12장에 들어와서 그리스도인들 역시 순례자와 같은 삶을 살아가고 있다는 것을 설명한다. 구약의 위인들이 그들에게 주어진 약속을 바라보고 살았듯이 그리스도인들도 그들에게 주어진 믿음의 주인 그리스도를 바라보고 살아야 한다(12:1~2). 저자는 여기서 경주자의 이미지를 빌려와 그리스도인의 삶의 특징을 소개하고 있는데, 이것은 순례자의 이미지를 좀 더 역동적으로 표현한 것이다. 이 경주에서 그리스도인들이 앞서가신 예수의 행적을 쫓아가야 되는데 예수께서는 그의 앞에 놓여있는 영광을 위하여 십자가의 고난을 받는 것을 마다하지 않았다. 이것은 그리스도인들이 본 받아야 할 믿음의 모델인데 그들 앞에 놓여있는 경주를 달려감에 있어서 때로는 피 흘리는 투쟁까지도 감당해야 할 것이다(12:3~4). 이 경주에는 고난이 따르므로 인내가 필요하며 경주에 승리하기 위해서 경주를 방해하는 모든 것들을 벗어 버려야 한다(12:1). 저자는 경주를 방해하는 것을 가리켜 죄라고 말하는데, 죄는 무거운 것으로 우리를 얽매는 것과 같다. 그러면 우리의 믿음의 경주를 방해하는 이 죄가 구체적으로 무엇인가? 저자는 특별히 14절 이하에서 음행과 육신의 배를 채우는 욕심을 지적하고 있다. 저자는 13장 4~5절에서 다시 성적인 범죄로서 음행하는 죄와 돈을 사랑하는 욕심에 대해서 경고하고 있다. 신약에서 돈을 사랑하는 것에 대해서 특별히 많은 경계를 하고 있는데 돈을 사랑하는 것은 일만 악의 뿌리이며 이것을 사랑하는 자는 미혹을 받아 믿음에서 떠나게 된다고 경고하고 있다(딤전 6:10). 하나님의 아들로 부름을 받은 그리스도인들에게는 때로는 하나님의 징계와 채찍이 있지만 이것을 참고 하나님의 뜻에 순종하면 하나님의 거룩하심에 참여할 수 있게 된다(12:5~10).

미래적 종말론에 근거하여 독자들의 순례자적 믿음에 대해서 설명한 후 저자는 히브리서 12장 18~24절에 이르러서 실현된 종말론적 관점에서 다시 독자들에게 구원의 확실성을 상기시키며 그들을 안심시킨다. 저자는 출애굽 공동체와 그리스도인 공동체를 서로 비교하면서 그리스도인들이 더 우월한 신분과 상태에 있다고 설명하고 있다. 이것은 그리스도의 대속적 사역을 통해 성취된 구원의 현 상태를 설명하는 것으로서 지금까지 안식에 들어가기 위해서 피나는 투쟁을 할 것을 권면했지만, 그럼에도 그리스도인들은 광야의 백성들과는 달리 이미 하나님의 백성으로서 안식에 들어갔다고 설명한다.

	광야의 백성	그리스도인
현재의 위치	시내산에 도달함	천상적 시온에 도달함
죄	죄 있음	죄 씻음 받음
하나님과의 관계	배척 받음	영접 받음
영적 상태	죄로 인하여 불완전, 무능	그리스도의 피로 온전하게 됨
죄와의 투쟁	실패함	승리함
하나니의 약속	불완전한 것, 바라봄	완전한 것, 성취됨
인도자	모세: 불완전, 안식에 못 들어감	예수: 완전함, 보좌 우편으로 감
믿음과 순종	온전한 믿음을 가지지 못함으로 불순종했음	온전한 믿음을 가짐으로 온전한 순종이 가능함

그러면 히브리서의 저자는 왜 '이미'와 '아직'이라는 종말론적인 긴장의 상태를 지속적으로 유지하면서 독자들을 권면하고 있는가? 그것은 이 땅위에서 믿음으로 살아가는 그리스도인의 종말론적인 삶의 특징이 무엇인지를 설명하기 위한 것이다. 그리스도인의 삶에 있어서 종말론적인 이 두 축 사이의 긴장을 유지하는 것은 매우 중요하다. 왜냐하면 이것은 구원의 확실성과 인간의 책임감 모두를 강조하면서 구원의 은총에 감사하면서 동시에 복음에 헌신된 삶을 살게 해주는 이론적 근거가 되기 때문이다. 사실 어떤 관점에서 보면 구원의 확신과 헌신은 함께하기 어려운 것처럼 보인다. 구원의 확신이 있으면 헌신의 개념이 약해질 수 있지만 반면에 구원의 불확실성을 강조하면 헌신을 촉구하기가 쉽다. 물론 이러한 태도가 성경적인 관점은 아니지만 종종 이와 같은 태도를 가질 수 있는 것이 타락한 인간의 본성이다. 히브리서에서는 온전한 믿음이 구원의 확신과 온전한 헌신이 함께하는 것이

라고 가르친다. 다시 말하면 우리가 앞에서 살펴보았던 기독론적인 믿음과 인간론적 믿음은 서로 떨어질 수 없는 밀접한 관계를 가지고 있음을 설명하는 것이다.

기독론적인 믿음은 실현된 종말론의 관점에서 그리스도의 구속적인 사역의 완전성을 설명하는 것으로서 구원의 확신을 설명하는 근거가 된다. 이러한 관점은 그리스도인들이 이제 더 이상 죄로 인한 저주와 심판의 두려움 아래 있지 않고 하나님의 구속된 백성으로서의 새로운 신분을 가졌다는 것을 확증하는 것으로써 구원의 확신으로 감사와 찬양의 삶을 살게 한다. 더 나아가 구원의 현재성에 대한 이러한 설명은 단순히 마음속에 가지는 심리적 확신이 아니라 사실적인 것으로서 그리스도인들은 이미 새로운 존재로 거듭난 상태에 있다는 것을 설명하는 것이다. 즉 하나님 나라의 현재성은 상징적인 것이 아니라 실질적으로 경험하고 누릴 수 있는 사실적인 것이다. 예수께서 천국 복음을 선포하면서 하나님의 나라가 이미 너희 가운데 임하였다고 했을 때 이 복음의 선포와 더불어 귀신이 쫓겨나고 병자가 나음을 얻고 벙어리가 말하게 되는 기적이 동반되었는데 이것은 하나님의 통치와 능력이 지금 현실적으로 그 백성들이 경험할 수 있도록 임하는 것임을 보여준다. 지금까지 귀신과 질병에 사로잡혀 죄의 노예로 살아가던 상태에서부터 해방되어 하나님께서 주시는 자유와 안식을 누리게 된 것을 의미한다.

히브리서에서는 특히 죄 씻음 받음에 특별한 관심을 보이는데 구약의 동물 제사가 실질적으로 죄를 씻을 수 없는 육체의 예법으로서 '상징'(παραβολή 파라볼레 9:9)이나 '그림자'(σκιά 스키아 10:1)에 불과했지만 그리스도의 피는 단번에 영원히 죄를 씻고 양심을 깨끗이 하는 것으로서(9:11~14) '참 형상'(τὴν εἰκόνα τῶν πραγμάτων 텐 에이코나 톤 프라그마톤 10:1) 혹은 '사실 그 자체'라는 뜻이다. 이와 같이 구원의 사실성과 확실성에 대한 설명은 모두 그리스도의 종말론적인 구속 사역에 근거를 둔 것으로서 그리스도인들이 더 이상 심판에 대한 두려움 없이 소망과 확신 가운데 핍박과 역경을 극복하고 믿음을 지킬 수 있는 용기를 주는 것이다.

반면에 인간론적인 믿음은 미래적 종말론에 근거하여 하나님의 은혜를 받은 자가 끝까지 믿음을 지키고 복음에 순종하지 않으면 종말론적인 안식에 들어가지 못할 것임을 강조하는 것이다. 안식의 미래성에 대한 설명은 독자들로 하여금 여전히 안식에 들어가기 위해서 믿음으로 복음에 신실할 것을 강조하는 근거가 된다. 이것은 그리스도의 복음에 대한 인간의 신실한 반응을 촉구하는 것으로서 핍박으로 인하여 복음을 버리는 배교적인 행위나 믿음이 있노라 하지만 나태함과 세속적인 정욕으로 인하여 복음에 불순종하는 경우에 주어지는 경고의 메시지다.

결론

지금까지 우리는 히브리서의 믿음의 세 가지 측면인 기독론, 인간론, 종말론적 특징을 살펴보았다. 이를 통해서 우리가 배울 수 있는 것은 무엇인가? 피터(N. Elia Peter)는 히브리서 3장 7~15절에 관한 그의 소논문에서 다음과 같은 질문을 한다. '왜 사람들은 항상 하나님의 사랑과 희생에 대해서만 이야기하고 그러한 희생적인 사랑으로부터 유익을 얻은 자들의 책임에 대해서는 말하지 않는가?'[18] 이 질문이 우리에게 상기시키는 것은 지금까지 그리스도인이 그리스도께서 우리의 구원을 위해서 무엇을 하셨는지를 설명하는 기독론적인 문제에만 관심을 가지고 구원받은 백성들에게 요구되는 인간론적인 문제인 신실함과 책임에 대해서는 무관심하다는 것을 지적하고 있다.

현재 한국 교회 상황도 마찬가지다. 그동안 구원과 믿음에 대해서 이야기할 때 지나칠 정도로 기독론적인 관점에서만 접근해왔으며 인간론적인 관점과 종말론적인 관점은 그동안 너무 등한시해 왔다. 이렇게 되면 구원의 확신은 주장하면서 하나님의 백성으로서의 책임감이나 거듭난 존재로서의 거룩함에 대해서는 전혀 관심이 없으며 불순종으로 여전히 죄의 노예로 살게 된다. 반면에 기독론적인 믿음이 결여된 상태에서 인간론적이고 종말론적인 믿음만을 강조하게 되면 구원에 들어가지 못할 가능성으로 인해 항상 불안한 가운데 구원이 마치 인간의 행위나 노력으로 성취해야 되는 것처럼 생각할 수도 있다. 그러므로 온전하고 참된 믿음은 구원의 확신 가운데 하나님께 감사와 찬양을 드리면서, 전적으로 복음에 헌신된 삶으로써 거룩함과 진실함으로 살아가는 것이 참된 믿음이다. 이러한 믿음을 유지하기 위해서는 믿음의 기독론, 인간론, 종말론적 측면을 항상 함께 가지고 있어야 한다.

05

우리의 대제사장 예수 그리스도:
새 언약의 중보자

히브리서 8:1~13 주해와 적용

들어가는 말

히브리서는 이해하기가 어렵고 그 내용이 다른 신약성경의 문서들과 차이가 많아서 초대 교회로부터 신학자들에게나 일반 성도들 사이에서 별로 주목을 받지 못했다. 마르시온은 구약적인 성향이 강하다고 해서 그의 정경 목록에서 빼 버렸고, 무라토리 단편(주후 170년경) 역시 히브리서에 대해 언급하지 않으며, 서방 교회는 바울의 저작성에 대한 의심으로 인해 정경으로 취급하기를 주저했다. 그러나 히브리서는 교회가 결코 등한시해서는 안 되는 중요한 서신 중의 하나이다. 이 서신은 신약성경 어디에서도 볼 수 없는 그리스도의 제사장직에 대한 분명한 증거를 보여 주며, 그리스도의 속죄 사역을 구약의 제사 제도와 관련시켜 잘 설명해 주고 있다. 또한 성도들에게 믿음 안에 계속 머물러 있을 것을 권고하는 초대 교회의 훌륭한 설교문이라는 점에서도 가치가 있다. 히브리서는 고린도전서 13장(사랑장)에 비교되는 11장(믿음장)이 있으며, 유대교와 관련하여 예수님을 계시한다는 점에서도 중요한 의미가 있다.

히브리서가 기록될 당시의 상황은 어떠했는가? 다른 서신과 다르게 히브리서에는 당시 수신자들의 상황에 대한 구체적인 언급이 없다. 그러나 내적, 외적 증거를 통해 당시 상황을 추정해 볼 수 있다. 당시 기독교인들은 외적으로는 박해와 내적으로는 신앙의 회의와 갈등으로 인해 어려움에 처해 있었다. 외적인 박해는 유대교로부터 온 것이었다. 유대교와 기독교는 한 동안 공존했으나 시간이 지남에 따라 차츰 갈등과 적대감을 가지게 되었으며 결국은 분리하게 되었다. 요세푸스는 주후 62년 주의 형제 야고보와 다른 그리스도인들의 처형을 언급할 때 이들을 '유대인'이라고 불렀다. 유대인과 그리스도인을 구분하지 않았다. 그러나 그 후에 기독교 일반에 관해서 언급할 때 요세푸스는 '오늘날까지 사라지지 않은 그리스도인 족속'(tribe of the Christians)이라고 칭했다. 이는 시간이 흐름에 따라 점차 유대교와 기독교가 다른 종교로 인식되고 있음을 알 수 있다. 기독교와 유대교가 분리되었음을 보다 분명하게 알려주는 증거는 한 회당의 기도문이다. 당시 회당의 예배시에는 〈표준 18기도문〉이 낭송되었는데, 그 기도문의 열두 번째 간구는 다음과 같다.

> 이단자들에게 소망이 없게 하옵소서.
> 그리고 오만한 정권을 우리 시대에서 당장 근절시키소서.
> 나사렛당(기독교인)과 이교도(Minim)를 일순간에 멸하소서.
> 그리고 생명책에서 그들의 이름을 지우시고 의인들과 함께 기록되지 않게 하소서.
> 은총을 베푸소서, 오 주여, 교만한 자를 비천하게 하시는 이여!

이 열두 번째 간구는 아마도 분리주의자들 특히 그리스도인들을 회당으로부터 출회시킬 것을 조장하기 위해 구성되었거나 수정되었을 것으로 추정하는데, 일반적으로 주후 85년경 가말리엘 2세가 랍비의 지도자로 있을 때에 랍비의 총회에서 채택된 것으로 알려져 있다. 그리스도인들로 의심을 받은 사람들은 이 기도문을 낭송하도록 지명을 받았을 것이며, 만일 거절하면 그것은 자신이 그리스도인이라는 사실을 입증하는 것으로 여겨 처벌을 받았다. 이 정책의 결과 그리스도인들은 회당으로부터 출회를 당했다(참고.

요 9:22; 12:24; 16:2). 곧 유대교 당국은 예수님을 그리스도로 고백하는 자들을 회당으로부터 출회시켰을(요 9:22) 뿐 아니라 그리스도인들을 처형하고 죽이기까지 했다(요 16:2). 물론 유대인은 그리스도인을 직접 죽이기보다는 로마에 고발하여 간접적인 방식으로 죽음으로 몰아갔다. 평화 시에 유대인은 로마인에게 그리스도인을 사형에 처하도록 개인적으로 고발했던 것으로 보인다. 이러한 상황으로 인해 그리스도인들은 어려움을 당하고 가진 재산을 모두 잃은 경우도 있었으며, 때로는 죽임을 당하기도 했다(10:32; 10:33~34).

히브리서가 기록될 당시 심각한 박해의 위기는 어느 정도 지나간 것으로 보인다. 하지만 지속적인 긴장과 낙심(12:3~4), 그리고 미래의 위험이 남아 있었다. 유대인들로부터의 모욕은 여전히 문제로 대두되고 있었다(13:13). 이로 인해 많은 그리스도인들이 신앙에 상당한 회의를 가졌으며(2:1; 2:3; 3:12; 3:13; 6:1~3; 6:4~6; 10:26; 10:38) 그리스도에게서 떨어져 나간 사람들도 많았다(10:32~39). 또한 내적으로는 완전한 신앙과 건실한 덕성을 체득하는 데 이르지 못하고(5:11~14), 그리스도의 재림에 대한 소망이 점차 약해지기 시작했다(10:37). 뿐만 아니라 유대교적 배경을 가진 히브리 교회 신자들은 단조로운 기독교의 예배보다는 유대교의 성전 예배에 더 매력을 느꼈다. 기독교에 정교한 제사 제도가 없다는 사실은 그러한 사람들의 신앙에 회의를 가져왔다. 구성원들 중에 상당수가 '둔해지고', '나태해지며'(5:11; 6:12) 잘못된 관념을 가지고 있었던 것이다. 이 때문에 그리스도를 버리고 옛 유대교로 돌아가려는 사람들이 생겼다. 히브리 교회 신자들 중 일부가 유대교 제의 관습에 지나치게 가치를 부여하면서 예수님을 통해 옛 언약에 속했던 것들이 지나가 버렸다는 급격한 변화를 수용하지 못하는 상황이었다.

히브리서 저자는 내적·외적인 갈등과 박해로 인해 예수님에게서 떨어져 나갈 위험에 처한 이들에게 배도를 경고하며 복음에 충실할 것을 당부한다. 특히 그리스도의 우월성과 그분이 유대의 희생 제사와 대제사장직을 대체했음을 인식시킴으로 그리스도인들이 믿음에 확고히 설 것을 권면하고 있다. 이를 위한 효과적인 전력으로 저자는 구약의 인물들과 그리스도를 대조하여 그리스도의 우월성을 주장한다. 그리스도는 선지자보다(1:1~3), 천사보다(1:4~2:18), 모세보다(3:1~6), 아론보다(4:14~7:28), 그리고 구약의 희생 제사보다(히 8:1~10:18) 우월한 분으로 우리의 대제사장이라고 증언하며 '새롭고 산 길'이신 예수님을 통해 참 마음과 온전한 믿음으로 하나님께 나아가자고 한다(10:19~12:29). 히브리서에서는 '더 좋은'(크레이톤)이란 단어가 중요한 의미가 있다. '더 좋은 이름'(1:4), '더 좋은 소망'(7:19), '더 좋은 언약'(7:22), '더 좋은 직분'(8:6), '더 좋은 약속'(8:6), '더 좋은 제물'(9:23), '더 좋은 산업'(10:34), '더 좋은 나라'(11:16), '더 좋은 부활'(11:35), 더 좋은 피'(12:24) 등이다. 이와 같이 유대교와 비교해서 그리스도의 우월성을 피력하면서 신앙적인 권면을 하는 것이 히브리서의 특징이다.

히브리서는 단순한 신학적 저작물이 아니다. 저자는 유대교로부터의 압력과 유대교 제의를 따르기 위해 그리스도에 대한 신앙을 포기해 버리려는 일로부터 수신자를 보호하려는 변증적인 목적을 위해 이 서신을 기록하였다.

본문의 문학적 구조와 특징

히브리서는 일반적으로 서신으로 분류된다. 그러나 다른 신약성경의 서신과는 다른 문학적 성격을 띠고 있다. 다른 서신처럼 '송신자-수신자-인사'의 형식이 없이 처음부터 곧장 신학적 토론으로 들어간다. 그러다가 끝에 가서는 문안 인사와 축도로 종결을 짓는다. 곧 논설로 시작하여 권면으로 전개되다가 마지막에 가서 서신처럼 인사말(13:22~25)로 끝난다.

히브리서에서는 두 종류의 문학 양식을 찾아볼 수 있다. 하나는 신학 논문식의 논설문 형식이다. 신학적 논리의 초점은 기독론에 맞추어져 있으며, 이 기독론은 헬레니즘 공동체에서 형성된 신앙고백문이었을 가능성이 크다. 그 고백문의 주요 내용은 예수님의 승리와 통치를 부각시키는 것이다. 히브리서 기독론의 핵심은 예수님이 하나님의 아들이요, 하늘의 대제사장이라는 말로 요약된다. 그리고 다른 하나의 문학 양식은 권고문 형식의 생활률이다. 이 부분은 신자들의 신앙 생활에 초점이 맞춰져 있다. 히브리서는 신앙의 위협과 갈등으로 어려움에 처한 공동체를 향한 권면이기 때문에 설교의 형태로써의 특징을 의도적으로 고수한다. 그래서 히브리서를 설교라고 부르기도 하는데, 이는 '권면의 말'(13:22)과, '우리의 말한 바'(2:5; 5:11; 6:9)와 같은 구절들이 뒷받침해 준다. 그런데 히브리서 저자가 사용한 설교 양식은 독창적인 것이 아니라 고대의 설교 양식인 '유대교적인 설교를 위한 주석법'이라 할 수 있다.

히브리서를 크게 그 내용으로 분류하면 다음과 같다.

> 1:1~3, 서론
>> 1:4~4:13, 예수님의 우월성
>>> 1:4~2:18, 천사들보다 우월함
>>> 3:1~4:16, 모세보다 우월함
>> 5:1~10:39, 대제사장이신 예수님
>>> 5:1~7:28, 예수님의 제사장직의 우월성
>>> 8:1~10:39, 예수님의 희생의 우월성과 새 언약
>> 11:1~12:29, 조상들의 믿음
>>> 11:1~40, 조상들의 믿음의 예
>>> 12:1~13, 예수님의 고난과 주의 훈련의 예
>>> 12:14~29, 불순종의 실례를 통한 경고
>> 13:1~21, 실천률
>> 13:20~25, 결론: 축복과 문안 인사

예수님을 새 언약의 중보자시요, 하늘의 대제사장이라고 증거한 5:1~10:39이 히브리서의 핵심 부분이다. 히브리서 저자는 4장까지 예수님이 천사들보다, 모세보다 우월하신 분으로 대제사장으로 선택되었으며, 그 직분을 담당

하기에 충분한 자격이 있으시고 증거한다(5:6~10; 6:20; 7:11~28). 8장부터는 예수님의 하늘에서의 대제사장 직분에 초점을 맞추며, 예수 그리스도가 현재 우리를 죄로부터 해방시키기 위하여 제사장이 되실 것임을 강조한다.

히브리서 저자는 히브리서 8:6~13에서 예레미야 31:31~34을 인용하면서 새 언약을 이야기한다. 그리고 9장과 10장에서는 새 언약의 일꾼으로서 예수 그리스도가 어떠한 일을 하셨는지 설명한다. 그리고 10:16~18에서 다시 한 번 새 언약을 요약하면서 결론을 내린다. 처음에 주제를 선언하고 마지막에 또 다시 주제를 언급함으로써 결론을 내리는 방법으로, 전체 주제를 명확히 하는 방법인 '인클루지오'(inclusio)의 기법을 사용한다. 그렇다면 이 단락의 주제와 결론은 무엇인가? 새 언약이다. 예수님을 통해 새로운 언약이 맺어졌으니 다시 죄를 위해 제사를 드릴 필요가 없다(10:18)는 메시지다. 곧 죄를 지었다고 다시 옛 언약의 체계인 율법으로 돌아가지 말고 영원한 대제사장으로서 지금도 하늘에서 우리를 위해 간구하시는 예수 그리스도에게로 나아가자고 권고한다.

히브리서 저자는 그리스도의 희생 제사의 우월성을 주장하면서 이 주장을 뒷받침하기 위해 몇 가지 예를 든다. 그리스도는 더 좋은 언약이며 (8:1~13), 더 좋은 성소이며(9:1~10), 더 좋은 제사(9:11~10:18)라고 주장한다. 특히 그리스도와 언약을 연결시키면서 지성소는 하나님이 백성을 만나는 곳이며 그의 용서와 구원의 능력이 나타나는 곳인데, 그곳에서 인류의 죄를 위하여 하나님께 용서를 비는 대제사장이 예수 그리스도라고 선포한다. 예수님을 통해 새 계약이 세상에 주어졌는데, 이는 곧 믿음으로 구원을 얻게 된다는 새로운 약속이다. 예수님은 하나님과 인간 사이에 새로운 계약의 중보자 역할을 하셨으며, 그 결과 우리는 약속된 영원한 기업을 얻었다고 선포한다.

본문의 해석

1. 더 좋은 언약의 중보자(8:1~5)

이 단락에서는 대제사장의 임무가 논의되고 있다. 구조상으로 보면 서론 (8:1~2)과 지상의 성소 및 대제사장직(8:3~6)로 나눌 수 있다.

1) 우리에게 있는 대제사장(1~2절)

"대제사장이 우리에게 있는 것이라 그가 하늘에서 위엄의 보좌 우편에 앉으셨으니 성소와 참 장막에 부리는 자"(히 8:1b~2a).

예수님이 하나님 앞에서 대제사장이라는 관념은 우리를 하늘의 성소와 장막의 개념으로 이끌어 준다. 히브리서 저자가 전하고자 하는 기본 사상은 우리에게 대제사장이 계시는데, 그분이 바로 예수 그리스도이시며, 그는 영원한 대제사장으로 하늘의 지극히 높으신 분의 보좌 오른편에 높이 올리어 계시다는 사실이다.

앞 장에서 예수님이 더 좋은 반차, 즉 멜기세덱의 반차를 좇은 제사장임을 밝힌 히브리서 저자는 이제 예수님이 더 좋은 장소, 즉 성소와 하늘의 참 장막에서 봉사하신 자임을 알려준다. 제사장직은 어느 반차를 좇느냐는 것도 중요하나 어디에서 행하느냐도 중요하다. 이 때문에 대제사장 예수님의 우월성을 주장하기 위하여 히브리서 저자는 하늘의 성소를 지상의 성소와 비교하는 것이다. 비교의 틀로는 플라톤의 관념론적인 이데아론을 활용하고 있다. 예수님이 섬기는 참 장막은 플라톤의 본체와 같은 것으로 하나님이 손수 세우신 원본이지만, 땅의 장막은 플라톤의 허상과 같은 복사본으로 사람이 세운 것이다. 곧 하나님이 세운 참 장막인 하늘의 성소가 모세가 세운 땅의 장막의 원본이며, 예수님은 하늘의 성소와 장막에서 섬기는 분으로 모세보다 우월하신 분이다. 이 구절에 '참'(테스 아레씨네스)이라는 표현을 사용한 의도는 복제된 것이나 모형이 아니라 진짜라는 사실을 강조하고자 함이다.

2) 땅의 성소와 그것의 기능(3~5절)

"저희가 섬기는 것은 하늘에 있는 것의 모형과 그림자라"(히 8:5a).

히브리서 저자는 예수님의 대제사장으로서의 차별성을 드러내기 위해 땅의 성소와 그것의 기능에 대해 설명한다.

첫째, 땅의 제사장은 하나님께 예물을 드리기 위해 세워진 자였다. 제사에 관한 법규에 의하면 대제사장은 지성소에 들어갈 때 예물을 가지고 들어가 제사를 드려야 한다. 그들에게는 무엇인가 드릴 것이 있어야 한다. 그러므로 만일 예수님이 땅에 계셨다면 제사장이 되지 않았을 것이다. 그 이유는 이미 율법에 따라 예물을 드리는 제사장이 있기 때문이다. 이 진술은 예수님이 지상에서 하실 일이 없음을 말하고자 함이 아니라 현상계에 속하는 그런 유의 제사장이 아님을 밝히고자 함이다. 곧 그리스도는 땅 차원에 속하는 제사장이 아니라 하늘 차원에 속하는 제사장이다. 그런 점에서 '만일 땅에 계셨다면'은 문자적인 의미로 해석하면 안 된다.

둘째, 땅의 장막은 하늘의 장막의 모형과 그림자였다(8:5). 레위계 제사장들이 섬기는 것은 하늘에 있는 원형의 모형과 그림자일 뿐이다. 모세가 장막을 짓기 전에 하나님은 시내산에서 그에게 하늘의 원본을 보여 주셨다(출 25:40). 모세는 하나님이 보여 주신 하늘의 장막의 모양을 따라서 땅의 장막을 만들었다. 이 때문에 땅의 장막은 진정한 하늘의 장막이 오면 쓸모가 없다. 히브리서에서는 헬라 철학, 특히 플라톤 사상의 영향을 발견할 수 있다. 플라톤은 모든 현상을 하늘에 있는 이데아의 세계와 땅에 있는 현상계로 나누고, 이데아 세계는 불가시적이고 선하며 영원하며 완전하나 땅에 있는 세계는 가시적이고 일시적이며 불완전하다고 생각했다. 지상의 모든 것은 하늘에 있는 것의 모형과 그림자에 불과하며 하늘에 있는 것만이 원형이며 실재하는 것이라고 주장한다. 이러한 땅과 하늘, 완전과 불완전, 실재와 그림자, 일시적인 것과 영원한 것, 원형과 모형의 대조가 히브리서에 여러 번 나오는데 이 구절에서 사용된 '모형'(휘포데그마), '그림자'(스키아)라는 표현(8:5) 역시 이러한 사상의 영향을 받은 것이다.

2. 더 좋은 언약 (8:6~13)

이 부분은 그리스도의 제사 직분이 아론 계통의 제사장들의 제사 직분보다 월등함을, 전자가 후자보다 더 좋은 언약에 기초한 제사 직분임을 밝힘으로 설명한다.

"그가 … 더 좋은 약속으로 세우신 더 좋은 언약의 중보시라"(히 8:6b).

저자는 그리스도가 얻은 직분은 아론 계통의 제사장들보다 더 아름다운 직분으로, 그것은 땅과 하늘, 현상계와 이데아계, 의문과 영, 정죄와 의, 죽음과 생명의 차이가 나는 직분(고후 3:6~9)이라고 소개한다.

히브리서 8:6에서는 '더 좋은'이란 비교급이 두 번이나 반복되는데, 이는 히브리서 저자의 의도가 확실히 아론 계열의 제사직과 그리스도의 제사직을 비교하려는 것임을 보여 준다. 그리스도가 하늘 장막에서 가지신 제사 직분은 아론계 대제사장들이 땅에서 얻은 제사 직분과 비할 수 없이 아름다운 것이다. 그 이유는 그리스도는 더 좋은 약속들로 세우신 더 좋은 언약의 중보가 되시기 때문이다(8:6; 9:15; 12:24). 그리스도의 중보 되심은 더 좋은 약속에 근거한 것인데 그 약속들이 어떤 것이냐는 히브리서 8:8~12에서 설명된다.

히브리서 저자는 예수님을 중보자라고 부르는데 중보자의 원어는 '메시테스'이다. 이 단어는 중간을 뜻하는 '메소스'에서 파생된 것인데, '메시테스'는 중간에 서는 사람 혹은 사람과 사람 사이에 서서 사람들을 한데 모으는 사람이라는 뜻으로 사용되는 단어이다. '메시테스'는 법률적인 용어로 후견인 또는 보증인이란 뜻으로써 이들은 재판 받는 사람을 변호하고 부채나 금전 대출 때의 보증인이 되었다. 또한 이 단어는 두 사람 사이에 서서 화해시키는 사람을 가리킬 때 사용한다. 그러한 점에서 예수님은 완전한 '메시테스'이다. 하나님과 사람 사이에 서서 화해를 맺게 하는 위대한 중보자이신 것이다. 곧 하나님은 그리스도를 통해서 인류에게 새로운 언약을 주셨다. 그러므로 그리스도는 더 좋은 약속의 중보자되시며, 이 새로운 언약 위에 기초한 제사 제도는 구약에 근거한 제사 제도를 능가한다.

3. 새 언약(8:7~13)

저자는 새 언약의 필요성과 새 언약의 특징을 서술하면서 새 언약이 더 좋은 이유를 설명한다. 여기서 언급한 새 언약은 예레미야 31장을 인용한 것이다.

1) 새 언약의 필요(7~9절)

"첫 언약이 무흠하였더라면 둘째 것을 요구할 일이 없었으려니와"(히 8:7).

히브리서 저자는 새 언약의 필연성을 설명하기 위해 옛 언약을 비판한다. 옛 언약은 모세 시대에 광야에서 체결된 것인데, 이스라엘 백성의 불순종 때문에 첫 언약은 실패로 돌아갔다. 그 구체적인 증거는 이스라엘과 유다의 멸망과 포로였다. 이 때문에 새 언약을 필요로 했다.

옛 언약을 처음 비판했던 사람은 예레미야이다. 그는 옛 언약의 결점을 지적하고 새 언약의 필요성을 주장했다. 예레미야는 유다가 포로가 되어 바벨론으로 끌려갈 것을 예언했는데, 그것은 유다가 하나님께 지은 죄가 너무 많아 결코 갚을 수 없기 때문이라고 한다. 그러나 그는 하나님이 자기 백성을 영원히 버리지 않고 포로에서 해방시켜 주실 것이라는 확신이 있었다. 예레미야는 바벨론 포로로부터의 해방을 출애굽 사건보다 더 중요하게 해석했다(렘 16:14~15; 23:7~8). 바벨론으로부터의 해방은 이집트로부터의 해방보다 더 위대한 사건이므로 하나님은 자신이 해방시킨 사람들과 더불어 새 언약을 맺을 것인데, 이 언약은 이집트의 노예였던 히브리 민족과 맺었던 옛 언약보다 더 좋을 것이라고 설명한다. 그 이유는 백성들이 그 언약을 지키기 위해 최선을 다할 것이기 때문이며, 따라서 이 언약은 석판 대신 백성들의 정신과 마음에 새겨질 것이라고 예언했다. 예레미야의 이 예언에 따라 새 계약의 필요성과 우수성이 확보되었다. 히브리서 저자는 예레미야가 약속한 새 언약이 대제사장이신 예수님에 의해 이루어졌다고 주장한다.

2) 새 언약의 성격(10~12절)

저자는 새 계약의 성격을 아래와 같이 설명한다.

첫째, 하나님이 새 계약의 율법을 옛 계약처럼 돌판에 새기지 않으신다. "내 법을 저희 생각에 두고 저희 마음에 이것을 기록하리라"(8:10). 하나님은 새 계약을 돌판에 새기는 대신 백성들의 마음과 생각에 새기신다. 히브리서 저자는 이 사실을 알리기 위해 예레미야 31:33을 인용한다. 구약에서는 율법이 인간의 머리에 기억되도록 하는 데 관심을 가졌다. 그래서 부지런히 가르쳤다(신 6:6~9). 그러나 율법의 암기는 실천을 보증하지 않으며, 행동으로 나타나기가 어려웠다. 그래서 하나님은 새 계약의 율법과 자신의 뜻이 사람들에 의해 간접적으로 전달되는 것을 지양하고 자신이 직접 그것들을 백성들에게 인식시켜 주는 방법을 선택하신 것이다. 곧 새 율법을 사람들의 생각과 마음에 새기셨다. 이는 인간에게 하나님이 새로운 마음을 주시는 것과 같다. "내가 그들에게 일치한 마음을 주고 그 속에 새 신을 주며 그 몸에서 굳은 마음을 제하고 부드러운 마음을 주어서 내 율례를 좇으며 내 규례를 지켜 행하게 하리니 그들은 내 백성이 되고 나는 그들의 하나님이 되리라"(겔 11:1

이하; 참고. 36:26이하). 전에는 율법이 밖에 있었으나 이제는 사람들 안에 있게 되었다. 전에는 하나님이 율법 조항들에 대한 복종을 요구하셨으나 지금은 그 법을 하나님의 백성 안에 두어 그들을 지배하는 원리가 되게 하셨다. 전에는 외적인 법규들을 준수함에 그쳤으나 이제는 그 준수가 마음으로부터 이루어진다.

하나님이 약속하신 '나는 저희에게 하나님이 되고 저희는 내게 백성이 되리라'는 옛 언약에 주어진 약속이 다시 새로운 약속이 되었다(출 6:7; 29:45; 레 26:12; 렘 7:23). 옛 언약에서는 이스라엘의 불순종으로 약속이 성취되지 않았으나, 새 언약에서는 그리스도의 대속 사역과 성령의 보편적인 임재로 약속이 이미 지상에서 이루어지고 있으며(벧전 2:5; 고전 3:16이하; 고후 6:16) 마침내 완성될 것이다.

둘째, 새 계약은 모든 차별을 초월하여 모든 자에게 주어진다. "저희가 작은 자로부터 큰 자까지 다 나를 앎이니라"(8:11). 여기서는 예레미야 31:34이 인용된다. '알파와 오메가', '처음과 나중'이 그 안에 들어있는 것을 전부 포함한다는 관용구인 것처럼, '작은 자로부터 큰 자까지'라는 표현 역시 전부를 뜻하는 하나의 관용구이다. 이 구절은 옛 언약이 이스라엘 민족만을 한정했으나 새 언약은 율법을 개개인의 마음에 기록함으로써 민족, 연령, 지위 등 인간의 모든 제약을 초월하여 주어진다(행 8:10; 마 28:19)는 사실을 분명히 한다.

'나를 알리라'는 말씀의 의미는 초경험적 직관을 통해 절대적으로 파악된다는 의미이다. 이전에는 간접적으로 다른 사람(선지자 등)을 통해 가르침을 받아 하나님을 알았으나 이때가 되면 그들이 직접 하나님을 알게 된다. 곧 예수님 이후, 성령께서 그리스도인들 각자의 심령 속에 내주하고 증거하심으로 그들 스스로가 하나님을 알게 되며 하나님의 백성으로 하나님과 직접적인 인식의 관계로 나아갈 수 있게 되었다. 그럼으로 종교적, 사회적, 인종적, 지역적, 자연적 차별은 더 이상 없을 것인데 이것이 새 언약의 보편적인 특성이다.

셋째, 새 언약은 모든 죄를 용서하고 다시 기억치 않는다. "내가 저희 불의를 긍휼히 여기고 저희 죄를 다시 기억하지 아니하리라"(8:12). 하나님은 새 계약을 체결한 다음 그 이전에 저질러진 사람들의 죄를 더 이상 기억하지 않는다고 용서를 선포하신다. 곧 새 언약을 통해 주어진 하나님의 자비와 사죄의 완전성이다. 옛 언약에도 하나님의 자비와 용서가 있었으나(출 34:6~7), 그때의 자비는 부분적이었으며, 조건적이었다. 그 사죄 역시 완전한 것이 못되었다. 그것은 때마다 짐승의 희생을 요구하였고, 거기에 한해서 죄의 용서가 있었다. 그 짐승의 희생은 인간의 마음속에 있는 죄를 완전히 제거하지 못했다. 그러나 새로운 언약은 하나님의 아들, 자신의 피로 세워짐으로 사람들이 드리는 어떠한 희생 제물이나 공로에 근거하지 않고 하나님의 주권적인 자비하심에 의해 완전한 속죄가 이루어진다. 히브리서 저자는 죄 사함이 가능하게 된 동기를 예수님의 대속적인 죽음에서 발견한다. 따라서 이 계약은 예수님을 전제로 한다. 히브리서 저자는 예레미야가 선포한 새 계약이 예수님에 의해 성취된 것으로 확신하고 있다.

3) 첫 언약의 폐기(13절)

"새 언약이라 말씀하셨으매 첫 것은 낡아지게 하신 것이니"(히 8:13a)

히브리서 8:13은 8:7의 "첫 언약이 무흠하였더면"을 다시 설명한다. 곧 첫 언약의 폐기됨을 다시 지적하고 있다.

하나님이 새 언약을 세우겠다고 하신 이유는 '첫 것'(옛 언약)이 낡은 언약이 되었기 때문이다. 구약의 언약은 성격상 낡아지는 언약이요, 시간상 오래된 언약이며, 소멸에 가까운 것으로, 그 특성은 예비적인 것이다. 완전한 것의 모형과 그림자로 주어지는 옛 언약은 완전한 것과 실체가 올 때는 사라지고 만다. 하나님은 첫 번째 율법이 낡을 대로 낡아서 더 이상 필요 없게 되어 폐기 처분할 때가 되었음을 알리기 위해 새 계약에 대해 말씀하신 것이다.

설교를 위한 적용

첫째, 성전에서 가장 은밀한 장소는 지성소인데 그곳은 대제사장만 출입할 수 있다. 대제사장은 일 년에 한 차례씩 자신과 백성의 죄를 속죄하기 위해 지성소에 들어가 하나님께 제사를 드려야 했다. 지성소 안에는 언약궤가 있어 하나님의 임재를 나타냈는데 이 때문에 지성소는 이 땅에서 하나님과 가장 가까이 만날 수 있는 장소로 인식되었다. 이스라엘 백성은 대제사장을 통해 하나님과 만날 수 있다. 그런데 히브리서 기자는 그 지성소에서 인류의 죄를 위해 하나님께 용서를 구하는 참된 대제사장이 계시고, 그 분이 바로 예수 그리스도라고 선언한다. 예수님을 통해 하나님께 나아갈 수 있게 되었다는 것이다. 우리의 대제사장이신 예수 그리스도는 유대인만이 아니라 이 땅에 사는 모든 사람들, 작은 자로부터 큰 자까지, 체제와 이념과 지역과 혈통 그 외의 모든 차별과 구분을 무너뜨리고 온 인류를 향한 하나님의 구원 메시지를 전하는 중보자였다. 더 나아가서 예수님은 하나님과 우리가 만나게 하는 참된 성전이다. 그러므로 하나님과 우리 사이의 중보자이요, 참된 성전이신 예수 그리스도를 통해 우리 사이를 가로막는 모든 장벽을 극복하고 하나님과의 진정한 만남을 통해 삶의 새로움을 얻어야 할 것이다.

둘째, 요즈음은 하루가 멀다 하고 신제품이 쏟아져 나온다. 신제품이 나올 때마다 새로운 제품이 옛 제품을 대체했다고 말한다. 새 제품은 옛 제품을 기본으로 해서 더욱 사용하기 편리하고 성능이 좋은 물건으로 바뀐 것이다. 구약의 언약은 성격상 낡아지는 언약이요, 시간상 오래된 언약이며, 소멸에 가까운 것으로, 그 특성은 예비적인 것이다. 하나님은 예수 그리스도로 말미암아 옛 언약을 대체할 새 언약을 세우셨는데 새 언약은 옛 언약의 성취요 완성이다. 하나님이 예수님을 통해 맺으신 새 언약은 율법으로 구원을 얻는 것이 아니라 믿음으로 구원을 얻게 된다는 새로운 약속이다(롬 4:13). 혈통으로 아브라함의 자손에게 이루어지는 축복이 아니라 믿음으로 아브라함의 자손 된 이들에게 내려질 축복에 대한 새로운 약속이다(롬 9:6~8). 그러므로 우리 모두가 믿음으로 의롭게 되었으며, 참된 자유자로 하나님과 지속적인 교제를 나눌 수 있게 되었다.

셋째, 요즈음 기독교계의 일부가 유대의 종교 예식을 따라가려는 경향이 있다. 옛 언약은 돌비에 주어졌으나 새 언약은 인간의 마음에 주었으며, 옛 언약은 그 결과가 사람을 죽이는 것이었으나 새 언약은 사람을 살리는 것이며, 옛 언약은 사람을 정죄하는 것이었으나 새 언약은 사람을 의롭게 하는 것이다. 옛 언약은 짐승의 피로 세워졌으나 새 언약은 예수님의 피로 세워졌다. 그런데 새 언약의 가치를 모르고 옛 언약을 동경하여 구약의 형식에 치중한 제사 의식(예배)으로 되돌아가려는 것은 바람직하지 못하다.

넷째, 이스라엘은 자녀들이 율법을 기억하도록 부지런히 가르쳤다. 집에 앉았을 때에든지 길에 행할 때든지 누웠을 때든지 일어날 때든지 그것을 강론하며, 율법을 손목에 매어 기호를 삼으며 미간에 붙여 표를 삼고 문설주와 바깥문에 기록했다(신 6:6~9). 율법을 항상 대하게 하고 기억하게 함으로 그 율법을 지키게 하려는 이스라엘의 율법 교육은 상당한 효과를 거두었다. 그러나 그러한 율법에 대한 가르침이 이스라엘 백성을 온전히 하나님께 인도하지 못했다. 반면 예수님을 통해 주신 새 언약은 인간의 기억 속에 심어 주는 것만이 아니라 마음과 생각에 새기는 것이다. 마음에 새겨진 도는 사람들을 온전히 하나님께로 인도할 수 있다. 온전한 신앙인으로 성장하게 한다. 그러므로 오늘날 필요한 신앙 교육은 이스라엘의 교육 방법이다. 지적인 이해와 기억에 치중해서는 안 된다. 그 가르침의 내용을 마음과 생각에 새기게 해서 참된 그리스도인으로 성장할 수 있도록 이끌어야 한다.

06

히브리서 11장의 주해와 적용

서론

4장 '히브리서의 믿음'에서 필자는 믿음의 기독론적, 인간론적, 그리고 종말론적인 측면에 대해서 설명했다. 흔히 믿음장이라고 일컫는 히브리서 11장에는 이러한 믿음의 세 가지 측면이 모두 반영되어 있다. 기독론적인 믿음은 암시적으로 제시되고 있지만 인간론적인 신실한 믿음과 미래를 바라보는 종말론적인 믿음에 대해서 명시적으로 설명하는 것이 11장의 믿음에 대한 설명이다.

히브리서 11장을 이해하기 위해서는 그 앞에 있는 내용과의 관계를 먼저 이해하는 것이 필요하다. 저자는 히브리서의 중심이라고 할 수 있는 그리스도의 대제사장직과 희생제사에 대해서 7장 1절~10장 18절은 길게 설명한 후에 이에 근거하여 권면의 말을 10장 19~39절에서 하고 있다. 이 권면의 내용은 그리스도를 통해 우리에게 주어진 소망을 굳게 잡고 환난과 핍박 가운데서도 뒤로 물러서지 말고 인내로써 믿음의 승리를 이룰 것을 설명하고 있다. 그러므로 히브리서 11장 전후의 구조를 다음과 같이 나타낼 수 있다.

    A 독자들에게 권고된 믿음(10:19~39)

    B 독자들에게 권고된 믿음의 본질(11:1~2)

C 독자들에게 권고된 믿음의 예증적 설명(11:3~38)

D 믿음의 온전함을 이룸(11:39~40)

히브리서의 믿음은 순례자적인 믿음이다. 3~4장에서는 출애굽한 이스라엘 공동체가 가나안의 안식을 향해 가는 순례자의 여정 가운데 있었으나 그들은 믿음의 여정에서 실패했다. 그러나 히브리서 11장에는 믿음의 여정에 성공한 위인들의 이야기로 가득 차 있으며, 그리스도인들도 이러한 위인들의 믿음의 여정을 따라 가도록 요구받고 있다. 순례자적 믿음에는 다음과 같은 세 가지 특징이 있다.

첫째, 순례자적 믿음은 미래지향적이다. 현실에 안주하지 않고 믿음으로 목표를 향해 지속적으로 나아가는 여정과 같다. 둘째, 순례자의 믿음에는 소망이 있다. 약속된 것을 얻기 위한 소망이 있으므로 현재의 고난을 극복할 수 있다.

셋째, 순례자들은 목표를 위해서 부름 받은 자들로서 그들을 부른 하나님께 신실하게 충성하는 믿음을 가지고 있다. 믿음은 부른 자의 명령에 신실하게 순종함으로 반응하는 것이다.

이러한 세 가지 믿음의 특징이 히브리서 11장 전체를 통해서 지속적으로 강조되고 있다.

히브리서 11장의 구조

A 서언: 믿음의 본질(1~2절)

B 보이지 않는 하나님을 믿는 믿음(3~7절)

C 약속을 바라보는 미래지향적인 믿음(8~22절)

   a 아브라함과 사라(8~12절)

   b 삽입된 설명: 믿음의 종말론적인 특징(13~16절)

c 아브라함, 이삭, 야곱(17~22절)

D 미래지향적인 믿음의 현재적 특징(23~38절)

  a 믿음의 순종(23~31절)

  b 믿음의 승리에 대해서(33~35상절)

  c 믿음의 고난에 대해서(35하~38절)

E 결론: 그리스도 안에서 성취되는 믿음의 온전함(39~40절)

1. 믿음의 본질 (1~2절)

1) 주해

"믿음은 바라는 것들의 실상이요 보지 못하는 것들의 증거니 선진들이 이로써 증거를 얻었느니라."

히브리서 11장 1절에서 믿음을 '바라는 것들의 실상이요 보지 못하는 것들의 증거'라고 설명하는데, 이것이 구체적으로 무슨 의미인가? 이 구절을 이해하는 열쇠는 '실상'이라고 번역된 '휘포스타시스'(ὑπόστασις)와 '증거'라고 번역된 '엘렝코스'(ἔλεγχος)라는 단어를 어떻게 이해하느냐에 달려 있다. '휘포스타시스'는 종종 '자신감'(confidence) 혹은 확신(conviction)이라는 의미에서 어떤 사실에 대한 주관적인 확신을 나타내기도 하고 이와는 달리 객관적인 실재를 나타내는 '본질'(nature)이나 '존재'(being)라는 의미로 사용되기도 한다.

예를 들면 히브리서 1장 3절에서는 아들을 하나님의 '본체의 형상'이라고 말하는데 여기서 '본체'라고 번역된 단어가 '휘포스타시스'인데, 이것은 하나님의 '존재'(being)나 '본질'(nature)을 가리키는 것이다. 반면에 동일한 단어가 3장 14절에서는 처음에 가졌던 믿음의 '확신'(confidence)을 가리키는 데 사용되고 있다.

그러면 11장 1절에서는 믿음을 주관적인 확신이라는 관점에서 이해할 것인가 아니면 객관적인 실재라는 차원에서 이해할 것인가? 대부분의 경우에는 민음을 주관적인 확신으로 이해하면서 민음은 바라는 것들이나 보지 못하는 것들에 대해서 확신하는 것이라고 생각한다. NIV나 RSV를 비롯한 여러 영어 성경이 이렇게 번역하고 있다. 반면에 한글개역 성경이나 KJV는 민음을 객관적인 '실상'이나 '실체'(substance)로 번역하는데, 이것은 민음이 단순히 주관적인 확신이 아니라 우리가 소망하는 것이나 보지 못하는 것들을 사실적인 형태나 증거로 드러나도록 하는 기능을 가지고 있다는 뜻이다. 그러면 1절에서 말하는 민음은 구체적으로 무엇을 가리키는 것인가?

우선 1절에서 언급하고 있는 '바라는 것들'(ἐλπιζομένων 엘피조메논)이 무엇을 가리키는 것인지 확인해 보는 것이 도움이 될 것이다. 히브리서의 저자는 '바라다'라는 뜻으로 사용된 '소망'이라는 단어의 동사나 명사를 반복적으로 사용하고 있다(히 3:6; 6:11, 18; 7:19; 10:19~23). 그런데 히브리서에서 소망은 항상 안식에 들어갈 약속과 직·간접적으로 관계되어 있다. 3장 6절의 소망에 대한 언급은 곧이어 설명되는 출애굽 공동체의 가나안 안식과 그리스도인들의 종말론적인 안식에 대한 권면으로 이어지고 있다.

6장에서는 소망이 아브라함에게 주어진 기업에 대한 약속과 관계되어 있고, 7장에서는 그리스도의 대제사장직으로 우리가 하나님께 나아갈 수 있는 소망에 대해서 언급하고 있다. 10장에서는 '믿는 도리의 소망'이 그리스도의 피로 종말론적인 안식의 장소인 성소 안으로 들어가는 것과 관계되어 있다.

이러한 맥락에서 11장 1절에서 '소망하는 것'도 역시 기본적으로 하나님의 약속의 성취를 바라보는 소망과 관계되어 있다는 것을 알 수 있다. 이것은 11장 전체의 내용을 고려해 볼 때 더욱 분명해지는데, 저자는 과거의 민음의 위인들의 실례를 통해서 그들이 하나님의 약속을 바라보고 핍박과 고난 가운데서도 신실하게 민음을 지켰다는 것을 증거하고 있다. 그들은 민음으로 그들에게 주어졌던 그 약속을 받기도 하였고(11:7, 33), 나라를 이기기도 하였고 의를 행하기도 하였다. 그러므로 '믿음은 바라는 것들의 실상'이라고 할 때 '바라는 것'은 하나님께서 약속하신 것이 이루어질 것을 바라는 것이며 그 하나님의 약속이 이루어져서 현실적인 실재가 되도록 하는 것은 바로 그들의 믿음이라는 뜻이다.

이와 동일한 관점에서 1하절의 '보지 못하는 것들의 증거니'라는 표현도 이해할 수 있다. 약속은 말씀으로 주어진 것이므로 보이는 것이 아니다. 그러나 보이지 않는 그 하나님의 말씀은 모든 보이는 것들의 기초이며 따라서 가시적인 세계는 보이지 않는 하나님의 말씀에 대한 객관적인 증거다. 믿음은 보이지 않는 하나님의 약속을 보게 하며, 또 그것이 현실이 되도록 하므로 믿음은 곧 보이지 않는 것이 존재한다는 사실을 증거하는 것이다. 따라서 3절에서 '믿음으로 모든 세계가 하나님의 말씀으로 지어진 줄을 우리가 안다'는 표현은 1절에 대한 보충적인 설명이다. 믿음은 보이지 않는 하나님의 약속을 보이는 형태로 드러나게 하는 것이다. 믿음에 대한 이러한 이해는 1절이 믿음의 정의를 내리는 것이라기보다는 믿음의 객관적인 기능에 대해서 설명하는 것으로 볼 수 있다. 믿음은 우리로 하여금 하나님의 약속을 바라보고 신실하게 살아갈 수 있도록 하며 비록 우리가 소망하는 것이 보이지는 않지만 그것이 현실적으로 성취되게 하는 것임을 말하고 있다.

2절에서 '선진들이 이로써 증거를 얻었다'라고 말하고 있다. 여기서 '증거를 얻었다'(ἐμαρτυρήθησαν 에마르튀레쎄산)라는 표현은 1절에서 믿음이 보이지 않는 것들에 대한 증거라고 할 때의 '증거'(ἔλεγχος 엘렝코스)와는 전혀 다른 단어다. 이것은 어떤 사실에 대해서 증인으로서 증언하는 것을 나타내는데, 본문에서와 같이 수동태형으로 사용되면 '인정함을 받다'라는 뜻이다. 즉 4~5절에서와 같이 아벨과 에녹 같은 믿음의 선진들은 그들의 믿음으로 인해 하나님께로부터 '의로운 자'이며 '하나님을 기쁘시게 하는 자'라고 인정함을 받았다는 뜻이다. 그러므로 1절에서 말하는 보이지 않는 실재에 대한 믿음은 구약의 위인들로 하여금 여러 가지 환난의 상황에서도 하나님의 약속을 굳게 믿고 살아가도록 하는 근거가 되었으며, 이러한 믿음으로 인해 그들은 하나님의 인정을 받았다는 것이다.

히브리서 11장은 '믿음으로'(πίστει 피스테이)라는 표현을 반복적으로 사용하면서 저자가 1절에서 언급한 믿음의 성격을 구체적인 실례를 통해서 설명하고 있다. 여기서 주목할 것은 1~2절에서 믿음과 관련하여 등장하는 중요한 세 가지 개념인 '바라는 것'(즉, 약속)과 '보이지 않는 것', 그리고 '증거를 받는 것'(즉, 인정함을 받는 것)은 히브리서 11장 전체를 통해서 저자가 설명하고자 하는 믿음의 특징이 되고 있다는 것이다. 11장에서 나열하고 있는 믿음의 선조들의 실례는 크게 세 부분으로 다음과 같이 구별될 수 있다.

> A 믿음은 바라는 것들의 실상(1절)
> B 믿음은 보이지 않는 것들의 증거(1절)
> B′ 보이지 않는 하나님을 믿은 위인들(3~7절)
> A′ 약속(바라는 것)을 바라본 믿음의 위인들(8~22절)
> C 선진들이 인정을 받음(2절)
> C′ 믿음의 인정을 받은 자들(23~38절)

1절에서 설명한 믿음은 '바라는 것'과 '보이지 않는 것'과 관계되어 있는데 3~22절은 보이지 않는 하나님을 믿었던 아벨과 에녹과 노아에 대해서 설명한 후에 하나님의 약속이 성취될 것을 바라고 살았던 아브라함과 족장들의 믿음에 대해서 묘사하고 있다. 2절에서 언급한 믿음의 인정함을 받은 선진들에 관해서 23~38절에서 모세를 비롯한 사사와 선지자 그리고 믿음의 용사들이 믿음으로 하나님께 인정을 받고 이룬 업적에 대해서 설명하고 있다. 즉 보이지 않는 실재에 대한 믿음은 눈에 보이는 현실적인 삶의 태도를 결정 짓는다.

2) 설교 가이드

믿음은 단순히 우리가 바라는 이 세상적인 소원이 꼭 이루어질 것이라고 생각하는 주관적인 확신이나 적극적인 신념을 나타내는 심리적인 표현이 아님을 설명하라. 믿음을 개인적인 신념이나 주관적인 확신이라고 생각할 때 야기될 수 있는 여러 가지 문제들을 설명하라. 믿음은 무엇을 먹고 마실까 하는 문제와 관계된 세상적인 소원을 성취하는 수단이 아니다. 믿음은 하나님의 약속을 바라보고 현재적인 삶에서 고난과 핍박이 따름에도 하나님의 뜻에 따라 신실하게 살아가는 것임을 설명하라. 이러한 믿음으로 살아간 위인들의 이야기는 성도들에게 격려와 도전이 될 수 있을 것이다.

2. 보이지 않는 하나님을 믿는 믿음(3~7절)

1) 주해
3~7절은 믿음을 보이는 것과 보이지 않는 것과 관련하여 설명하고 있는데 이러한 사실은 3절에서 '보다'(βλέπω 블레포)라는 단어로 시작하여 7절에서 같은 단어로 끝을 맺는 것을 통해서 알 수 있다. 그러므로 이 단락은 1절에서 믿음을 보지 못하는 것의 증거라고 언급한 것에 대해서 구체적으로 설명하는 것이다. 3절은 보이지 않는 것들의 존재를 증명하는 것이 믿음이라고 말하고 있다.

"믿음으로 모든 세계가 하나님의 말씀으로 지어진 줄을 우리가 아나니 보이는 것은 나타난 것으로 말미암아 된 것이 아니다."

여기서 보이는 모든 세계는 보이지 않는 하나님의 말씀에서 나왔다는 사실은 독자들이 이미 천지가 하나님의 말씀으로 지어진 것을 믿고 있다는 사실에 근거하고 있다. 따라서 보이지 않는 하나님의 말씀은 보이는 세상을 존재케 하는 근원이 되며 믿음은 이러한 사실을 믿는 것이다. 6절에서도 하나님을 기쁘시게 하는 믿음은 보이지 않는 하나님이 존재하신다는 사실을 믿는 것이다. 그런데 하나님의 존재를 믿는다는 것은 단순히 철학적으로 신의 존재를 인정하는 차원의 문제가 아니라 실질적으로 역사를 주관하고 다스리는 하나님을 믿는 것으로서 그분은 자기를 찾는 자들에게 상을 주신다는 것을 믿는 것이다. 여기서 하나님을 '찾다'라는 동사는 '에크제테오'(ἐκζητέω)인데 이것은 '제테오'(ζητέω)보다 더 강한 의미로서 하나님을 기쁘시게 하기 위해서 믿음으로 하나님께 전적으로 헌신된 자들의 삶을 가리킨다. 저자는 이러한 믿음을 가졌던 인물로서 아벨과 에녹과 노아를 들고 있는데 이들은 보이는 세상을 쫓아서 살았던 자들이 아니라 보이지 않는 하나님을 경외함으로 순종하면서 살았던 자들이다.

아벨은 믿음으로 가인보다 더 나은 제사를 드림으로 하나님께 의로운 자라는 인정을 받았다. 그러나 그는 자신의 믿음의 행위로 인해 고난을 받고 죽임을 당했다. 반면에 에녹은 그의 믿음으로 인해 죽음을 보지 않고 옮겨졌는데 옮겨지기 전에 그는 하나님을 기쁘시게 하는 자라는 증거를 받았다. 여기서 아벨과 에녹이 보여준 믿음의 삶이 아주 대조적으로 묘사되고 있다. 아벨은 믿음으로 인해 고난 받은 자인 반면에 에녹은 믿음으로 죽음을 극복한 위대한 승리자로 묘사되고 있는데 이것은 아벨과 에녹이 뒤따라 나오는 믿음의 영웅들의 선구자로 제시되고 있는 것이다. 즉 아벨의 순교적인 죽음은 믿음의 위인들 중에서 불의한 자들로부터 핍박을 받는 자들의 모범이 되며 반면에 에녹은 믿음으로 승리를 이룬 자들의 모델이 되고 있다. 11장에 열거된 믿음의 선조들 중에는 믿음의 승리자들도 있지만 믿음의 고난을 받고 순교한 자들도 있다.

32~35상절은 믿음으로 인해 나라들을 이기기도 하고 의를 행하기도 하고 약속을 받고 사자의 입을 막으며 불의의 세력을 멸하기도 한 위대한 믿음의 승리자들에 대해서 설명하고 있다. 반면에 35하~38절은 믿음으로 인해 극심한 핍박과 고난을 겪은 자들에 대해서 설명하는데, 이들은 희롱과 채찍을 맞고 옥에 갇히며 톱으로 켜이며 칼에 죽임을 당하고 환난과 궁핍과 학대를 받기도 했다. 그러므로 4~5절에 언급하고 있는 아벨과 에녹은 믿음으로 고난을 당하거나 믿음으로 승리한 자들의 선구자로 등장하고 있다. 그러나 저자는 아벨이 죽임을 당한 것만을 언급하지 않고 그가 오히려 믿음으로 여전히 살아있다는 사실을 상기시키고 있다. "저가 죽었으나 그 믿음으로 오

히려 말하느니라." 비록 아벨의 육신은 죽임을 당했으나 하나님 앞에서는 여전히 산 자다. 아벨의 육체적 고난과 죽음이 비록 이 세상에서는 실패인 것처럼 보일 수도 있지만 하나님 앞에서는 진정한 승리자로 서 있으며 여전히 살아서 자신의 믿음을 증거하고 있다고 말한다. 그러므로 아벨과 에녹의 믿음을 통해서 강조되는 메시지는 이 세상에서 보이지 않는 하나님을 믿고 살아가는 삶의 특징을 보여주는 것으로서 믿음의 삶에는 환난과 승리가 모두 동반되고 있다는 사실을 상기시키는 것이다.

노아는 아직 보지 못하는 일에 경고하심을 받고 하나님을 경외함으로 믿음을 통한 의의 후사가 되었다고 말하고 있다. 여기서 '보지 못하는 것'은 홍수를 가리키는데, 100년 후에 생길 것이다. 홍수에 대한 하나님의 경고를 받은 노아는 믿음으로 방주를 짓는데 이것은 보이지 않는 것에 대한 믿음이 가시적인 형태인 순종으로 나타난 것을 보여준다. 따라서 노아는 '아직 보이지 않는 것'을 믿음으로 하나님께 순종하여 방주를 지음으로 그의 집을 구원하고 세상을 정죄했다. 보이지 않는 것을 바라보고 미리 준비하는 노아의 믿음은 미래지향적이다. 미래 지향적인 믿음은 현실을 바라보지 않고 미래에 약속된 것을 바라보면서 현재의 삶을 하나님의 명령에 따라 순종한다. 노아의 믿음에 관해서 특별히 순종을 언급하고 있는데 이것은 이미 3~4장에서 믿음과 순종이 사실적으로 같은 것이라고 설명한 것과 일치하는 것이다. 믿음은 순종을 요구하며 순종은 참된 믿음의 표현이다. 따라서 믿음으로 살아가는 매일의 삶의 현장에서 믿음과 순종은 같은 것이며 이 둘은 서로 바꾸어 표현할 수 있다. 믿음이 존재론적인 특징을 묘사하는 것이라면 순종은 존재론적인 특징의 외적 증거를 묘사하는 것이다. 따라서 노아의 믿음은 순종을 동반하면서 미래 지향적인 성격을 가지고 있는데 이것이 11장 전체를 통해서 설명하고 있는 믿음의 주된 특징이다.

2) 설교 가이드
여전히 보이지 않는 것과 관계된 믿음의 특징을 설명하고 있다. 특히 아벨과 에녹과 노아의 믿음을 통해서 다음과 같은 메시지를 전할 수 있다. 첫째, 보이지 않는 하나님의 말씀에 따라서 의롭게 살아가는 자들은 이 세상에서 불의한 자들로부터 고난과 핍박을 받을 수 있다. 그러나 믿음으로 받게 되는 고난을 두려워할 필요가 없으며 오히려 상으로 주어질 영원한 기업을 바라보고 기뻐할 수 있다(참고 벧전 1:6~8). 둘째, 그러나 믿음으로 살아가는 이 세상의 삶에 항상 고난만 있는 것은 아니다. 때로는 믿음으로 세상을 이기기도 하고 환난 가운데 구원을 베푸시는 하나님의 은혜와 능력을 받을 수도 있다. 셋째, 불의한 세상에서 믿음으로 살아가는 일상의 삶 속에서 우리는 하나님을 경외함으로 순종하는 삶을 살아야 한다. 믿음과 순종을 분리하여 믿음을 이론적이고 심리적인 차원에서 이해하는 것은 적어도 히브리서에서는 용납하지 않는 것이다. 믿음은 하나님을 신뢰하는 것이며 신뢰하는 것은 필연적으로 신뢰의 특징인 순종으로 나타나야 한다.

3. 약속을 바라보는 미래지향적인 믿음(8~22절)

히브리서는 아브라함의 믿음을 소개하면서 8~22절은 아주 많은 부분을 할애하고 있는데 이것은 아브라함을 믿음의 전형적인 모델로 생각하고 있는 저자의 생각을 반영하는 것이다. 아브라함은 하나님으로부터 약속을 받은 자이며 그의 후손인 이삭, 야곱과 더불어 약속을 바라보는 미래지향적인 믿음으로 살았던 인물이다. 아브라함과 족장들이 믿음으로 약속을 받은 자들이라면 모세는 믿음으로 그 약속의 성취를 받은 인물이다.

1) 아브라함과 사라(8~12절)

(1) 주해

8절에서 소개하는 아브라함의 믿음에는 하나님의 약속을 바라보는 미래지향적인 성격이 있다. '장래 기업으로 받을 땅'은 원래 창세기에서 가나안을 의미한다. 그러나 저자는 아브라함이 갈 곳이 어디인지 알지 못하는 상태에서 하나님의 부름을 받았을 때에 고향을 떠났다고 말한다. 아마 이것은 저자가 생각할 때에 아브라함이 약속으로 받은 기업이 궁극적으로는 지상적인 한 장소를 가리키는 것이 아니라 종말론적인 천상적인 기업을 가리키는 것으로 생각했기 때문일 것이다. 따라서 10절에서는 아브라함이 하나님이 지으시는 도시를 바라보았다고 하는데, 여기서 하나님이 지으실 도시는 가나안이 아니라 종말론적인 천상적인 도시로 하늘에 있는 예루살렘을 가리키는 것이다(12:22). 이것은 아브라함의 믿음의 종말론적인 성격을 보여주는 것으로써 그가 궁극적으로 지향한 것은 가나안 땅을 넘어서 종말론적인 하나님의 약속까지 바라본 것으로 설명하고 있다.

아브라함의 믿음은 특별히 순종으로 표현되었음을 강조하고 있다. "믿음으로 아브라함은 부르심을 받았을 때에 순종하여…"(8절). 신약에서 아브라함을 믿음의 이상적인 모델로 설명할 때는 주로 창세기 15장 6절을 인용하면서 아브라함에게 후손을 하늘의 별과 같이 많게 해 주겠다는 하나님의 약속을 믿은 것을 근거로 한다(롬 4:3; 갈 3:6; 약 2:23).

그러나 히브리서의 저자는 창세기 12장 1절을 근거로 하여 아브라함이 고향을 떠나 지시할 땅으로 가라는 하나님의 부름을 받았을 때에 즉각 그 명령에 순종하여 고향을 떠난 사건을 통해 아브라함의 믿음을 설명하고 있다. 이를 통해 저자가 특별히 아브라함의 믿음을 하나님의 말씀에 적극적으로 반응하는 실천적인 믿음으로 소개하고자 하는 의도가 있음을 알 수 있다. 고향인 메소포타미아를 떠나서 하나님이 인도하심에 따라 타국에서 유리방황하는 생활을 시작한 것은 아브라함이 믿음으로 하나님의 말씀에 적극적으로 순종하는 삶을 살았음을 잘 증거한다.

아브라함의 이러한 순종적인 믿음은 히브리서 3장에 등장하는 출애굽 백성들의 불순종과는 매우 대조적이다. 출애굽 백성들은 그들의 불순종으로 인하여 가나안의 안식으로 들어가지 못했지만 아브라함은 순종으로 천상적인 안식에 대한 소망까지 가지고 있었음을 강조하고 있다. 여기서 출애굽 백성들과 아브라함은 모두 독자들에게 중요한 교훈을 주고 있다. 출애굽 백성들의 불순종은 그리스도인들이 따라서는 안 될 경고의 모델인 반면에 아브라함의 순종적인 믿음은 적극적으로 본받아야 할 믿음의 모델로 제시되고 있다. 따라서 아브라함의 믿음은 히브리서 전체를 통해서 믿음을 신실한 순종과 동일시하는 저자의 태도와 일치한다.

9절은 믿음의 현재적인 삶의 특징을 설명하고 있다. 약속을 바라보는 미래지향적인 믿음을 가진 사람은 이 세상에서 나그네와 같이 살아간다. 아브라함은 함께 약속을 받은 이삭과 야곱으로 더불어 장막에 거하였는데 이것은 그들의 삶의 형태가 하나님의 지시에 따라 지속적으로 이동하는 것이었음을 보여준다. 그러므로 약속을 바라보고 살아가는 이 세상에서의 삶은 끊임없이 목표로 향하여 나아가는 순례자의 삶과 같은 것이다. 이것은 이 세상에서 나그네와 같은 신분으로 살아갈 때 동반되는 모든 고난과 불편을 감수해야 하는 것을 의미한다. 미래의 소망을 가진 자는 현재의 고난을 두려워하지 않으며, 약속을 바라보는 자들은 현재에 안주하지 않고 그 약속을 받기 위해 끝임 없이 전진한다.

10절에서 아브라함이 소망했던 것은 가나안이 아니라 하나님이 직접 지으시는 도시라고 말하는데 이것은 아브라함의 믿음이 가진 영적 통찰력과 종말론적인 안목을 설명하는 것이다. 믿음은 바라는 것들을 성취할 뿐만 아니라 보이지 않는 것들을 볼 수 있게 하는 안목을 제공해 준다. 즉 눈에 보이는 가나안 안식의 배후에 있는 보이지 아니하는 궁극적인 안식을 아브라함은 믿음으로 보았다는 것이며, 이것은 3절에서 언급한 보이는 것들 배후에 있는 보이지 아니하는 것들을 보는 것은 믿음으로 되는 것임을 설명한 것과 같은 것이다. 따라서 믿음은 보이는 것만을 보는 것이 아니라 보이지 않는 것을 바라보는 영적인 안목이다.

11절에서 사라의 믿음은 불가능을 가능케 하는 능력과 관계되어 있다고 말한다. 아브라함과 사라 모두 늙어 단산하였고 죽은 자와 같은 상태였다고 말하는데 이것은 상식적으로 불가능 상황에서 사라는 하나님의 약속을 믿으므로 잉태하는 힘을 얻었다는 사실을 강조하는 것이다. "믿음으로 … 잉태하는 힘을 얻었으니"라는 표현은 기적을 일으키는 믿음의 능력을 보여준다. 믿음과 기적의 관계는 복음서에서 잘 소개되고 있다. 예수께서는 병 고침과 기적을 행할 때 먼저 믿음을 확인하신 후 기적을 행했다. 즉 보이지 않는 믿음은 병 고침과 같은 기적적인 현상이 생기도록 하는 원인이 된다. 다시 1절로 돌아가면, 믿음은 바라는 것들의 실상이며 보지 못한 것들의 증거라는 사실을 사라의 믿음을 통해서 보여주고 있다.

"이는 약속하신 이를 미쁘신 줄 앎이라." 여기서 '미쁜'이라는 말은 '믿음'(πίστις 피스티스)라는 단어의 형용사인 '피스토스'(πιστός)로서 '신실한' 혹은 '믿을 만한'이라는 뜻이다. 즉 아브라함과 사라의 믿음이 기적을 일으킬 수 있었던 것은 하나님의 신실하심에 근거를 두고 있다. 사라의 믿음이 위대한 것이었으나 그 믿음은 자신의 위대함에 근거를 두고 있는 것이 아니라 하나님의 신실하심에 근거를 두고 있다.

즉 하나님의 신실하심은 아브라함과 사라가 신실하게 하나님의 말씀을 따를 수 있었던 근거다. 믿음은 인간이 주관적이 확신이나 심리적인 노력에 의해서 창조해내는 것이 아니다. 믿음은 하나님의 신실하심에 근거를 두고 있으므로 우리 믿음의 원천은 하나님께 있다.

따라서 사라가 잉태할 수 있었던 기적이 생겨난 것은 그녀의 믿음이 가진 능력 때문이 아니라 불가능한 상황에서도 약속을 반드시 지키시는 하나님의 신실하심을 믿었기 때문이었다. 믿음은 인간이 심리적으로 창조해내는 내적 확신이 아니라 하나님의 신실하심을 믿음으로 약속의 말씀에 순종하며 살아가는 신실함이다.

(2) 설교 가이드

아브라함과 사라의 믿음의 특징은 신실함으로 표현될 수 있다. 하나님이 신실하시므로 그를 믿고 따르는 자들도 신실해야 한다. 어떠한 환난과 고난의 상황에서도 하나님의 신실하심을 굳게 믿는 자가 신실하게 살아갈 수 있다. 신실한 믿음은 반드시 순종으로 표현되어야 한다는 것을 강조하라.

2) 삽입된 설명: 믿음의 종말론적 특징(13~16절)

(1) 주해

히브리서의 저자는 아브라함에 대한 소개를 잠시 멈추고 13~16절에서 믿음에 관한 보충적인 설명을 삽입시킨 후 다시 17절부터 아브라함의 믿음에 대해서 계속 소개하고 있다. 따라서 아브라함에 대한 소개가 이 부분으로 그 흐름이 끊어지고 있다는 인상을 받게 된다. 그러나 저자가 아브라함의 믿음에 대한 설명을 잠시 중단하면서까지 굳이 이 부분을 여기에 삽입한 것은 아브라함의 믿음이 가진 종말론적인 특징을 강조하기 위한 것이다. 우리는 앞의 10절의 '하나님이 지으시는 성'이라는 표현에서 이미 종말론적인 지향성이 있다는 것을 언급했다. 이제 저자는 이것에 대해 더 자세하게 설명하고 있다.

13절에서 '이 사람들이 다 믿음을 따라 죽었으며 약속을 받지 못하였다' 라고 말하고 있다. 먼저 '이 사람들'이 구체적으로 누구인지 분명하지는 않지만 약속에 대한 언급이 함께 등장하는 것으로 미루어 보아 하나님의 약속을 받았던 아브라함과 사라를 비롯해서 함께 기업을 받을 후사로 언급된 이삭과 야곱을 가리키는 것으로 볼 수 있다. 그런데 문제는 이 사람들이 다 약속을 받지 못하고 죽었다고 말하는 것이다. 왜냐하면 바로 앞의 11~12절은 분명히 아브라함과 사라가 약속을 받았다고 말했기 때문이다. 왜 그런가? 그 이유는 지금 저자가 생각하는 것은 하나님의 약속의 궁극적인 목적인 종말론적인 성취를 염두에 두고 있기 때문이다. 아브라함에게 주어진 하나님의 약속의 궁극적인 목표는 가나안 안식이나 이삭에 관한 것이 아니라 종말론적인 천상적인 안식과 그 안식에 아브라함과 같은 믿음으로 들어갈 믿음의 후손에 관한 것이기 때문이다. 그러므로 14~16절에 언급하고 있는 '본향'은 두 가지 의미가 있다. 하나는 아브라함이 떠나온 본향으로 메소포타미아를 가리키며 또 다른 본향은 더 나은 본향인 하늘의 예루살렘이다(12:22). 저자는 아브라함을 비롯한 족장들이 이 천상적인 본향을 바라보고 이 땅에서는 외국인과 나그네와 같은 삶을 살았다고 말한다.

"저희가 나온바 본향을 생각하였더라면 돌아갈 기회가 있었으려니와." 나그네의 삶은 불안과 고난의 삶이다. 만약 그들이 나그네로서의 고난의 삶을 생각했더라면 그들의 고향인 메소포타미아로 돌아갈 생각과 기회를 언제든지 가질 수 있었을 것이다. 그러나 그들은 믿음으로 자신들의 삶을 영위했으므로 뒤로 돌아서 고향으로 돌아가기보다는 천상적인 본향을 향한 소망으로 고난의 여정을 택할 수 있었다. 그들은 '땅에서는 외국인과 나그네'라는 것을 인정했다고 하는데 이것은 종말론적인 소망으로 미래지향적인 믿음을 가지고 살아가는 사람들의 현재적인 삶의 특징을 설명하는 것이다. 그들은 이 땅에 소망을 두지 않으며 이 세상에서 참된 안식과 정착을 추구하지 않는다. 즉 나그네의 삶은 천상적인 본향을 사모하는 믿음의 사람들이 이 세상을 살아가는 삶의 특징이다.

그러면 저자가 왜 종말론적인 안식에 대해서 지금 언급하고 있는가? 아마 저자는 여기서 독자들을 향한 권면의 효과를 노리고 있었던 것 같다. 저자는 독자들이 믿음 가운데 고난의 큰 싸움을 싸우고 있다고 말했는데(10:32; 12:4) 그러한 독자들에게 아브라함은 비록 약속을 받지 못하였고 단지 멀리서 그것을 바라보면서도 믿음으로 신실하게 살았는데 이제 독자들은 그 종말론적인 안식에 현실적으로 들어갈 소망이 있으므로 더욱더 믿음으로 살아야 한다는 것을 강조하기 위한 것이다. 왜냐하면 우리는 그들이 이루지 못했던 온전함을 이루기 때문이다(11:40).

(2) 설교 가이드

종말론적인 소망을 가지고 살아가는 믿음의 삶은 이 세상적인 것에 소망을 두지 않는다. 눈에 보이는 물질적인 것과 인간의 손으로 만든 것에 인생의 모든 가치를 두고 살아가는 현대인들에게, 참된 소망과 가치는 하나님께서 지으신 천상적인 기업에 대한 약속을 바라보며 이 세상에서 믿음으로 살아가는 것임을 분명하고 설득력 있게 설명하라.

3) 아브라함, 이삭, 야곱(17~22절)

(1) 주해

17절에서 아브라함이 하나님의 명령에 따라 이삭을 제물로 바친 사건은 믿음에 관한 설명의 절정을 이룬다. 야고보서에서도 이 사건을 언급하는데 거기서는 순종이 동반된 믿음이 참된 믿음이라는 것을 설명하기 위해서다. 그러나 히브리서의 저자는 야고보서와는 조금 다른 관점에서 이 사건을 설명하고 있다.

아브라함이 이삭을 믿음으로 드릴 수 있었던 것은 아브라함이 하나님께서 이삭을 도로 살릴 줄로 생각했기 때문이라고 말한다. 저자는 비유적으로 말하면 사실 아브라함은 그가 믿었던 대로 이삭을 죽은 자 가운데서 도로 받은 것이라고 설명하고 있다. '비유'라는 단어를 저자는 9:9에서도 사용하고 있는데 여기서 저자는 첫 번째 장막이 현재까지의 비유라고 말하는데 이것은 첫 번째 장막이 새 언약의 시대인 현재를 바라보는 것이다.

이와 동일한 관점에서 이해할 때 이삭의 사건을 비유라고 하는 것은 아브라함이 이삭을 드리는 믿음 가운데 종말론적인 부활을 내다보고 있었다고 말할 수 있을 것이다. 이와 같은 부활의 이미지는 이미 12절에서 사라의 믿음을 설명하면서 죽은 것과 같은 사람으로부터 생명을 얻었다는 설명에서 암시되어 있다. 그러므로 아브라함과 사라의 믿음에는 모두 부활의 개념이 포함되어 있었다고 말할 수 있다. 사라의 믿음이 죽은 자와 같은 아브라함에게서 생명을 일으키는 능력을 가진 믿음이라면, 아브라함의 믿음은 이삭을 제물로 드릴 때 다시 이삭을 부활을 통해서 받을 수 있을 것임을 믿는 것인데 그는 사실 이삭을 부활로 다시 받았다고 저자는 말하고 있다. 과거의 선진들이 부활 신앙을 가지고 있었다는 사실은 35절에서 더욱 분명하게 드러나고 있다.

"어떤 이들은 더 좋은 부활을 얻고자 하여…"(35절).

이삭과 야곱과 요셉은 모두 미래를 바라보는 믿음을 가지고 있었다. 임종의 순간에 자녀들에게 축복을 했다는 것은 그들이 죽음의 순간에도 하나님의 약속이 성취될 것임을 굳게 믿었음을 보여준다. 요셉이 임종 시에 출애굽에 대해서 말했으며 떠날 때 자기의 해골을 함께 가져갈 것에 대해서 명했는데 이것은 하나님의 약속을 믿는 자신의 믿음을 죽음도 방해하지 못함을 나타내는 것이다. 출애굽에 대한 요셉의 확신은 하나님의 약속에 근거한 것인데 아직 보지 못하는 것에 대해서 자손들에게 지시하는 것은 그의 믿음의 표현이며, 요셉의 이러한 믿음의 행위는 바로 1절에서 언급한 대로 보지 못하는 것들에 대한 증거가 되는 것이다.

(2) 설교 가이드

아브라함의 믿음을 통하여 하나님께 전적으로 의탁하는 믿음에 대해서 설명하라. 하나님을 전적으로 의탁할 때 독자를 바치면서도 하나님의 약속을 의심하지 않았다. 하나님의 말씀을 믿고 전적으로 의탁하는 삶은 이 세상의 그 어떤 시험이나 유혹에도 흔들리지 않고 신실하게 믿음을 지킬 수 있을 것이다. 또한 임종 시에 자식들에게 축복한 이삭과 야곱의 믿음을 통하여 그들의 믿음의 긴 안목에 대해서 배우라. 그들은 비록 자신들의 생애에 하나님의 약속이 성취되지 않았지만 자녀들을 통해서 반드시 성취해 주실 것을 믿는 안목을 가지고 죽는 순간에도 하나님의 약속을 바라보았다. 믿음의 인내와 소망의 중요성에 대해서 설명하라.

4. 미래 지향적인 믿음의 현재적인 특징(23~38절)

1) 믿음의 순종(23~31절)

(1) 주해
23절에서 '믿음으로 모세가 태어났을 때'라는 표현이 상식적으로 다소 어색하게 들릴 수도 있다. 왜냐하면 모세가 주격으로 나오면서 '믿음으로'라는 표현이 모세와 연결되기 때문에 마치 모세가 믿음으로 스스로 태어난 것처럼 묘사되고 있기 때문이다. 아마 저자는 이러한 형식의 표현을 통해서 아직 드러나지 아니한 모세의 믿음을 소개하려고 했던 것 같다.

그러나 곧이어 나오는 문장에서는 모세의 부모의 믿음에 대해서 묘사하고 있다. 그 부모들의 눈에는 모세가 '아름다운' 아이로 보였는데 아름다운 외모를 통해서 하나님의 특별한 은혜가 그 아이에게 있다는 것을 발견했다. 모세의 외모를 표현하는 '아스테이오스'(ἀστεῖος)는 '기쁘게 하는'이라는 의미로 해석될 수도 있는데 모세가 하나님을 기쁘시게 하는 아이라는 것을 그 부모가 보고 알았다는 것을 증거하고 있다. 그 부모가 바로의 명령을 두려워하지 아니하고 석 달을 숨겨서 기른 것은 그 부모의 믿음을 나타낸다. 마치 히브리 산파들이 하나님을 경외하면서 바로의 명령을 거역하고 히브리인의 아이들을 살렸던 것처럼 모세의 부모들이 바로의 명령을 두려워하지 않았던 것은 그들의 믿음의 표현이며 하나님께 순종하는 행위였다.

24절부터는 모세의 믿음을 설명하고 있는데 그는 애굽의 공주의 아들로 살아가는 부귀와 안락을 포기하고 하나님의 백성과 함께 고난 받기를 선택했다(25절). 모세는 일시적인 죄악의 낙을 버리는 대신 그리스도를 위해서 능욕 받는 것을 선택했다고 하는데 이것은 모세의 믿음에는 종말론적인 성격이 있었다는 것을 암시하는 것이다.

믿음의 삶이란 미래의 소망을 위해서 기꺼이 현실적인 고난을 선택하는 것이며 그것을 또한 믿음으로 인내하는 것이다. 모세는 눈에 보이는 애굽의 쾌락보다는 보이지 아니하는 미래의 상을 위해서 고난을 선택했다. 인내는 히브리서에서 강조하는 믿음의 중요한 특징 중 하나이다. 저자는 독자들에게 고난 가운데 인내할 것을 지속적으로 강조해 왔다(6:12, 15; 10:32~39; 11:35~38; 12:1~3). 따라서 모세가 믿음으로 내린 결정에는 고난이 동반되는 것이며 동시에 이 세상적인 안락을 포기하는 것이다. 모세가 선택한 것과 포기한 것을 비교해 보자.

모세가 선택한 것	모세가 포기한 것
하나님의 백성과 함께 고난 받는 것	그리스도와 함께 능욕 받는 것
하나님께서 주시는 상	바로의 공주의 아들이 되는 것
죄악의 낙을 누리는 것	애굽의 보화와 재물

27절에서 모세가 애굽을 떠났다는 것이 무엇을 가리키는 것인지는 분명하지 않다. 모세가 히브리인을 괴롭히는 애굽인을 죽인 후 미디안 광야로 도망간 것을 가리키는 것인지 아니면 출애굽을 가리키는 것인지는 확실하게 알 수는 없다. 모세에 대한 설명의 흐름으로 보면 28절에서 유월절을 언급하고 있으므로 27절은 미디안 광야로 도피한 사건을 언급하는 것으로 보는 것이 합당할 것이다. 문제는 애굽 왕의 노함을 무서워하지 아니하였다는 표현인데 출애굽기 2장 14~15절은 모세가 두려워하여 피한 것으로 설명하고 있기 때문이다.

그러나 히브리서에서 '믿음으로' 라는 표현을 사용하고 있는데 이것은 아마 모세가 미디안으로 도주한 행위 그 자체보다는 그렇게 된 사건 전체를 믿음의 행위라고 표현하는 것 같다. 모세가 히브리인을 괴롭히는 애굽 관리를 죽이고 미디안으로 도주한 것은 그 자체가 바로를 두려워하지 않고 보이지 않는 하나님을 바라보는 믿음으로 한 행위였음을 설명하고 있다.

28~29절의 출애굽에 대한 설명은 모세가 믿음으로 한 행위의 절정을 이룬다. 유월절의 피 뿌리는 예를 정함으로 심판하는 천사로부터 그들의 장자를 보호하였고 홍해를 육지처럼 건넌 것은 모두 믿음의 행위들이었다. 그러나 홍해를 건너는 행위에 있어서 이스라엘의 믿음의 행위와 애굽인들의 행위가 극명하게 대조되고 있다. 애굽인의 행위를 '시험'이라고 번역하고 있는데 '페이라'(πεῖρα)라는 단어는 단순히 어떤 행위를 시도하는 것을 가리킬 수도 있다. 이스라엘과 애굽인 모두 홍해를 건너기 위해 시도했으나 믿음으로 건너간 이스라엘은 성공했으나 믿음 없이 단순히 이스라엘인들의 행위를

모방하여 뒤따랐던 애굽인들은 모두 죽었다. 행위는 모방할 수 있었으나 믿음은 모방할 수 있는 것이 아니었다.

가나안 정복과 기생 라합의 믿음을 통해서 다시 강조하는 것은 믿음의 순종이다. 여리고 성을 나팔을 불면서 칠일 동안 돌라는 명령은 한 성을 정복하는 방법으로는 매우 이상한 방법이었다. 그러나 믿음의 순종은 그 성을 무너지게 했다. 기생 라합이 정탐군을 영접하고 보호해 준 행위는 또한 믿음의 표현이었는데 그녀는 보이지 않는 이스라엘의 하나님이 온 세상의 주권자가 되신다는 것을 믿었던 것이다. 이방인이며 기생이 믿음으로 구원을 받았다는 사실은 '오직 의인은 믿음으로 살리라'라는 히브리서의 믿음의 성격을 가장 분명하게 보여주는 것이다(히 10:38). 여기서 라합의 순종으로 인한 구원은 순종치 아니함으로 멸망한 그 성의 사람들과 분명하게 대조되고 있다 (11:31).

모세와 출애굽의 기사를 통해서 믿음의 순종은 구원을 가져온다는 사실을 증거하고 있다. 믿음에 근거한 순종은 다양한 형식의 구원을 가져왔다. 모세의 부모가 믿음으로 행한 순종은 모세의 생명을 구원했고, 유월절의 피 뿌리는 행위는 장자를 구원했으며, 이스라엘 백성들이 믿음으로 홍해에 발을 들여놓음으로 애굽의 군대로부터 구원을 받았으며, 여리고성을 도는 순종은 그 성을 함락했으며, 기생 라합의 믿음의 순종은 그 성의 멸망하는 사람들로부터 자신의 생명을 건졌다. 이러한 모든 순종의 행위에는 모험과 고난 그리고 생명의 위험이 항상 동반되는 것이었다. 그러나 약속에 신실하신 하나님을 믿고 순종하여 환난으로부터 구원을 얻을 수 있었다.

(2) 설교 가이드

믿음은 일상적인 삶에서 항상 순종으로 표현되어야 하며, 때로는 순종에는 고난과 희생이 동반될 수 있다는 것을 설명하라. 믿음으로 살기 위해서 모세가 포기한 애굽의 모든 부귀와 영광은 물질만능주의 시대에 살아가고 있는 현대 그리스도인들에게 많은 것을 생각하게 해 준다. 믿음으로 순종하는 삶을 살기 위해서 이 세상적인 유익을 포기할 수 있는 것이 참된 믿음이다. 믿음으로 순종할 때 때로는 하나님의 기적을 경험할 수 있다. 홍해에서 애굽인의 죽음을 통하여 행위는 모방할 수 있으나 믿음은 모방할 수 있는 것이 아니라는 것을 설명하고 참된 믿음의 행위에 대해서 설명하라. 믿음의 순종에는 고난만 동반되는 것이 아니라 또한 위대한 구속의 은총이 따라 온다는 것을 설명하라.

2) 믿음의 승리(32~35상절)

32절에서 저자는 일종의 좌절감을 표현하는데, 왜냐하면 계속해서 믿음으로 위대한 승리를 이룬 사람들에 관해서 끝없이 더 설명할 수도 있으나 시간이 없어서 다 말할 수 없음을 아쉽게 생각하고 있기 때문이다. 그러고는 신속하게 구약의 믿음의 위인들 이름을 열거한 후에 그들의 믿음의 일반적인 특징들을 설명하고 있다.

"나라를 이기기도 하고." 바락이 가나안 왕 야빈을 물리치고(삿 4:12~24), 기드온이 삼백 용사로 미디안을 무찌르고(삿 7장), 입다는 암몬을(삿 11:29~33), 다윗과 삼손 모두 믿음으로 이방 나라들을 물리친 자들이다. '의를 행하고 약속을 받은 자'에 대한 언급은 다윗에 관한 것으로 생각된다. 다윗은 의로운 왕이었으며 나단의 신탁을 통해 다윗 왕조에 관한 하나님의 약속을 받았다. 다니엘은 사자의 입을 막았으며, 다니엘의 세 친구는 불의 위협을 이겨냈다. 그 외에도 구체적으로 확인하기는 어려우나 칼날을 피하고 연약한 가운데서 믿음으로 강하게 되어 이방의 군대를 물리친 예를 들고 있다.

"여자들이 자기의 죽은 자를 부활로 받기도 하고"(35절)라는 표현은 엘리야가 죽은 아들을 살려준 사렙다 과부(왕상 17:17~24)와 엘리사가 살려준 수넴 여인의 아들(왕하 4:17~37)을 상기시키는 것이다. 죽은 자의 부활에 대한 이러한 언급은 35절에서 말하는 종말론적인 더 좋은 부활을 예견하는 것으로 볼 수 있다. 이것은 믿음으로 이 세상에서 현재적으로 성취한 승리는 그 자체로서는 완전한 승리가 아니라 오히려 종말론적인 완전한 승리를 미리 맛보는 것과 같은 것이다. 따라서 믿음의 현재적 승리는 미래의 종말론적인 승리의 한 부분이며 완전한 승리를 바라보는 것이다.

3) 믿음의 고난(35하~38절)

(1) 주해

'다른 사람들은'(35하절)이라는 표현을 사용함으로 저자는 지금까지 앞에서 언급했던 믿음의 승리자들과는 대조되는 다른 사람들의 믿음에 대해서 설명하기 시작한다. 이들은 종말론적인 더 나은 부활을 위해서 믿음으로 고난을 극복한 자들인데 악형을 받되 구차히 면하지 않았다. 어떤 이들은 악형을 받고 순교했으며(2 마카비 6장, 4 마카비 6~12장),[1] 어떤 이들은 고문이나 감옥에서 풀려나려고 믿음을 배신하지 않았다(2 마카비 2장).[2] 희롱과 채찍과 옥에 갇히는 핍박은 일반적인 모든 핍박들을 언급하는 것인데 히브리서의 독자들이 전에 받은 큰 환난을 포함하는 것으로 볼 수 있다. 저자는 히브리서 10장 32절이하에서 독자들이 받은 고난을 설명하면서 비방과 환난과 구경거리가 되었으며 감옥에 갇힌 자들에 대해서 언급하고 있다.

37절은 핍박으로 인한 순교에 대해서 말하고 있다. 돌로 치는 것은 유대적인 방식의 형벌로서 신약에서 스데반이 돌에 맞아 순교했으며(행 7:58), 바울과 바나바도 돌로 위협을 받았다(행 14:5). 톱에 잘려 죽은 것에 대한 언급은 이사야가 므낫세와 거짓 선지자들에 의해서 톱으로 잘려 죽었다고 전하는 유대적인 전통을 반영하고 있으며(『이사야의 승천서』 Ascension of Isaiah 5:11~14), 칼에 죽는 것과 가죽옷을 입고 유리방황하며 궁핍과 환난을 당한 것은 세례요한과 같은 경우를 상기시키기도 한다. 이런 사람들은 모두 세상의 그 어떤 모진 핍박과 환난에도 굴하지 않고 끝까지 믿음을 지킨 자들로서 그들은 이 세상의 것들에 가치를 두지 않았다.

이와 같이 고난을 믿음으로 극복한 사람들의 이야기는 그리스도인들의 현재적인 믿음의 생활이 항상 승리적인 것만이 아니라는 사실을 보여준다.

하나님께서는 신실한 그리스도인들을 항상 고난으로부터 보호해 주시는 것이 아니다. 때로는 질병과 핍박과 고난과 위협과 비방이 따라올 수 있으며 그것으로 인해 죽임을 당할 수도 있다. 그러나 더 나은 미래의 소망을 바라보고 믿음으로 살아가는 자들은 이 세상에 소망을 두지 않으므로 이러한 핍박을 이길 수 있다. 이들은 이 세상에서 실패한 것처럼 보이지만 진정으로 그들은 믿음으로 승리한 자들이다.

(2) 설교 가이드

성공지상주의적인 현대 교회의 신앙의 문제를 지적하고 참된 신앙에는 이 세상에서 믿음의 승리와 고난이 항상 함께 있다는 것을 설명하라. 믿음의 승리도 세상적인 소원의 성취나 세속적인 성공을 가리키는 것이 아니라 세상으로부터 주어지는 죄악의 유혹을 물리치고 믿음의 순종으로 승리하는 것임을 설명하라.

5. 결론: 그리스도 안에서 성취되는 믿음의 온전함(39~40절)

저자는 창세기의 최초의 순교자 아벨에서부터 시작해서 구약 전체와 중간기를 거쳐서 신약에 이르기까지 위대한 믿음의 영웅들에 대해서 길게 설명한 후 다시 1~2절에서 설명했던 믿음으로 돌아가고 있다. 과거의 믿음의 선진들이 다 믿음으로 인정함을 받았으나 약속을 받지는 못했다고 말한다. 사실 11장에 언급된 많은 사람들이 그들에게 약속된 것을 받았다. 노아를 비롯해서 아브라함, 사라, 이스라엘의 가나안 정복, 라합 등 많은 남녀들이 약속을 받았다고 말했다(33절).

그러면 왜 저자는 다시 그들이 약속을 받지 못했다고 말하는가? 그것은 구약의 위인들의 믿음이 가진 기독론적이고 종말론적인 특징을 설명하려는 것이다. 40절은 '이는 하나님이 우리를 위하여 더 좋은 것을 예비하였다'고 말하는데 여기서 '더 좋은'(κρεῖττον 크레이톤)이라는 단어는 히브리서에서 지속적으로 그리스도의 우월성을 나타내는 용어로 사용된 것이다. 즉 '더 좋은 것'은 그리스도 안에서 이루어진 종말론적인 구속으로서 천상적인 시온으로 들어가는 것이다. 히브리서 12장 22~24절에서는 이미 독자들이 이 천상적인 예루살렘에 도착했다고 말하고 있다. 따라서 구약의 성도들의 믿음도 우리와 함께 온전함을 받는다는 것은, 그들의 믿음도 그리스도 안에서 온전함을 받게 된다는 것으로서 구약의 성도들의 믿음이 가진 기독론적인 지향성을 설명하는 것이다. 즉 그들이 받았던 홍수로부터의 구원이나 가나안의 안식은 그 자체로 약속의 완전한 성취가 아니며 단지 그리스도 안에서 이루어질 종말론적인 완전한 약속의 성취를 미리 맛보는 예비적인 성격을 가지고 있는 것이다.

이것은 또한 구약의 위인들의 믿음에는 종말론적인 성격이 있음을 말하는 것이다. 비록 그들 중에 어떤 이들은 생전에 그 약속을 받지 못했지만 여전히 미래를 바라보는 믿음으로 종말론적인 성취를 바라보고 있었다. 이러한 미래지향적인 믿음은 이미 종말의 때를 살아가는 그리스도인들에게도 여전히 필요한 것이다.

종말론적인 안식의 장소인 천상적인 예루살렘에 독자들이 이미 들어갔다고 설명하면서도(12:22~24) 또한 여전히 그 천상적인 도시는 미래에 다가올 것이라고 말하기도 한다(13:14). 이것은 실현된 종말론과 미래적 종말론의 성격을 동시에 유지하는 것인데, 이러한 종말론적인 믿음의 중요성에 관해서는 4장 '히브리서의 믿음'에서 자세히 설명했다.

저자는 이러한 결론적인 언급을 통해서 독자들이 구약의 성도들보다 더 나은 소망을 가지고 있으므로 그들보다 더욱더 신실한 믿음으로 주어진 환난과 핍박을 담대하게 극복해 나가야 한다고 격려하려는 것이다. 사실 그리스도인들이 겪고 있는 고난은 구약의 성도들의 것에 비교하면 아무것도 아니다. 그들은 그 약속을 얻지 못하고 멀리서 바라보기만 하면서도 그러한 극심한 고난을 이겨냈는데 그리스도 안에서 더 나은 소망의 성취를 바라보는 그리스도인들은 인내 가운데 그들에게 주어진 믿음의 경주를 다할 것을 도전 받고 있다(12:1~20). 믿음은 세속적인 소원이나 욕구를 성취하는 수단이 아니다. 믿음은 천상적인 기업에 관한 하나님의 약속을 바라보고 이 세상에서 말씀에 따라 신실하게 살아가는 충성심이다.

07

히브리서에 나타난
구약 인용에 대한 연구

구약 인용의 실제성과 중요성

히브리서는 처음부터 옛적 선지자들을 말함으로써 구약 성경에 관한 관심으로 시작한다. 그리고 히브리서는 첫 장부터 구약 성경을 연속적으로 인용함으로써 구약 성경에 관한 관심을 고조시킨다. 더 나아가서 히브리서에는 수많은 구약 성경 인용과 해석이 들어 있어 구약 성경에 관한 연구를 자극한다. 그래서 "히브리서 신학의 척추는 성경해석이다"라고 일컬어진다. 이것은 히브리서 기자가 그의 신학을 단지 성경해석으로 발전시킬 수 있었다는 말이다. 이것은 여러 가지 면에서 입증할 수 있다.

풍성한 구약 인용과 다양한 사용방식

히브리서는 신약 성경의 다른 책들과 마찬가지로 구약 성경을 많이 사용한다. 히브리서가 구약 성경을 사용한 방식에는 직접인용과 간접인용이 있다.

1. 직접인용

히브리서는 다음과 같이 30개 이상의 구약 성경을 직접 인용한다.

1:5상 = 시 2:7

1:5하 = 삼하 7:14(대상 17:13)

1:6 = 신 32:43 LXX(또는 시 97:7)

1:7 = 시 104:4

2:12 = 시 22:23

2:13상 = 사 8:17

2:13하 = 사 8:18

3:2, 5 = 민 12:7

3:7~4:13 = 시 95:7~11

4:4 = 창 2:2하

5:5 = 시 2:7

5:6 = 시 110:4

6:13~14 = 창 22:16~17

7:1~2 = 창 14:17, 18, 20

7:17 = 시 110:4

7:21 = 시 110:4

8:5 = 출 25:40

8:8~12 = 렘 31:31~34

9:20 = 출 24:8

10:5~10 = 시 40:7~9

10:16~17 = 렘 31:33~34

10:30상 = 신 32:35

10:30하 = 신 32:36

10:37~38 = 사 26:20과 합 2:3~4

11:18 = 창 21:12

11:21 = 창 47:31(LXX)

12:5~6 = 잠 3:11~12

12:20 = 출 19:13

12:26 = 학 2:6

13:15 = 신 31:6

13:6 = 시 118:6

이렇게 볼 때 두 가지 중요한 사실을 알 수 있다. 첫째, 히브리서는 매 장 구약 성경을 인용한다는 것이다. 구약 성경 인용은 히브리서의 전역에 골고루 분포되어 있다. 이것은 히브리서 기자가 처음부터 끝까지 일관성을 가지고 구약 성경을 빈번하게 사용하려는 의도적인 생각이 있었음을 보여 주고 있다. 또한 이것은 히브리서 기자가 히브리서를 기록할 때 얼마나 구약 성경을 중요시하며 구약 성경에 의존하고 있는지를 알려 준다.

둘째, 히브리서 기자가 구약 성경 전체를 소지하고 있었다는 것이다. 이것은 히브리서 기자의 도서관의 면모를 보여 준다. 그의 도서관은 구약 성경의 각 권으로 충실하게 잘 갖추어져(채워져) 있었던 것이 틀림없다. 히브리서 기자의 도서관 규모의 충실성은 다음과 같이 입증된다.

히브리서에는 레위기를 제외하고 분명하게 모세오경이 인용된다. 레위기는 주로 간접적으로 사용된다(참조 조병수, 「신약신학 열두 논문」, 합동신학대학원출판부, 1999, pp. 177~190). 히브리서는 사무엘, 이사야, 예레미야, 하박국, 학개와 같은 선지서들을 인용한다. 히브리서는 전선지서와 후선지서를 고루 인용하고 있으며, 후선지서 가운데서도 대선지서뿐 아니라 소선지서도 잘 알고 있었다. 히브리서에 사용된 성문서로는 잠언이 한 번 인용되며, 그 외에는 시편이 압도적으로 많이 인용된다. 시편인용의 수는 히브리서의 구약 성경 인용가운데 절반을 차지할 정도로 많다. 이렇게 히브리서 기자는 그의 도서관에 구약 성경 전체를 소지하고 있었으므로 히브리서를 기록할 때

폭넓게 그것을 사용할 수 있었다.

2. 간접인용

히브리서는 구약 성경에 대한 직접인용과 함께 상당히 많은 간접인용을 가지고 있다. 시편 110:1을 간접적으로 사용하는 히브리서 1:3이나, 이사야 41:8~9를 간접적으로 사용하는 히브리서 2:16은 가장 좋은 예가 된다. 이 외에도 히브리서는 각 장마다 구약적인 모티브를 사용하고 있다. 예를 들면 다음과 같다.

선지자들과 조상들(1:1)
아브라함의 자손(2:16)
출애굽 사건(3:16~19)
창조와 안식(4:3)
여호수아의 가나안 진입(4:8)
아론의 소명(5:4)
아브라함에의 약속(6:13)
아브라함의 승리(7:1 이하)
모세의 장막건설(8:5)
장막구조와 제사제도(9~10장)
믿음의 열조(11장)
시내산 선포(12:18~29)
천사영접(13:1)

이러한 관찰을 통하여 얻게 되는 결론은 히브리서는 구약 성경으로 뒤덮여 있는 듯한 인상을 보여 준다는 것이다. 특히 구약의 인물, 사건, 사물에 대한 설명적인 진술이 돋보인다. 여기에서 중요한 것은 히브리서가 구약의 여러 가지 사항들을 사용할 때 상당한 자유를 행사하였다는 것이다.

실제로 히브리서는 구약의 인물, 사건, 사물을 설명하면서 풀어놓음과 압축시킴을 잘 활용하고 있다.

히브리서의 구조와 구약의 인용

이처럼 히브리서에는 직접인용과 간접인용이 범람한다. 구약 성경의 다양한 구절들과 내용들이 히브리서 곳곳에 산재한다는 것에 대하여 누구도 반론을 제기할 수 없다. 그래서 히브리서가 어떤 규칙 없이 생각나는 대로 구약을 직접적으로나 간접적으로 사용한다고 오해하기 쉽다. 그런데 이와 같은 전면적인 구약 사용에도 불구하고 히브리서를 자세히 살펴보면 어떤 구절들이 기둥처럼 중요하게 핵심적으로 사용되는 것을 발견할 수 있다. 그리고 기둥같은 구약 성경의 구절들이 히브리서의 서술흐름과 함께 해설되는 것을 볼 수 있다.

히브리서에 사용된 구약 성경의 핵심구절들은 안식에 관해서 말하는 시편 95:7~11(3:7~11), 멜기세덱에 대하여 말하는 시편 110:4(5:6), 언약에 관하여 말하는 예레미야 31:31~34(8:8~12), 제물에 관해서 말하는 시편 40:6~8(10:5~7)이다. 이 구절들은 사실상 히브리서의 중요인용으로서 대체적으로 히브리서의 네 단락을 구성하는 것이 된다. 히브리서 1~2장에 나오는 연속인용이 하나님의 아들을 설명하는 것에 이어서 히브리서 3~4장은 영원한 안식에 관한 해석이며, 히브리서 5~7장은 영원한 대제사장에 대한 해석이고, 히브리서 8~9장은 새 언약에 관한 해석이며, 히브리서 10~13장은 새 제물(몸)에 관한 해석이다. 따라서 히브리서의 구조를 다음과 같이 분해할 수 있다.

1~2장: 하나님의 아들
3~4장: 영원한 안식

5~7장: 영원한 대제사장

8~9장: 새 언약

10~13장: 새 제물(몸)

이 단락들을 주의해서 살펴보면 핵심적인 구약성구들이 각 단락 내에서 상세하게 해석되는 것을 발견하게 된다. 단지 첫 단락인 히브리서 1~2장이 "옛적에 선지자들로 여러 부분과 여러 모양으로 우리 조상들에게 말씀하신 하나님"이라는 종합적인 표현을 가지고 하나님의 아들을 설명하기 위하여 11개의 구약 성경 구절들을 연속적으로 인용하는 것이 특이하다.

둘째 단락(3~4장)은 영원한 안식에 관해서 말한다. 핵심구절은 시편 95:7~11(3:7~11)이다. 이 구절에서 중요한 단어들은 "오늘", "격노", "안식"이다. 히브리서 기자는 이 단어들을 하나씩 해설한다. "오늘"에 대한 해석은 히브리서 3:12~14에 나오며, "격노"에 대한 해석은 히브리서 3:15~17에 나오고(다시 한번 시 95:7~8 인용, 히 3:15), "안식에 들어오지 못하리라"에 대한 해석은 히브리서 3:18~4:13에 나온다(다시 한번 시 95:11 인용, 히 4:3; 시 95:7~8 인용, 히 4:7). 이것을 도표화하면 다음과 같다.

3~4장 : 영원한 안식

3:7~11(시 95:7~11 인용)

3:12~14 "오늘"에 대한 해석

3:15~17 "격노"에 대한 해석(시 95:7~8 인용, 히 3:15)

3:18~4:13 "안식에 들어오지 못하리라"에 대한 해석

(시 95:11 인용, 히 4:3; 시 95:7~8 인용, 히 4:7)

셋째 단락(5~7장)은 영원한 대제사장에 대하여 말한다. 핵심구절은 멜기세덱에 대하여 말하는 시편 110:4(5:6)이다. 히브리서 기자는 서론적으로 예수께서 멜기세덱의 반차를 좇는 대제사장이신 것(5:7~10)과 멜기세덱에

관한 내용이 매우 어려운 것임을 언급한다(5:11~6:12). 이어서 이 핵심구절은 맹세로 된 의미를 밝힌다(6:13~20). 그리고 이 핵심구절에서 중요한 사항인 "멜기세덱의 반차를 좇아 영원히 제사장"(6:20)을 자세히 해설한다. 이때 차례대로 멜기세덱의 신분(7:1~10, 다시 한 번 시 110:4 인용, 히 7:17), 멜기세덱 반차의 의미(7:11~16), 멜기세덱의 반차를 좇는 영원한 제사장의 절대성을 설명한다(7:17~28, 다시 한번 시편 110:4 인용, 히 7:21). 이것을 도표화하면 다음과 같다.

　5~7장 : 영원한 대제사장
　　5:6 (시 110:4 인용)
　　5:7~10; 11~6:12 서론
　　6:13~20 맹세
　　7:1~25 "멜기세덱의 반차를 좇아 영원히 제사장"
　　7:1~10 "멜기세덱"에 대한 해석(시 110:4 인용, 히 7:17)
　　7:11~16 "멜기세덱의 반차"에 대한 해석
　　7:17~25 "멜기세덱의 반차를 좇는 영원한 제사장"에 대한 해석
　　　　　　(시 110:4 인용, 히 7:21)

　넷째 단락(8~9장)은 새 언약에 대하여 말한다. 핵심구절은 예레미야 31:31~34(8:8~12)이다. 이 단락에서는 "언약"이라는 단어가 중요하다. 이 단락은 먼저 첫 언약의 내용에 관해서 서술하고(8:13~9:10), 이어 새 언약의 의미에 관해서 설명한다(9:11~22).

　다섯째 단락(10~13장)은 새 제물(몸)에 대하여 말한다. 핵심구절은 제물에 관해서 말하는 시편 40:6~8(10:5~7)이다. 여기에서 중요한 단어는 "몸"이다. 이 단락은 먼저 하나님이 "원치 아니하신다"와 "기뻐하지 아니하신다"를 설명한다(10:8, 다시 한 번 시 40:6~7 인용). 그리고 나서 "보시옵소서 내가 하나님의 뜻을 행하러 왔나이다"의 의미를 설명한다(10:9~18, 다시 한 번 시 40:8

인용). 이에 더하여 "몸"에 관련하여 긴 설명이 부연된다(10:5,10, 22; 13:3, 11 참조).

이상에서 관찰한 바와 같이 구약 인용과 관련하여 히브리서는 기둥과 같은 구약 성경 핵심구절들을 먼저 진술하고 이어 해석하는 방식을 사용하고 있다. 여기에서 우리는 한 가지 중요한 결론에 도달하게 된다. 그것은 히브리서 기자가 우선 서술할 내용을 정리해 놓고 그 후에 구약 인용으로 그것을 입증한 것이 아니라, 우선 구약성구를 인용하고 그 후에 내용을 서술해나갔다는 것이다. 이것은 본문작성 후에 성구인용을 한 것이 아니라, 성구인용 후에 본문을 작성한 것을 의미한다. 한 마디로 말해서 히브리서에서 선 구약 인용, 후 내용서술이라는 방식이 사용되고 있는 것이다.

이렇게 볼 때 히브리서에서 구약 인용은 대단히 의도적인 성격을 지닌다. 추측하건대 히브리서 기자는 히브리서를 기록하기 이전에 이미 해설하려는 구약성구를 수집해 놓았을 것이다. 이 때문에 우리는 히브리서 기자가 속해 있던 교회가 예수 그리스도를 설명하기 위하여 특정한 구약 성경 핵심구절들을 수집해 가지고 있었다고 생각하게 된다. 이런 의미에서 히브리서는 초대 교회의 구약본문설교를 가장 명확하게 보여 준다.

인용 방식

그러면 히브리서가 이렇게 구약 성경의 핵심구절을 해석할 때 사용한 해석방식은 무엇인가? 대표적인 것은 미드라쉬(Midrasch) 방식이다. 이것은 랍비의 해석방식으로 교훈적 해석을 목적으로 삼는다. 이에 대한 좋은 예는 시편 95:7~11에 대한 해석(히 3:7~4:11)과 시편 110에 대한 해석(7:1~25)이다. 이 가운데서 시편 95:7~11에 대한 해석(3:7~4:13)을 좀더 자세히 살펴보자. 히브리서는 시편인용에 이어(3:8~11), 하나님에게서 떨어질까 조심하라는 하나의 주제를 제시한다(3:12). 그리고는 시편인용에 나오는 중요한 단어들을 교훈적으로 해석한다. 먼저 "오늘"이라는 단어를 현재적인 "매일"로 해석하고(시 95:7; 히 3:13~14), 이어서 "격노"라는 단어를 가지고 하나님을 격노시킨 자와 하나님이 격노하신 자는 순종하지 아니한 자들이며, 그들이 안식에 들어가지 못하였던 것처럼 안식 약속이 남아 있으므로 조심해야 할 것을 설명한다(시 95:7; 히 3:15~19). 그리고 나서 "안식"이 무엇을 의미하는지 해석한다(시 95:11; 히 4:1~11). 히브리서는 여호수아에 의하여 구약백성에게 주어졌던 일시안식(4:8)과 현재의 하나님 백성에게 주어지는 진정안식(4:3, 9)을 구별하면서 안식에 들어가기를 힘쓸 것을 권면한다(4:11).

또한 히브리서에는 모형론적 해석방식(typology)이 자주 등장한다. 이것은 구약의 인물과 사건을 현재적이며 종말론적인 구속사에 비추어 해석하는 것이다. 이때 원형과 모형이 기독론과 구속사의 기초를 이룬다. 예를 들면 예수의 제사장직은 멜기세덱의 제사장직의 원형을 따르는 것이며(시 110:4; 히 5:10), 지상적인 성전은 천상적인 성전의 원형을 따라 지어졌다는 것이다(출 25:40; 히 8:5).

이와 더불어 히브리서에는 여러 가지 해석방식이 동반된다. 히브리서에는 언뜻 페세르(pescher) 해석방식이 엿보인다. 이것은 쿰란 공동체가 즐겨 사용하던 해석방식으로 의역적인 해석이다. 쿰란에서 발견되는 페샤림은 주로 선지서 주석과 시편 주석인데, 선지서와 시편의 말씀들을 마치 자기들의 세계에서 전개되는 상황을 묘사하는 것처럼 해석했다. 히브리서에서 페세르 해석방식을 위한 예를 들면 시편 8:4에 대한 해석이다(2:6~9). 여기에서는 사람/인자가 예수 그리스도로 이해된다(2:9). 또한 히브리서는 어의학적인(etymology) 해석방식을 사용한다. 예를 들면 히브리서는 멜기세덱의 이름을 해석하면서 의의 왕~살렘 왕~평강의 왕으로 해석한다(7:1~2).

더 나아가서 히브리서에는 랍비적 성경해석 방식 가운데 "작은 것에서 큰 것으로"(a minore ad maius, 칼바호메르) 해석하는 방식이 자주 등장한다. 이때 "하물며"라는 문구를 이용한다. 예를 들면, '동물제사가 정결하게 해 준다면 "하물며" 예수의 피 제사가 정결하게 하지 않겠는가?' 라는 것이며(9:

14), '땅에서 경고한 자를 피하지 못한다면 "하물며" 하늘로 좇아 경고하신 자를 배반하는 우리일까 보냐?' 라는 것이다(12:25). 마지막으로 히브리서는 짝귀절 해석방식(proof~text)을 사용한다. 이것은 한 구약 성경구절을 유사한 다른 구약 성경구절로 해석하는 방식이다. 예를 들면, 시편 95:11(안식)을 해석하기 위하여 창세기 2:2을 인용하는 것이다(4:4).

성경관

히브리서는 구약 성경에 대하여 아주 중요한 견해를 제시한다. 히브리서에 의하면 옛적에 선지자들이 여러 부분과 여러 모양으로 말한 것은 모든 날 마지막에 하나님의 아들이 말하는 것과 동일한 선상에 놓인다(1:1~2). 이것은 구약계시와 신약계시의 통일성을 지시하는 것이다. 히브리서는 구약계시를 "천사들로 하신 말씀"(2:2)이라는 표현으로 다시 한번 설명하면서 (참조 행 7:53) 복음개념에 포함시킨다(4:2). 또한 히브리서는 신약계시를 주께서 하신 말씀과 들은 자들이 확증한 말씀으로 나누어 설명한다(2:3).

특히 히브리서에서 중요한 것은 구약 성경을 여러 가지 표현을 사용하여 복합적으로 정의하고 있다는 점이다. 히브리서는 시편 95:7~11을 미드라쉬 방식을 따라 해석하면서(3:7~4:13), 이 구절을 한 번은 "성령이 이르신 바와 같이"(3:7), 한 번은 "성경에 일렀으되"(3:15), 한 번은 "다윗의 글에 ··· 미리 이같이 일렀으되"(4:7), 한 번은 "하나님의 말씀"(4:12)이라고 말한다. 말하자면 성령의 말씀, 성경의 말씀, 다윗의 글, 하나님의 말씀은 모두 동등한 선상에 놓여있는 것이다.

이렇게 볼 때 히브리서는 구약 성경을 하나님의 말씀이면서 동시에 사람의 글로 정의하는 것이다. 다시 말해서 성경은 다윗과 같은 사람의 시학적 기술로 기록되었지만 성령의 영감으로 이루어진 하나님의 말씀이라는 것이다. 따라서 성경에는 인간의 문화적 요소와 하나님의 영적 요소가 아무런 마찰 없이 결합되어 있다. 성경은 인간의 문학적인 아름다움과 하나님의 영적 능력을 가지고 있다.

신학

그러면 히브리서가 이렇게 구약 성경의 핵심구절들을 해석하는 방식으로 구성된 것은 무엇을 설명하기 위한 것인가? 여기에는 하나의 신학이 흐르고 있다. 히브리서가 구약 성경의 핵심구절들을 해석하는 것은 기독론을 제시하기 위함이다.

첫 단락(1~2장)에서 하나님의 아들의 본질을 소개하면서(1:1~4), 천사보다 뛰어난 분이심을 강조하는데(1:5~2:18), 신분에 있어서도(1:1~14), 말씀에 있어서도(2:1~4), 만물지배에 있어서도(2:5~10), 형제관계에 있어서(2:11~18) 그러하다는 것을 설명한다. 예수 그리스도는 하나님과 동등하신 분이다.

둘째 단락(3~4장)은 예수 그리스도께서 모세와 비교하여 뛰어나신 분임을 말하며(3:1~6), 다윗의 예언을 통하여 안식의 의미를 설명한 후에 (3:7~4:7), 여호수아의 일시적인 안식과 영원한 안식을 대조시킨다(4:8~11). 여기에서 흥미있는 것은 여호수아를 등장시킨 것인데, 불완전한 여호수아는 완전하신 예수를 상징하고 있다(실제 그리스어로는 "여호수아"가 "예수"로 표기된다. 히 4:8). 여기에서 중요한 것은 예수 그리스도께서 하나님의 아들이시라는 점이다(3:6).

셋째 단락(5~7장)은 멜기세덱 대제사장론을 통하여 구약 대제사장과 예수 대제사장의 유사성과 차이점을 드러내어 예수 그리스도의 대속적 죽음의 성격을 강하게 증명한다. 한마디로 말해서 이 단락에서 예수 그리스도는 대제사장으로 묘사된다.

넷째 단락(8~9장)은 옛 언약과 새 언약을 비교하는데, 옛 시대에 속한 것들(8:1~9:10), 즉 예물과 제물(8:1~6), 첫 언약(8:7~13), 지상의 성소(9:1~10)는 지나가고 새 시대에 속한 것들(9:11~28), 즉 더 나은 성소(9:11~14), 새 언약(9:15~22), 더 나은 제물(9:23~28)이 도래한 것을 말한다. 이때 더 나은 제물은 반복적으로 드려져야 하는 동물의 피가 아니라 단회적으로 드려지는 예수의 피라고 말한다(10:1~18). 여기에서 예수 그리스도께서 새 언약의 중보자로 소개된다(10:15).

다섯째 단락(10~13장)은 하나님께서 기뻐하시는 제물은 예수 그리스도의 몸이었다는 것을 말하면서(10:10), 몸을 제물로 드리신 예수 그리스도는 믿음의 시작자이며 완성자라고 정의한다(12:2).

결론

이렇게 히브리서의 구약 인용에서 기독론이 중심을 이룬다. 히브리서는 초대 교회 설교의 전형으로서 예수 그리스도에 대한 신앙고백이 잘 표시되어 있다(3:1; 4:14; 10:23). 이 신앙고백은 예수 그리스도의 이름을 가리켜 "더욱 아름다운 이름"(1:4)이라고 부른다. 히브리서는 구약 성경 인용을 통하여 예수 그리스도께서 신앙고백의 사도이며 대제사장(3:1)이시고, 구원의 인도자이시며(2:10), 믿음의 시작자이며 완성자이심을(12:2) 고백하고 있는 것이다.

08

히브리서 저자의 구약이해와 신약

들어가는 말

하나의 성경(the Bible) 안에는 두 개의 언약 책들(two Testaments)이 있다. 더 정확히 말하지만 우리 기독교는 39개의 문헌들을 담고 있는 한 책과 27개의 문헌들을 담고 있는 한 책, 이 두 책으로 된 하나의 성경을 믿음의 정경으로 가지고 있다. 전자를 구약성경이라 하고, 후자를 신약성경이라 한다. 교회는 이 성경을 읽고 들으면서 생명을 유지한다. 초대교회는 구약성경을 성경으로 믿고 읽고 신앙생활을 했다.

특히 신약성경의 저자들은 구약성경을 바탕으로 예수 그리스도의 인격과 활동 곧 복음을 이해하였고, 그것이 신약성경 27권의 문헌들에 분명히 나타난다. 복음을 이해하기 위해서 구약성경은 필수적이고, 구약성경은 예수 그리스도의 복음으로 바로 이해될 수 있다.

기독교의 신학은 두 책으로 된 하나의 성경에 대한 해석과 적용의 학문이다. 도그마가 교회와 신학을 지배하던 시절에는 정경으로서의 성경의 두 부분들이 무조건(?) 일치되는 것이라고 믿을 것을 강요받았지만, 성경에 대한 역사비평적 연구가 일반화된 후부터는 그런 무조건적인 강요는 더 이상 설득력을 가지고 있지 못하다. 물론 지금도 교회 현장에서는 그렇게 교리적으로 설정된 관계가 일반적으로 통용되고 있지만, 적어도 학문적으로는 역사비평적인 성경 읽기가 시작된 이래 그러한 일반적인 견해는 용납되기 어렵게 되었다. 심지어 구약성경은 기독교 신앙에 더 이상 아무런 의미가 없다는 극단적인 주장이 최초의 이단자였던 마르시온(Marcion) 이후로 그런 의견들은 지속적으로 제기되기도 했다. 우리는 이러한 극단적인 주장에 결코 동의할 수 없다.

우리가 비록 '구약'과 '신약'이 내용적으로 완전히 '일치'된다고 말할 수 없다고 하더라도, 성경의 두 부분이 정경으로서 교회에서 갖는 '기능'에 있어서는 지금도 완전한 '일치'를 말할 수 있다. 정경이라는 기능에서 곧 그리스도인들의 신앙과 삶의 표준으로서의 기능에서 일치를 말할 수 있다면, 그만큼 '구약'과 '신약'의 관계를 설정하는 문제는 중요하고 시급한 것이다. 우리는 이에 대한 가장 분명히 예를 히브리서에서 찾을 수 있다.

히브리서의 '신학적 기초 문장'

독일의 학자 에리히 그레서는 히브리서 1:1~2a를 히브리서의 '신학적인 기초문장'이라고 불렀다. '하나님께서 옛날에는 예언자들을 통하여, 여러 번에 걸쳐 여러 가지 방법으로 우리 조상들에게 말씀하셨으나, 이 마지막 날에는 아들을 통하여 우리에게 말씀하셨습니다'(1:1~2a). 이 '신학적 기초문장'에는 히브리서 저자가 구약과 신약을 어떻게 이해하고 있으며, 또 그 둘의 관계를 어떻게 이해하고 있는지가 간략하고 명쾌하게 드러나 있다.

하나님이

	①	②	③	④
(I) 옛날에는	예언자들을 통하여	여러 번, 여러 방법으로	조상들에게
(II) 이 마지막 날에는	아들을 통하여	---- ----	우리에게

말씀하셨다.

하나님이 옛날에 조상들에게 하신 말씀은 (I) 구약성경에 수록되어 있으며, 종말에 아들을 통해서 곧 예수의 인격과 사역을 통해서 하신 말씀은 (II) 예수 그리스도에 관한 사도들의 증언을 말하는데, 지금은 신약성경에 수록되어 오늘 우리에게까지 전승되어 있다. (I)과 (II)에 공통적인 점은 '하나님이 … 말씀하셨다'는 주어와 동사이다.

구약성경도 예수 그리스도에 관한 사도들의 증언과 전혀 동일하게 '하나님이 하신 말씀'이다. 그러므로 히브리서의 저자가 예수 그리스도 안에서 계시하시는 하나님을 말할 때는 언제나 '야웨'라는 이름으로 '조상들에게'(토이스 파트라신) 자신을 알리신, 그래서 이스라엘이 '주님'(호 퀴리오스)으로 돌려서 불렀던 바로 그 하나님을 말한다.

그러나 구약성경에 수록된 하나님의 말씀과 신약성경에 수록된 사도들의 그리스도 증언 사이에는 상당한 차이가 있다. 사도들의 그리스도 증언은 하나님이 '이 마지막 날에'① 하신 말씀이며, 그러므로 하나님의 궁극적이고 최종적인 말씀이다. 구약성경이 '조상들' 곧 옛 이스라엘에게 주어진 말씀이라면, 신약성경은 '우리들'④ 곧 기독교인들에게 주어진 말씀이다. 구약성경에 있는 하나님의 말씀은 '여러 번, 여러 가지 방식'으로 주어졌지만③, 신약성경에 있는 하나님의 말씀은 어떤 방식으로 몇 번이나 주어졌는지 언급이 없다. 하나님의 말씀이 예수라는 인격 안에서 교회에게 주어졌음을 그 방식과 횟수를 말하지 않고 말하는데, 이는 이미 '아들을 통해서'라는 표현 속에 그 방식과 횟수가(②,③) 암시되어 있다. 하나님은 아들을 통해서 '단번에' 말씀하셨다.

예언자들은 하나님이 말씀하시는 통로에 불과했지만, 아들은 하나님의 말씀 그 자체이다. 이 마지막 날에는 하나님은 아들 이외의 다른 방식이나 통로를 통해서 우리에게 말씀하시지 않는다. 히브리서에 따르면, 구약성경에 증언된 하나님이 궁극적으로 어떤 분인지는, 하나님이 아들 안에서 자신을 드러내는 곳에서만 분명히 알 수 있다. 그러므로 이 아들이 바로 구약성경(물론 신약성경도 마찬가지이다)을 이해하는 해석학적인 원리가 된다. 오직 아들만이 구약성경에 있는 말씀들을 진정한 하나님의 말씀으로 드러나게 한다. 그러나 역으로 구약성경은 예수가 하나님의 아들임을 이미 예수가 세상에 오기 전부터 예언하고 있으며, 그가 인류를 구원하게 될 사역을 예고하고 있다. 구약성경은 하나님의 아들, 예수 안에서 그 진정한 의미가 밝혀지며, 예수는 구약성경 안에서 그 자신이 누구인지 그리고 그가 무엇을 행해야 하는지를 알게 된다.

히브리서 저자의 구약 이해하기의 원리는 '하나님의 아들'이다.

히브리서의 신학적인 중심은 기독론과 구원론이다. 히브리서는 이를 세 가지 범주로 나누어 진술한다. 첫째, 예수는 영원하신 하나님의 아들로서, 선재(先在)하신 하나님의 아들로서 그 이전 곧 구약성경의 어느 예언자들이나 제사장들과는 근본적으로 다르신 분이다. 오직 그만이 하나님의 말씀의 궁극적인 선포자와 계시자이며, 하나님의 구원의 뜻을 실현하신 분이다. 둘째, 그는 구원자로서 구원의 사역을 완수하기 위하여 사람과 동일한 형상이 되었고, 십자가의 고난과 죽음을 통하여 그 구원 사역을 이루셨다. 셋째, 예수는 하늘의 영원한 대제사장이 되셔서 하나님의 우편에 오르셔서 하나님과 하늘 보좌의 교제를 나누시며 성도들을 위한 구원을 완성하신다. 이러한 일종의 '세 단계 기독론'은 빌립보서와 골로새서 그리고 디모데전서에 있는 초대교회의 그리스도 찬가 전승에도 나타나 있다(빌 2:6~11; 골1:15~20; 딤전 3:16). 오늘 우리가 주목하고자 하는 것은, 히브리서 저자가 이러한 기독론이나 구원론을 항상 구약성경 안에서 그리고 구약성경을 통해서 말한다는 것이다.

먼저 여기서 구약성경을 이해하는 원리가 되는 '하나님의 아들'에 대해서 살펴보자. '신학적 기초문장'에 이어지는 히브리서 1장 전체는 하나님의 아들을 말한다. 하나님이 주어로 나타나는 신학적 기초문장(1:1~2)에 이어서

'아들'이 주어가 되는 1:3부터 그 '아들'에 관하여 말한다. 바울과 요한 그리고 마가복음에서처럼 히브리서에서도 '하나님의 아들'로써 말하고자 하는 것은 그 아들의 근원과 본질이다. 그러므로 하나님의 아들 개념은 필연적으로 그 아들의 선재(先在)사상을 전제할 수밖에 없다. 그러므로 예수가 '하나님의 아들'이라는 말은 예수가 근원적으로 그리고 본질적으로 하나님께 속한 존재임을 말한다. 그러므로 예수는 신적인 기원과 본질을 가지고 있으며, 그러므로 선재하는 하나님이다. 하나님의 아들이 '하나님의 영광의 광채이고 그 본체의 형상이라고'(1:3a) 한다면, 그것은 신적인 존재를 말하고 있는 것이다. '영광의 광채'와 '본체의 형상'이라는 두 개의 동의어 개념들은 아들이 하나님의 완전한 형상임을 말하며, 그럼으로써 빌립보서 2:6과 요한복음 1:1~2처럼 아들과 하나님의 동등함을 강조한다.

만물의 창조 이전에 계셨던 선재하신 하나님의 아들은 만물의 창조에 참여하셨을 뿐만 아니라, 만물의 상속자이다(2절). 여기서 상속자로 '세우셨다'(에쎄켄, 단순과거형)고 말함으로써 이 세우심이 이미 일어난 사건임을 말하는데, 이는 바로 하나님의 아들이 만물의 주권자로서 하나님의 우편에 앉게 하심을 말한다. 그러므로 이는 빌립보서 2:9~11에서처럼 하나님의 아들의 종말론적으로 영원한 세상 통치에 관하여 말한다. 하나님이 '저로 말미암아 세계를 지으셨다'고 아들에 관해서 말한다면(참고 1:2c; 그 외에도 요 1:3, 10; 고전 8:6; 골 1:16), 선재하시는 그리스도가 단순히 하나님의 세계 창조의 도구라는 것이 아니다.

1:10에서 그리스도에게 적용된 시편 인용구절(101:26, 70인역)로부터 우리는 아주 분명하게 아들 자신이-하나님과 일치를 이루어-창조자라는 것을 읽을 수 있다. 아들이 창조자라는 신학적 진술에 덧붙일 수 있는 것은 1:3b에 있는 "그의 능력의 말씀으로 만물을 붙드시며"라는 말씀이다. 이는 하나님 곧 그가 창조하신 세상을 능력으로 지배하시는 왕이신 하나님에 대한 고백인데, 이를 그리스도에게 옮겨 적용한 것이다.

이로써 구약성경을 해석하는 원리가 되는 '하나님의 아들'이 누구인지가 분명해졌다. '이 모든 날의 마지막에 아들로 우리에게 말씀하셨으니'라는 문장의 '아들'은 곧 나사렛 예수를 말한다. 나사렛 예수가 영원하고 진정한 '하나님의 아들' 곧 그 근원과 본질에 있어서 하나님께 속해 있으며 또 성육신의 기적을 통해서 사람이 되신 바로 그 분이다. 그러므로 히브리서 저자에게 '예언자들을 통해서' 하신 하나님의 말씀과 '아들 안에서' 하신 하나님의 말씀 사이에는 단순히 양적인 차이가 있을 뿐만 아니라, 질적인 차이 곧 근본적인 차이가 존재하고 있는데, 그 차이는 예수가 이러한 '하나님의 아들'이라는 인격적 비밀 안에 근거되어 있다. 히브리서가 모세(3:1~5; 7:14; 9:19; 10:28)와 다윗(4:7; 참조 11:32)까지 포함해서 말하는 예언자들은 하나님의 말씀의 중재자들에 불과하다. 그들은 사람들 중에서 하나님이 부르셔서 그의 사자와 도구로 삼으셨다. 그러나 아들은 '위로부터' 왔고 '아버지와 하나의 본질'이다. 그러한 존재로서 아들은 하나님의 말씀을 말할 뿐만 아니라, 그는 '우리'에게 주어진 하나님의 말씀 그 자체이다. 그러므로 그리스도는 예언자들 중의 한 예언자가 아니라, 하나님의 유일한 아들로서 예언자들과는 근본적으로 구별된다. 그러므로 '아들 안에서' 주어진 하나님의 말씀은 예언자들을 통한 말씀과는 근본적으로 구별된다. 아들 안에서 하신 하나님의 말씀은 예언자들을 통하여 주어진 말씀의 연속이나 심화가 아니라, 질적으로 전혀 다른 것이고 새로운 것이다.

'조상들'에게 주어지고 이스라엘의 성경(구약)에 증언된 하나님의 계시는 잠정적인 것이고 불완전한 것이 되며, 부분적으로는 심지어 철저히 결핍된 것으로, 그러므로 그 효력에 있어서 한계가 있는 것으로 평가된다. 이로써 히브리서가 말하고자 하는 것은, 구약에 대한 거부나 평가절하가 아니라, '아들 안에서' 주어진 하나님의 궁극적인 말씀이 그 이전에 '조상들에게' 주어진 말씀의 진정한 의미와 내용을 비로소 밝혀준다는 것이다. 다시 말해 구약성경은 철저히 하나님의 아들로서 하나님의 말씀 그 자체이신 그리스도의 빛에서 읽혀지고 해석되어야 한다는 말이다. 그러므로 그리스도는 이스라엘의 성경을 바르게 이해하게 해주는 열쇠이다. 그러므로 히브리서 저자에게 구약성경은 그리스도에 관해서(about) 말하고 또 그리스도 안에서(in) 말하는 하나의 책이다.

하나님의 아들이신 예수 그리스도가 구약성경에 증언된 하나님의 말씀을 해석하는 결정적인 해석학적 열쇠가 된다는 점을 히브리서 저자는 그의 서신 전체에 걸쳐서 명료하게 보여주고 있다. 예수 그리스도 안에 있는 하나님의 계시와 그리스도의 인격과 행위는 구약성경을 대하는 하나의 결정적인 기준이다.

히브리서의 저자는 구약성경 전체를 하나님의 말씀으로 인정하지 않으며, 오히려 구약성경을 철저히 하나님의 아들인 예수 그리스도로부터 비판적으로 읽고 평가한 후에 수용할 수 있는 것만을 받아들인다. 구약성경의 증언에서 그리스도의 인격(기독론)과 행위(구원론)의 본질에 연결되는 것은 유효한 것으로 또 참된 것으로 인정하여 수용한다. 그러나 그리스도에 연결되지 않은 것이나 혹은 내용적으로 그리스도와 모순 혹은 긴장관계에 있는 것은 하나님의 진리를 표현하는 것이 아니며, 그러므로 그것은 다른 빛으로 읽혀지고, 다르게 해석되거나 때로는 거부되어야 한다. 물론 이 때도 기준과 원리는 예수 그리스도이다. 그러므로 히브리서가 구약성경에 대해서 맺고 있는 관계의 두 가지 특징은 연속성과 비연속성이다. 우리는 이것을 지금부터 예시적으로 살펴보고자 한다.

히브리서 저자의 기독론과 구약성경

히브리서는 시편 구절들을 그리스도에게 적용해서 그의 기독론을 전개하고 있다. 이 시편 구절들은 구약성경 자체에서는 기독론적인 의미를 가지고 있는 것은 아니고, 단지 일반적인 사람에 관해서 말하거나(히 2:6~8에 인용된 시 8:5~7) 혹은 특별한 사람 곧 왕에 관해서 말한다[1:5a; 5:5에 인용된 시 2:7/ 1:8~9에 인용된 시 45(44):7~8/ 1:13에 인용된 시 110(109):1/ 5:6; 7:17, 21에 인용된 시

110(109):4 등]. 히브리서 저자는 이러한 시편 말씀을 기독론적으로 해석하고 적용한다. 그럼으로써 그는 시편 구절들이 원래 의미한 것을 훨씬 뛰어 넘는, 어쩌면 전혀 다른 의미를 그 구절들에서 찾는 용기를 보여준다.

1. 시편 2:7~8

히브리서 저자는 1:5a와 5:5에서 시 2:7을 두 번에 걸쳐서 하나님의 말씀으로('하나님께서…') 인용한다(1:5a; 5:5).

"너는 내 아들이라 오늘날 내가 너를 낳았도다"(시 2:7)

여기서 히브리서 저자는 '내 아들'이라는 표현을 왕적-메시아적인 '하나님의 아들'의 의미로 이해하지 않는다. 왕적-메시아적 '하나님의 아들' 개념은 직책과 기능의 호칭을 말하며, 그러므로 하나님이 한 인간을 양자(양자론)로 삼았음을 전제한다.

우리는 이미 앞에서 저자가 '아들'(휘오스)를 어떤 의미로 이해하고 사용하는지를 보았다. '아들'은 양자가 아니라, 본질과 기원에서 하나님께 속해 있다. 다시 말해 '아들'이라는 호칭은 그 아들의 신적인 근원과 본질을 말한다. 그러므로 히브리서의 저자에게는 시편 2:7에서 언급되고 있는 '아들'은 오직 그리스도 외의 다른 존재일 수 없다.

서신의 저자는 시편 2:8을 명시적으로 인용하지는 않지만, 히브리서 1:2b에서 '아들'이신 예수 그리스도에게 적용하고 있는 것이 분명하다.

"내게 구하라 내가 너에게 열방을 유업으로 주리니 네 소유가 땅 끝까지 이르리라"(시 2:8)

히브리서 1:2b에 따르면 하나님께서는 아들을 '만물의 상속자로 세우셨다'. '만물'은 하나님의 모든 창조세계로서 현재의 세상과 아직 감추어진 미래의 세상을 포괄한다. 하나님께서 '그를 통하여 온 세상을 지으신'(1:2C) 바로 그 창조의 중재자 그 분을 시편 2:8이 말하고 있음은 자명하다. 그는 이 창조의 중재자 직분에 근거해서 '태초에'(1:10) 이미 그에게 속해 있는 것을 하늘에 있는 하나님의 오른편 보좌로 올라가시면서 자신의 소유로 취하신 것이다.

2. 시편 8:5~7

히브리서 저자는 2:6~9절에서 인용하고 해석한 시편 8:4~7의 말씀을 또한 그렇게 이해한다.

> "사람이 무엇이관대 주께서 저를 생각하시며
> 인자가 무엇이관대 주께서 저를 권고하시나이까
> 저를 잠간 동안 천사보다 조금 못하게 하시고
> 영화와 존귀로 관을 씌우셨나이다…
> 만물을 그 발 아래 두셨으니"(시 8:4~6)

이 시편은 원래 일반적인 인간을 찬양한다. 그러나 히브리서 저자가 '만물을 그 발 아래 복종케 하셨다'는 말씀을 창조 세계 전체에 대한 통치로 해석하기 때문에, 인용된 구절들을 일반적인 인간에 대한 찬양으로 이해할 수는 없었다. 오히려 그는 이 시편 구절들에서 영원하신 아들에 관한 하나님의 예언적인 증언을 본다. 이 아들은 '잠간 동안 천사보다 낮아지신' 곧 인간이 되셔서(성육신), 모든 인간을 구원하시기 위하여 죽음을 겪으셨고(십자가의 고난), 그 후에 감당하신 죽음으로 인하여 '영광과 존귀로 관을' 쓰셨다(2:9). 히브리서 저자는 시편 8편을 이처럼 기독론적으로 해석한다.

3. 시편 45:6~7

히브리서 1:8~9에서도 서신의 저자는 인용한 시편 45:6~7의 말씀을 오직 하나님의 아들에 관련시켜서 해석한다. 여기서 하나님 자신과는 구분되는 인간('아들')이 '하나님'으로 언급된다면('아들에 관하여 성경이 이르기를' 1:8a), 그 인간('아들')은 오직 유일한 그 분 곧 '하나님의 영광의 광채시오, 그 본체의 형상'(1:3a)이신 하나님의 아들, 예수 그리스도일 수밖에 없다.

"하나님이여 주(당신)의 보좌가 영영하며"(히 2:8)

이런 말은 어느 인간에게도, 심지어 이스라엘의 왕에게도 말해질 수 없고, 오직 하나님과 동일한 아들에게만 말해질 수 있다.

4. 시편 110:1, 4

마지막으로 언급할 말씀은 시편 110편이다. 서신의 저자는 여기에서도 오로지 하나님의 아들에 관해서 말해지고 있는 것으로 보고 있다. 그는 시편 110편에서 1절과 4절을 인용한다. 1절의 보좌 즉위 명령은 이렇다.

"너는 내 오른편에 앉아라
내가 너의 원수를 너의 발아래 놓을 때까지!"(시 110:1, 저자 사역)

서신의 저자가 이 문장을 완전히 문자적으로 받아들이고 있기 때문에, 그는 '오른편'(엔 덱시아)이라는 표현을 하늘에 있는 하나님의 보좌와 연결한다(1:3d; 8:1~2; 12:2를 참고). 그러나 천사들 중의 어느 누구도 하늘에 있는 하나님의 오른편 자리에 앉을 수 없다(1:13 참고). 하물며 어느 인간이 그 자리에 앉을 수 있겠는가!

그러므로 시편 110:1이 '하나님의 영광의 광채시오, 그 본체의 형상'인 하나님의 아들에 관해서 말하고 있다는 것은 너무도 당연하다. 그 아들은 하늘의 세상에서 왕으로 즉위하였고 또 하나님과 함께 보좌에 앉으셔서 천사들보다 뛰어나게 되었다(1:3하~4).

히브리서의 저자는 시편 110:4의 하나님의 장엄한 맹세를 앞에서 말한 것과 매우 유사하게 해석한다.

"너는 영원히 제사장이다.
멜기세덱의 반차를 따른"(시 110:4 저자 사역)

저자는 이 문장 역시 문자적으로 이해해서, 이 문장에는 한 제사장이 언급되고 있는 것으로 보는데, 그 제사장은 영원한 생명을 가지고 있으며, 그러므로 그의 제사장 직분 역시 영원하다(참조 7:15~17, 23~25). 이 제사장이 영원한 생명을 가지고 있기 때문에 여기서는 죽어야 하는 사람을 말할 수 없고, 그러므로 당연히 모세의 율법이 말하는 레위 계통의 제사장이나 대제사장을 말하지 않는다. 레위 계통의 제사장들은 죽을 인간이기 때문이다(5:1; 7:8, 23, 28). 그러므로 이 구절에서 언급되는 이는 하나님의 아들 곧 '무궁한 생명의 능력' 안에 있는(7:16), 그리고 '영원히 계시기' 때문에(7:24) 혹은 '항상 살아서'(7:25) 계시기 때문에, '영원한 제사장 직분'(7:24)을 가지고 계시는 하나님의 아들이다. 따라서 저자가 이 아들의 모상(模像)을 제사장 왕인 멜기세덱에게서 본 것은(7:1~3), 그가 멜기세덱을 단순한 인간이 아니라, 하늘의 존재 곧 천사와 같은 존재로 보았기 때문이다.

시편 구절들에 대한 지금까지의 논의를 종합해보면, 우리는 이렇게 말할 수 있다. 이 시편 본문들이 히브리서 저자에 의해서 사용됨으로써 새로운 의미를 갖게 되었을 뿐만 아니라, 전혀 새로운 본문들이 되었다. 저자는 시편 구절들의 의미를 오로지 하나님의 아들과 연결시키며, 또 그 시편 구절들이 하나님의 아들을 말할 때에만, 그것들을 진정한 하나님의 말씀으로 받아들인다. 구약성경에서 오직 하나님 자신에 관해서 말하는 본문들을 히브리서 저자가 주저하지 않고 그리스도에게로 옮겨 적용 해석하고 있다는 것도 그러한 차원에 속한다. 이는 시편 102:26~28(히 1:10~12에 인용)과 104:4(히1:7에 인용)에 해당되는데, 히브리서의 저자는 이 구절들에는 하나님의 아들이 세상의 창조자로 혹은 천사들을 지배하는 주님으로 언급되고 있다고 본다.

5. 신명기 32:43(70인역)

결론적으로 우리는 이 맥락에서 신명기 32:43의 인용을 생각해볼 수 있다(참조 시 96:7 70인역도). 이 구절은 히브리서 1:6b에 다음과 같이 인용되어 있다.

"하나님의 모든 천사가 저에게 경배할찌어다"(히 1:6하)

여기서 '저에게'로 번역된 표현은 문맥상 당연히 하나님의 아들, 예수 그리스도이다. 경배는 성경의 증언에 따르면 오직 하나님 한 분에게만 드려져야 한다. 그러므로 아들을 경배하는 것은, 그 아들이 하나님과 동등하기 때문이다. 이처럼 구약성경의 말씀들을 기독론적으로 수용하고 적용함으로써, 히브리서 저자는 그의 신학적 출발점이자 핵심인 '하나님의 아들' 이해를 구약성경과 연결해서 전개하고 있다. 그러므로 그의 기독론은 '구약성경적 기독론'이라고 부를 수 있을 것이다.

히브리서 저자의 구원론과 구약성경

히브리서의 신학적 중심이 '하나님의 아들' 기독론이라고 한다면, 히브리서의 또 다른 신학적 특성은 바로 '대제사장-기독론'이다. 앞에서 멜기세덱과 관련되어 있는 이 기독론에 대해서 간략히 언급한 바 있다. '대제사장 기독론'은 결국 히브리서의 독특한 구원론으로 연결된다.

1. 히브리 서신에서 '구원'은 무엇인가?

서신의 저자는 전적으로 구약성경의 증언과 연속선에 서서 구원을 정의한다. 하나님의 피조물은 창조주 하나님을 인정하고 경배함으로써 생명을 가질 수 있기 때문에, 인간의 구원은 살아 계신 하나님과의 온전한 교제를 나누는 삶이다. 구원을 보다 구체적으로 묘사함에 있어서 저자는 구약성경 제사장적인 표상을 드러낸다. 이것은 이스라엘의 제사 전통에 이미 형성되어 있는 것이다. 구약성경의 증언에 따르면, 성전은 하나님이 현존해 계시는 곳이며 그래서 백성이 하나님께로 나아가서 그의 영광을 인식하고 그를 경배해야 하는 장소이다. 성전 안에서 항상 하나님과 함께 있어 교제하는 것, 이것이야말로 이스라엘의 모든 백성에게는 최고의 행복이고, 구원이다(시 23:6; 26:8; 27:4~5; 36:8~10; 63:2~5; 65:2~5; 84:2~5 등). 저자는 이러한 구약성경의 견해에 동의한다. 물론 매우 중요한 차이가 없는 것은 아니다. 구약성경과 비교해서 그가 보여주는 차이는, 이 세상의 성전이 하나님의 처소가 아니고, 진정한 성소는 하늘에 있다는 것이다(8:1~2, 5; 9:11~12:24). 이 성소는 하나님의 '안식처'이며, 그의 영원한 구원의 뜻에 따라서 인간의 '안식처'가 되어야 하는 곳이기도 하다(3:7~4:13). 하늘의 성소에서 하나님의 가장 가까운 곳에서 그와 교제하며 산다는 것, 하나님을 그곳에서 본다는 것, 그리고 찬양과 경배로써 그를 예배한다는 것, 바로 그것이 '구원'이다. 중요한 것은, 저자는 이 구원을 하나님이 영원 전부터 인간을 위하여 생각하셨고 또 그러므로 '조상들'에게 하신 하나님의 말씀에서 예고하셨고 약속하셨다는 점이다(특히 3:7~4:11; 6:12, 13~20; 9:15; 11:8~16, 39~40). 그러나 구약성경의 증언에 따르면, 오직 '깨끗하고 거룩한' 사람만이 하나님의 성소에 거할 수 있다(시 15:1~5; 24:3~6; 사 33:14~16). 그러나 창조주를 배신한 인간은 깨끗하지도 거룩하지 않다. 죄인인 인간과 하나님 사이에는 죄가 가로막고 서 있으며, 그 죄 때문에 하나님의 하늘 세계로 들어가는 길이 죄인인 인간에게는 막혀 있다(참고. 3:7~4:11; 12:14).

2. 속죄가 필요하다

죄가 인간을 거룩하신 하나님으로부터 완전히 분리시키며 또 죄인인 인간 자신이 하나님을 외면할 수 있다는 이 사실을 서신의 저자는 구약성경의 증언을 통해서 알았다. 그러나 저자가 구약성경을 통해서 깨달은 것은, 죄로 인하여 하나님이 약속해 주신 구원에 이르지 못하며, 그러므로 결국은 구원을 받지 못하게 된다는 사실만이 아니다. 저자가 구약성경으로부터 얻은 더 중요한 것은, 인간이 이러한 죄를 극복하고 구원에 이르기 위해서는 반드시 필요한 것이 있다는 것이다. 하나님으로부터 인간을 분리시키는 죄는 반드시 제거되어야 하고, 하늘의 세계에 들어가지 못하게 하는 죄의 실재는 극복되어야 한다. 죄를 제거하고 극복하기 위해서 반드시 필요한 것이 무엇인가? 그것은 '거룩한 속죄' 외의 다른 것이 아니다. 다시 말해서 인간을 새롭게 만들어서 하나님과 교제할 수 있게 해주는 '깨끗이 씻음'이 필요하다. 하나님에게서 떠난 인간에게는 그러한 '속죄'가 필요하다는 사실을 저자는 '조상들에게' 하신 하나님의 말씀 곧 구약성경 안에서 보았으며, 그것을 그는 예레미야 31(38):31~34와 관련해서 '첫 번째 언약'이라고 한다. '디아테케'라는 단어를 우리말로 번역하는 것은 매우 어렵다. 흔히 이 단어를 '계약'이나 '언약'이라고 번역하기는 하지만, 이 단어가 가지고 있는 뜻은 '계약'이 아니라, '규정', '처분', '질서', '설립' 등이다. 그러므로 하나님이 정하신 (구원의) '질서'로 번역할 수도 있다. 하나님에 대한 인간의 관계에 대해서 하나님이 정해놓으신 질서(규정)가 바로 '디아테케이'다. '첫 번째 규정'이 말하고자 하는 것은 매우 분명하다. 그것은 '모세의 율법'(10:28)에 속하는 제의법으로서 하나님이 시내 산에서 준 것이다. 이러한 제의법은 레위 계통의 제사장 직분의 근간이 되며(참고. 5:1~3; 7:11, 27~28), 이 세상의 성소(9:2~5)와 그 안에서 일어나는 제의(9:6~10, 25; 10:1, 11; 13:11)에 관한 상세한 규정들을 담고 있다.

3 첫 번째 언약에 따른 제사는 속죄를 이루지 못한다

그렇다면 서신의 저자가 이러한 '첫 번째 규정'이 정하고 있는 속죄 제사의 효력에 관하여 어떤 평가를 하고 있는가? 그의 평가는 구약성경에서는 결코 들어보지 못한 대담한 것이다. 그는 이 모든 제사—특히 일년에 대속죄일에 한 차례씩 대제사장이 직접 지성소에서 드리는 속죄제사(레위기 16장)—를 '죄를 없게 하지 못하는 제사'(10:11)라고 분명하게 거부한다. 첫 번째 규정을 통해서 규정된 희생 제사는 이스라엘 사람들을 거룩하게 만들 수도 없고 깨끗하게 하는 속죄의 효력을 일으킬 수도 없다. 그런 희생 제사는 제사에 참여한 사람들을 '완성시키는' 힘이 없다. 다시 말해 그들을 거룩한 상태로 만들어 하나님께로 가까이 나아가게 할 수 없다(7:11, 19; 9:9~10; 10:1~2, 4). 그러므로 서신의 저자는 구약성경 제의법 전체의 '연약함과 무익함'과 '폐기'를 말하며(7:18) 또 첫 번째 규정의 '불충분함' 곧 '흠이 있음'을 말한다(8:7).

이러한 부정적인 평가보다 더 놀라운 것이 있다. 서신의 저자는 구약성경의 제의—율법과 그 안에 규정된 제의적인 제도들이 나중에 이차적으로 불충분하고 연약한 것이라고 주장하는 것이 아니라, 그러한 무력함과 무익함은 원래부터 주어진 것이라고 말한다는 것이다. 저자는 자신의 그러한 주장이 하나님의 뜻에 맞는 것이라고 한다. 하나님 자신의 규정에 따르면, 제의법은 '장차 오는 좋은 일의 그림자일 뿐이고, 참 형상이 아니다'(10:1). 다시 말해, 율법에 규정된 속죄의 제사들은 속죄가 반드시 필요한 것임을 보여줄 뿐이고, 그 속죄를 일으키지는 못한다. 죄인이 하나님께로 나아가기 위해서는 '죄들의 정화'가 필요한 것임을 강하게 지적하고 있을 뿐이고, 막상 하나님께로 나아갈 수 있게는 못한다는 것이다. '피 흘림이 없이는 용서도 없음'(9:22)을 지적하며, 그러므로 대제사장이 필요하고, 이 대제사장이 바치는 속죄를 일으키는 제사가 반드시 필요하다는 것을 보여준다. 제의법의 제정과 그 법에 따라서 드려지는 희생의 제사는 그러한 필연성을 보여주는 것으로 역할을 다 한다. 그 이상의 다른 역할이나 효력을 발휘할 수 없다. 그러므로 첫 번째 규정에 담겨 있는 속죄의 제사들은 진리를 말하고는 있지만, 그 진리를 실행하지는 못한다. 이러한 속죄의 제사들에서는 거듭 새롭게 '죄에 대한 기억'이 일어날 뿐이다(10:3). 죄의 현실을 상기시키며, 또 그럼으로써 동시에 죄인이 하나님께 나아가려면 반드시 죄들이 제거되어야 함을 상기시킨다(참조 9:8~9). 이것은 마치 갈라디아서에서 바울이 '율법'을 죄를 깨닫게 해서 그리스도에게로 인도하는 '몽학선생'에 비유한 것과 유사하다(갈3:24). 율법은 죄를 깨닫게는 할 수 있어도 죄를 없이할 수는 없다. 죄는 오로지 그리스도에 의해서만 제거될 수 있다.

히브리서의 저자는 포인트를 주로 구약성경의 속죄 제사들에 맞추어, 다시 말해 속죄 제사의 기능과 의미에 대해 말함으로써, 왜 구약성경의 제의법 안에서는 어떠한 구원도 실현될 수 없는지를 분명히 말한다. 히브리서 10:4에서 저자가 '황소와 염소의 피가 능히 죄를 없이 하지 못한다'고 말한다면, 이 말 역시 구약성경의 제사로는 죄의 문제가 해결될 수 없음을 말한다. 그런데 이 말을 단순히 합리적인 제의 비판으로만 보는 것은, 이 말을 근본적으로 오해하는 것이다. 여기에는 죄의 본질에 대한 깊은 통찰이 담겨 있다. 저자에게 죄는 문자 그대로 하늘을 향하여 소리치고 있는 실체이다. 죄는 이 세상에서만 심각한 것이 아니라, 하나님의 보좌 앞에까지 이른다. 그곳 곧 하나님 자신 앞에서 죄는 죄로서 확인된다. 그곳에서 죄는 죄인들을 고발하고, 그래서 죄인을 하나님과 분리시킨다. 죄가 제거된다면, 그 죄는 하나님 앞에서 제거되는 것이다. 그곳 곧 하나님의 보좌 앞에서 변화가 일어나야 하고, 이 변화를 가능하게 하는 속죄의 사건이 반드시 필요하다. 하늘의 보좌 앞에서 죄의 문제를 해결할 수 있는 속죄 사건이 필요하다. 이 속죄 사건만이 하나님 앞에서 죄를 제거할 수 있기 때문이다. 첫 번째 규정에 의해서 땅에서 일어난 속죄의 제사가 어떻게 이러한 하늘의 변화를 가져올 수 있겠는가? 더구나 스스로 연약하고 죄인 된 사람으로서, 그러므로 스스로 먼저 속죄가 필요한 그런 레위 계통의 대제사장에 의해서 그러한 제사가 드려질 수 있겠는가(5:2~3; 7:27~28; 9:7)?

4. 오직 예수 그리스도의 자기희생 제사만이 속죄를 가져온다

하나님 앞에서 죄를 제거할 수 있는, 그래서 진실로 구원을 가져올 수 있는, 하나님과의 교제를 가능하게 하는 속죄의 사건은 오직 하늘의 대제사장이신 예수 그리스도가 자기 자신을 제물로 드린 희생제사 뿐이다(2:5~18; 5:7~10; 8:1~10:18; '자기희생'에 대해서는 7:27; 9:14, 25~26, 28). 이러한 자기희생을 통해서 그리스도는 '죄를 정결하게' 했다(1:3c; 참고 9:14; 10:22). 예수 그리스도의 속죄 제사를 통해서 많은 사람들의 죄들이 '속해지고' 또 '제거되었으며', 그러므로 하나님의 백성에게 '영원한 구원'이 주어졌다(9:12; 참고 5:9; 7:25). 다시 말해, 그리스도는 자신의 속죄 죽음을 통해서 구원을 받은 사람들을 '거룩하게'(10:10, 14, 29; 13:12) 했고 또 '영원히 완성했다'(10:14). 그러므로 새로운 존재가 된 사람들은, 구원이 완성되는 날에 하늘의 지성소에, 그러므로 하나님과의 아주 친밀한 교제 안으로 들어갈 수 있다(특히 10:19~25).

레위 계통의 대제사장의 희생 제사와 근본적으로 다른 이러한 힘과 효력을 그리스도의 자기희생이 가지고 있음은, 하늘의 대제사장 그리스도와 레위 계통의 대제사장 사이에 있는 근본적인 인격적 차이에 근거되어 있다. 레위 계통의 대제사장은 죽어야 할 그리고 스스로 속죄가 필요한 죄인일 따름이지만, 하늘의 대제사장 그리스도는 죄가 없는 영원한 하나님의 아들이다. 근원과 본질에서 하나님과 동일하신 그 분만이 진정하고 흠이 없는 대제사장일 수 있으며 또 동시에 진정하고 흠이 없는 제물일 수 있다(7:26~27; 9:14). 히브리서가 설명하는 속죄 사건은 이렇다. 그리스도가 예루살렘의 영문 밖에서 십자가에 달려 죽고(13:12), 여기서 그의 몸이 제물로 드려지고(10:10), 그리고 그가 하늘의 지성소에 들어가서 피를 뿌려 드리는 것이다(9:11~12, 24~25). 예수 그리스도가 대제사장이면서 동시에 희생의 제물이기도 하다. 매우 기이하게 보이는 이러한 말로서 말하고자 하는 것은 이렇다. 예수가 골고다 십자가에 달려 죽은 것은 우리의 역사에서 일어난 사건이지만, 그러나 그것은 하나님의 역사이며 또 하나님의 역사로 남는 사건이다. 이 세상의 사건이 하늘의 사건이 되며, 역사적으로 '한번 일어난 것'이 종말론적으로 '영원히 단 한번'의 사건이 된다. 십자가에서 일어난 예수의 역사는 하늘에 이르고, 이 사건에서 하늘과 아버지의 영원한 뜻은 이 세상에 이른다. 여기서 하나님의 뜻은 사건이 되고 또 우리를 위한 영원한 구원이 된다. 그러므로 '아들 안에서' 주어진 하나님의 말씀은 거룩한 속죄의 승낙이며 또 그럼으로써 예언자들에 의해서 약속된 구원의 분명한 근거와 출발이다(참고 2:3; 4:1~2; 12:25~29).

5. 그러므로 '모세의 율법' 안에 규정된 첫 번째 규정은 그리스도의 오심과 함께 무효화되었고(7:12,18; 8:13) 또 구약성경의 희생제사 자체가 폐지되었다(10:9b, 18).

구약성경의 제사법의 무용함과 무력함 그리고 그 법의 폐기와 무효화에 관해서 서신의 저자가 말한 것은, 당연히 그리스도로부터 출발해서 말하는 것이며, 그러므로 그의 기독론과 그 기독론에 근거된 구원론으로부터 생겨난 결과이다. 그러나 여기서 우리가 주목해야 할 것은, 히브리서의 저자가 자신의 기독론에 근거한 구원론을 집요하게 구약성경에 근거해서 전개하려고 한다는 점이다.

저자는 첫 번째 규정의 효과 없음과 그 효력이 시간적으로 제한되어 있음이 명백하게 언급되어 있는 다음과 같은 세 개의 본문을 구약성경 안에서 찾고 있다.

(1) 히브리서 7:11~28에서 저자는 시편 110:4을 통해서 논증한다. 이 시편 구절에는 그에게 매우 중요한 사실이 드러나 있는데, 그것은 모세의 율법이 '다윗의 시편'보다 시간적으로 먼저 주어졌다는 것이다(28절). 시편에서 참되고 영원한 제사장의 임명에 관해서 말하는데, 그 제사장은 모세의 율법에 의한 레위 계통의 제사장 직분에 속하지 않는다. 그러므로 이 시편 자체가 레위 계통의 제사장 직분이 충분한 것이 아님을 분명히 말하며 또 질적으로 전혀 다른 제사장 직분에 의해서 교체될 것임을 예고한다.

(2) 히브리서 8:7~13의 중심에는 예레미야 31(38):31~34의 본문이 온전히 인용되어 있고, 또 히브리서 10:11~18에도 부분적으로 인용되어 있다

(10:16~17=렘 31:33~34). 이 하나님의 말씀에서 히브리서의 저자는 첫 번째 규정이 하나님 자신에 의해서 충분하지 못한 것으로 '책망을 받았으며'(8절 '허물하다') '낡은 것으로' 선언되었고(13절), '새로운' 규정이 예고되었다(8절). 이 새로운 규정이 '첫 번째' 규정이 이룰 수 없었던 것을 이루게 되는데, 그것은 죄의 용서해 주고 하나님을 완전히 알게 해주고 또 하나님과의 직접적인 교제를 하게 한다(10~12절). 첫 번째 규정을 대체하는 하나님의 이러한 새로운 규정은 속죄를 가져오기 때문에 구원하는 그리스도 규정이다.

(3) 히브리서 10:5~10인데, 여기에는 시편 40:7~9의 말씀이 인용되고 이어서 해설된다. 저자는 시편 구절들을 선재하신 그리스도의 말씀 곧 그리스도가 사람이 되시기 직전에 아버지에게 하신 말씀으로 이해한다.

"당신은 제사와 예물을 원하지 않고
오직 나를 위하여 한 몸을 예비하셨다.
당신은 번제와 속죄제를 기뻐하지 않으신다;
이에 내가 말한다: 보소서. 두루마리 책에 나를 가리켜 기록한 것과 같이,
오, 하나님,
당신의 뜻을 행하기 위하여 내가 왔나이다"(히 10:5-7, 저자 사역)

히브리서 저자는 이 시편 말씀에, 왜 '황소와 염소의 피가 능히 죄를 없이 할 수 없는지'(10:4), 그 '불가능성'이 설명되어 있다고 생각한다. '모세의 율법'에 규정된 제사는 하나님의 구원의 뜻에 일치하지 않으며, 그러므로 구원을 가져오는 제사가 아니다(10:8). 하나님의 구원의 뜻에 일치하는 것은, 죄를 속하기 위하여 자기 자신을 죽음에 내어주기 위하여 사람이 되신 그리스도의 자기희생의 제사뿐이다(10:9~10). 예수의 성육신과 희생의 죽음에서 -10:9에서 저자가 분명히 언급하고 있는 바와 같이- '첫 번째' 곧 구약성경의 제사규정이 '폐기되었고', '두 번째' 곧 영원히 유효한 그리스도 규정이 '세워졌다'.

지금까지 아주 간략히 살펴본 세 개의 본문은 히브리서 저자에게 모세의 율법에 대한 그의 기독론적으로 근거된 판단이 철저히 구약성경 자체의 증언에 일치한다는 것을 증언해 준다. 그러므로 저자는, 구약성경이 단순히 죄인이 구원에 참여하기 위해서는 '속죄'가 필요함을 말할 뿐만 아니라, 동시에 이러한 '속죄'를 가져오는, 그러므로 구원을 마련해주는 그 분 곧 하나님의 아들로서 멜기세덱의 반차를 좇아 대제사장이신 예수 그리스도를 예고하고 있음을 알았다. 그러므로 그의 하나님의 아들 기독론과 그에 근거된 대제사장 구원론은 철저히 구약성경에 증언되고 근거된 것이다.

6. 나가는 말

히브리서 저자가 구약성경에 대해서 보여주는 관계는 '연속성과 비연속성'이다. 먼저 구약성경도 신약성경도 모두 '하나님이 말씀하신 것'이라는 점이 가장 분명한 연속성이다. 구약성경의 많은 부분이 하나님의 아들에 관하여 예언적으로 말하고 있는 것이나, 구약성경의 믿음의 선조들이 신약성경 시대의 그리스도인들의 귀감이 된다는 점도 분명한 연속성을 말한다(11장).

반면에 비연속성에 대해서 많은 것을 말할 수 있다. 서신의 저자는 구약성경, 특히 모세의 율법이 규정하고 유대교가 그에 따라서 핵심적인 것으로 생각하는 유대교의 제의의 구원 효력을 전적으로 부정한다. 더구나 저자는 그러한 부정을 구약성경 자체에 근거되어 있는 것으로 본다. 시편 95:7은 안식의 약속이 이루어지지 않았음에 대한 증언 구절이고, 시편 110:4는 레위 계통의 제사장 직분이 구원으로 인도할 수 없음에 대한 증언 구절이다. 또 예레미야 31:31~34는 '옛 언약'의 불충분함을, 그러므로 '새 언약'에 의하여 대체될 것임을 예언하는 증언구절이다. 구원에 관한 한, 구약성경의 제사 신학이 갖는 긍정적인 기능은, 구원을 위해서는 죄의 문제가 반드시 해결되어야 하고, 그 해결을 위해서는 피의 제사가 필요하다는 점을 가르쳐주는 것에 국한되어 있다. 결론적으로 구약성경은 실체의 그림자요, 실현이 필요한 약속이다. 실체와 실현은 구약성경에서는 일어나지 않았고, 오직 하나님의 아들인 예수 그리스도에 의해서 또 예수 그리스도 안에서만 일어났다.

그러나 우리가 잊지 말아야 할 것은, 히브리서 저자가 그의 독특한 기독론과 구원론을 항상 구약성경의 터전 위에서 논하고 있다는 사실이다. 연속성의 차원에서든, 비연속성의 차원에서든 구약성경이라는 터전을 떠나서는 예수 그리스도를 이해할 수 없고, 또한 그리스도의 구원 사역을 이해할 수도 없다. 구약성경이 없이는 신약성경의 그리스도 증언을 이해할 수 없기 때문에, 구약성경은 신약성경을 이해하기 위한 필수적인 바탕이다.

09

히브리서 난해 구절 연구

이같이 큰 구원(2:3)

이것은 우리가 받는 구원에 크고 작은 것이 있다는 의미가 아니라, 예수님께서 말씀하시고 사도들이 전해 준 구원이 지극히 크고 영광스러움을 뜻한다. 이는 곧 신약 시대의 성도들은 구약 시대의 성도들에 비해 크고 영광스러운 구원의 복음을 듣고 그 구원에 참여하였음을 뜻한다. 이처럼 신약 시대의 구원이 크고 영광스러운 것은 하나님의 아들 예수 그리스도께서 선지자들이나 천사들보다 월등히 뛰어나시기 때문에 그러한 것이다(1장). 여기서 우리는 히브리서 기자가 동일한 하나님과 동일한 구원이지만, 구속사의 진전에 따라 신약 시대의 구원을 더 영광스럽게 말함을 볼 수 있다.

이 신약 시대의 구원은 하나님께서 여러 표적(表蹟)들과 기사(奇事)들과 능력(能力)들과 또한 성령의 나눠 주신 것들로 증거하신 것이다(4절). 여기서 '표적'(세메이아)이란 어떤 것을 가리키는 이적을 말하며, '기사'(테라타)란 일상적인 것을 넘어서는 이적을 말한다. 그리고 '능력'(뒤나메이)은 말 그대로 하나님의 큰 능력이 나타난 사건을 말한다(F. W. Grosheide, *De brief aan de Hebree n*, 1955, p. 78 참조). 이 셋은 사실상 같은 하나님의 초자연적 역사를 가리키는데, 다만 그 이적이 어떤 기능을 하고 있는가 또는 말하는 사람이 어떤 관점에서 말하는가에 따라 용어 선택이 달라진다고 할 수 있다. 그리고

'성령의 나눠 주신 것' 은 하나님께서 초대 교회에 풍성하게 나눠 주신 성령의 여러 은사들을 가리킨다(참조 행 2장; 고전 12, 14장). 이러한 것들은 다 하나님의 아들이 이 땅에 오셔서 말씀하시고 사도들이 전해 준 구원의 확실함과 영광스러움을 증거하기 위해 주어진, 복음에 수반하는 현상들이다.

마귀를 없이 하시며(2:14)

여기서 '마귀를 없이 한다' 는 것이 무엇을 뜻하는가 하는 것이 문제이다. '마귀'(호 디아볼로스)란 원래 '악의로 고소하다, 참소하다' 라는 뜻을 가진 '디아발로' 에서 온 단어로서, 그 뜻은 '참소자, 중상모략자' 이다(W. Bauer, *A Greek-English Lexicon*, s. v.). 그래서 요한계시록 12:10에서는 마귀를 가리켜 '참소하는 자' 라고 부르고 있다.

그런데 여기에서 '마귀' 란 단어가 단수로 사용된 것은 모든 귀신들(마귀들, 더러운 영들)의 우두머리인 '사단' 을 가리키기 때문이다. 그런데도 여기서 '마귀' 가 단수로 사용된 것은 마귀들 모두가 '한몸' 을 이루고 있기 때문이라는 칼뱅의 설명은 옳지 않다고 생각된다. 왜냐하면 신약 성경에서 '디아볼로스' 란 단어가 '참소하는' 이라는 뜻의 형용사로 사용된 경우(딤전 3:11, 딤후 3:11, 딛 2:3)를 제외하고는 모두 단수로 사용되어서 '마귀' 를 뜻하며, '귀신들' 이라는 의미의 복수로 사용된 예가 없기 때문이다. 뿐만 아니라 계시록에서 '큰 용' 또는 '옛 뱀' 이라고 불리는 '마귀' 는 곧 '사단' 이라고 분명히 말하고 있다(계 12:9; 20:2).

그 다음 여기에 사용된 '카타르게오' 동사가 우리말 개역판에는 '없이 하다' 로 번역되었는데, 이것은 문제 있는 번역이다. 왜냐하면 예수님의 부활로 말미암아 마귀가 없어진 것이 아니기 때문이다. 마귀는 존재론적으로 없어지거나 소멸되지 아니하며, 이것은 예수님이 재림하신 후에도 마찬가지다. 마귀는 불못에 던져져 영원토록 형벌받을 것이지만(계 20:10), 그 존재

자체가 없어지는 것은 아니다.

그렇다면 '카타르게오'의 뜻은 무엇인가? 리델-스코트의 사전에 의하면 이 단어는 대개 다음과 같은 뜻을 가진다. 첫째, 어떤 사람을 '할 일 없이 그냥 버려 두다', 기회를 '놓치다'. 둘째, 땅을 '버리다, 쓸모 없이 만들다'(눅 13:7). 셋째, '효력이 없게 만들다'(롬 3:3, 31). 그리고 수동태로서는 죄의 몸이 '멸하다'(롬 6:6), 남편의 법에서 '해방되다'(롬 7:2) 등 여러 의미가 있다. 이 단어가 성경에 사용된 예들을 살펴볼 때, 어느 것도 어떤 존재 자체를 '없이 하다, 멸하다'는 의미로 사용되지는 않았으며, '효력이 없게 하다, 쓸모 없게 만들다, 해방시키다'는 의미로 사용되었음을 알 수 있다. 물론 로마서 6:6의 우리말 번역이 '멸하여'로 되어 있기는 하지만, 이 경우에도 우리의 몸 자체가 없어지는 것은 아니고 실제로는 우리를 지배하는 죄의 영향력이 결정적으로 타격을 입었으며, 죄가 더 이상 우리를 주관하지 못한다는 것을 의미한다(참조 H. Ridderbos, *Romeinen*, 1959, p. 130).

따라서 '마귀를 없이 한다'는 것은 마귀의 권세와 영향력을 결정적으로 약화시키고 무력화시키는 것을 뜻한다. 이것은 곧 예수 그리스도의 죽음과 부활을 통해 이루신 것이다. 왜냐하면 마귀는 사망의 권세를 가지고 사람들을 위협하였으나 예수님께서 우리의 죄를 위해 죽으심으로 우리의 죄값을 다 지불하셨고, 또한 사흘만에 부활하심으로 사망의 권세를 완전히 깨뜨리셨기 때문이다. 따라서 마귀는 이제 우리를 위협할 수 없으며, 죄와 사망이 우리를 지배할 수 없다. 이 모든 것은 하나님의 아들이신 예수님께서 우리 죄를 위해 죽으심으로 가능케 된 것이다. 그런데도 어떤 사람들이 오늘날 우리들이 마귀를 결박해야 한다느니 운운하는 것은 예수님이 이루신 공로를 무시하는 것이다. 우리는 마귀를 결박할 수도 없고 스스로의 힘으로는 싸워서 이길 수도 없다. 오직 하나님의 아들만이 이기실 수 있으며, 이미 이기시고 결박하셨다(마 12:29). 그러므로 우리는 그를 믿으므로 그 안에서 사탄을 이기는 것이다. "세상을 이긴 이김은 이것이니 우리의 믿음이니라"(요일 5:4).

우리 연약함을 체휼하시는 대제사장(4:15)

히브리서 4:15은 "우리에게 있는 대제사장은 우리 연약함을 체휼하지 아니하는 자가 아니요 모든 일에 우리와 한결같이 시험을 받은 자로되 죄는 없으시니라"고 말한다. 여기서 대제사장은 예수 그리스도를 가리키는데, 우리 주 예수님은 우리의 연약함을 체휼할 수 없는 분이 아니라는 뜻이다. '체휼'이란 단어는 '동정(同情)을 느끼다'는 뜻이다. 즉, 우리의 연약함과 고통에 대해 함께 느끼고 동정하신다는 뜻이다. 그리고 우리말 번역에는 그냥 "체휼하지 아니하는 자가 아니요"라고 되어 있지만, 원문에는 "체휼할 수 없는 분이 아니요"라고 되어 있다. 즉, 예수님은 지금 우리가 당하는 어려운 상황과 고통에 대해 '체휼하실 수 있다'고 말하고 있다.

그 근거로 예수님이 "우리와 한결같이 시험을 받았다"는 사실을 들고 있다. 예수님은 그 근본에 있어서 하나님의 아들이시지만 우리와 동일한 완전한 사람이 되셨기 때문에 우리와 동일하게 모든 일에 있어서 시험을 받으셨다. 따라서 우리가 고통을 당하고 슬퍼할 때 함께 고통을 느끼고 위로하실 수 있는 분이시다. 따라서 예수님은 신적인 존재이기 때문에 우리와 동일한 사람이 아니라고 하는 '가현설주의자들'(Docetists)이나 '아폴리나리안들'(Apollinarians)의 주장은 잘못이다. 만일 예수님이 우리와 동일한 사람이 아니었다면 우리를 온전히 구원하실 수 없었을 것이며, 또한 연약함에 싸여 있는 우리를 동정하지도 못하실 것이다.

다른 한편으로 이렇게 우리와 동일하게 시험을 받으셨지만 예수님께는 죄가 없다는 사실 또한 중요하다. 요즈음 예수님의 인성을 강조하는 영화나 소설 등에서 예수님의 인간적인 측면을 너무 강조하다 보니 예수님께서 우리와 마찬가지로 유혹을 받아 죄에 빠졌다고 말하기도 하는데, 이것은 큰 잘못이다. 성경은 한결같이 예수님께는 죄가 없으시다고 말한다(벧전 2:22; 요일 3:5; 고후 5:21). 그렇기 때문에 예수님은 또한 우리를 구원하시는 구세주가 되실 수 있는 것이다.

다시 회개할 수 없는 죄(6:4~6)

여기서는 어떤 특별한 경우의 사람들은 다시 회개할 수 없다고 말하고 있다. 곧 "한번 비침을 얻고 하늘의 은사를 맛보고 성령에 참여한 바 되고 하나님의 선한 말씀과 내세의 능력을 맛보고 타락한 자들은 다시 새롭게 하여 회개케 할 수 없나니"라고 말하고 있다. 이 말씀은 우리에게 큰 두려움과 불안감을 준다. 다시 회개할 수 없는 죄란 어떤 죄를 가리키는가? 거듭난 자가 다시 타락할 수 있단 말인가? 그렇다면 '성도의 견인' 교리와 어떻게 조화되는가? 하는 질문이 자연히 제기된다.

고대 교회의 노바티안들(Novatians)은 이 구절을 근거로 하여 타락한 자들은 다시 용서받을 수 없다는 주장을 하였다. 이 때문에 서방 교부들 중에는 히브리서의 정경성을 의심하는 경향이 있었으며, 어떤 자들은 여기 6절의 '(회개케) 할 수 없다'를 '어렵다'로 설명하기도 하였다. 다른 한편, 오늘날의 어떤 주석가는 히브리서의 이 본문은 성도의 견인에 대해 말하는 것이 아니라 "견인하는 자가 참 성도들이라 주장한다"고 하였다(F. F. Bruce, *The Epistle to the Hebrews*, 1964, p. 118). 물론 이 구절들이 성도의 견인 교리를 가르치는 것은 아니지만, 여기서 말하는 '타락한 자들'은 이미 중생한 자로서 타락한 자를 가리킨다고 볼 수 없다. 그 이유는 다음과 같다(이하의 논거에 대해서는 Grosheide, pp. 145~146을 주로 참조하였다).

1. 중생의 은혜는 잃어버릴 수 없다는 것이 성경의 가르침이다(눅 22:32; 요 6:39~40; 10:28~29; 17:2, 6, 11, 12; 롬 8:30; 11:29; 빌 1:6; 살전 5:23; 살후 3:3; 벧전 1:4~5; 요일 3:9). 뿐만 아니라 히브리서 자체가 여러 곳에서 하나님의 맹세와 약속, 언약은 영원히 변치 않는다고 말한다(6:17; 7:20; 9:15~17; 13:20~21).

2. 여기 사용된 분사들(포티스텐타스, 귀싸메누스, 데네텐타스 등)은 모두 아오리스트 시상으로 되어 있다(히 10:29에서도 마찬가지이다). 이는 '단회적 동작'이나 또는 '과거의 일시적인 체험'을 가리킨다(흐로쉐이드는 여기의 아오리스트 시

상이 '동작의 시작'을 가리킨다고 보았는데 필자처럼 보는 것이 더 정확하다고 생각된다).
이에 반해 지속적인 결과를 가리킬 때에는 히브리서에 완료가 사용되고 있
다.

　3. 여기에는 '믿는 자'가 타락했다고 되어 있지 아니하고 '타락한 자'가
다시 회개하는 것이 불가능하다고 말하고 있다. 이에 좀 더 첨가하자면 이
구절들에는 '거듭난 자'나 '성도'란 말이 전혀 사용되지 않았다.

　4. 여기에는 10장에서와 마찬가지로 '이성적 조명'(理性的 照明)으로 이해
될 수 있는 단어들이 사용되고 있다. 이 논거에 대해서는 약간의 보충이 필
요하다. '한번 비침을 얻고'와 '하나님의 선한 말씀을 맛보고'라는 표현은
'이성적 조명'을 가리킨다고 볼 수 있지만, '하늘의 은사를 맛보고'와 '성
령에 참여한 바 되고'와 '내세의 능력을 맛보고'에 대해서는 곤란하다고
생각된다. 따라서 우리는 이 구절들에는 '이성적 조명'과 '일시적인 능력
의 체험'으로 이해될 수 있는 단어들이 사용되었다고 말하는 것이 더 정확
할 것이다.

　5. 믿지 않는 자들에게서도 이런 은혜의 표시들이 나타날 수 있다. 일반
적으로 그리스도를 배척한 유대인들에게서 이런 표시들을 볼 수 있다. 또
한 거짓 선지자 발람의 경우(민 22~24장)에서 이런 현상들을 볼 수 있으며,
예수님의 제자 중 가룟 유다와 사마리아의 마술쟁이 시몬(행 8장) 등에서도
이런 표적들을 볼 수 있다. 그 외에도 구원받지 못한 자들에게서도 이런 은
혜의 표시들이 나타날 수 있다는 것을 말하는 성경 구절들은 많다(요 11:49
이하; 마 12:31 이하; 벧후 2:20; 눅 8:13; 요 2:23 이하; 롬 9:4; 3:2; 마 7:21 이하 등).

　우리는 이상의 논거들에 하나를 더 추가하고자 한다. 이어서 나오는 9절
을 보면 "사랑하는 자들아 우리가 이같이 말하나 너희에게는 이보다 더 나
은 것과 구원에 가까운 것을 확신하노라"고 말하고 있다. 이것을 보면 히브
리서 기자는 4~6절까지의 무서운 말씀이 이 편지를 받아서 읽을 성도들을
가리켜 말한 것이 아님을 알 수 있다. 따라서 이 경고의 말씀은 그 당시의

이단들이나 특별한 죄를 짓는 악한 자들을 가리켜 말한 것임을 알 수 있다 [참조 하나님의 아들을 다시 십자가에 못박아 현저히 욕을 보인다(6절)].

이들은 하나님의 말씀도 제법 알고 성령의 능력도 체험하였으나 참된 믿음에는 이르지 못한 가운데 형식적인 신앙 생활을 하다가 어떤 계기로 미혹을 받아 배교하여 하나님의 아들을 욕하고 비방하는 참람한 죄들을 거침없이 행하는 자들이라고 볼 수 있다. 이런 자들은 그 마음이 완악하여져서 회개하지 않을 뿐만 아니라, 하나님께서도 이런 자들에게는 회개의 역사를 허락하지 않으신다. 왜냐하면 이들은 하나님의 아들을 짓밟고 회개케 하는 영이신 성령을 모독하였기 때문이다. 이런 점에서 이들은 예수님께서 말씀하신 바 '성령을 훼방하는 죄'를 범한 자들과 성격상 동일한 자들이라고 할 수 있다(마 12:31~32).

멜기세덱(7:1~3)

멜기세덱에 대해서는 히브리서에 이미 나온 바 있다(5:6, 10, 11; 6:20). 그리스도의 대제사장 되심을 논할 때에 히브리서 기자는 시편 110:4의 말씀을 인용하면서 그리스도께서 '멜기세덱의 반차'를 좇아 영원한 제사장이 되셨음을 간단히 언급하였다. 이제 7장에서는 멜기세덱에 대해 본격적으로 논하고 있다. 그 이유는 아마도 유대인들이 말하기를, 제사장은 레위 지파에서 나오게 되어 있는데 예수님은 유다 지파 출신이므로 대제사장이 될 수 없다고 주장하였기 때문일 것이다. 이에 대해 히브리서 기자는 예수님은 레위 지파를 좇은 것이 아니라 그 이전의 멜기세덱의 반차를 좇아 영원한 대제사장이 되셨음을 논증하고 있다.

이 멜기세덱에 대해서는 옛날부터 여러 가지 사변적인 해석들이 있었다. 창세기에 나오는 멜기세덱에 대해 오리겐은 '로고스'나 '성령' 또는 '천사'로 생각했으며, 멜기세덱파 사람들은 '하늘의 큰 능력'으로 생각했지만, 히브리서 기자는 엄격히 창세기 14장의 자료에 근거해서 논한다는 것이 다른 점이다(참조 J. Keulers, *De Brieven van Paulus*, II, 1954, p. 315).

우선 '멜기세덱'이란 이름은 '나의 왕은 의'라는 뜻이다. 그래서 히브리서 기자는 '의의 왕'이라고 번역(해석)하고 있다(2절). 그리고 그는 '살렘 왕' 이었는데(창 14:18), 이는 '평강의 왕'이란 뜻이다(2절). 여기서 '살렘'은 예루살렘을 가리키는데 그 이유는 다음과 같다(참조 Ridderbos, p. 160). 첫째, '아마르나 서신들'에서 볼 수 있는 바와 같이 예루살렘은 아브라함 때에 이미 존재하고 있었다(Amarna 서신에 대해서는 G. 허버트 리빙스턴의 「모세오경의 문화적 배경」, pp. 407~410을 보라). 둘째, 여호수아 10:1과 3절에 보면 예루살렘 왕 '아도니세덱'의 이름이 기록되어 있다. 이를 보건대 예루살렘 왕의 이름은 '세덱'으로 끝나고 있다고 생각할 수 있다. 셋째, 결정적인 것으로 시편 76:2에 보면 '살렘'은 '시온'과 같은 지명으로 나타나 있음을 알 수 있다.

이 멜기세덱은 '왕'인 동시에 또한 '제사장'이었다. 이것은 고대 사회에 흔히 있는 일이었다. 그런데 멜기세덱은 '지극히 높으신 하나님의 제사장' 이었다고 말하고 있다. 여기서 '지극히 높으신 하나님'은 이방신이 아니라 유일한 참 하나님을 가리키는 것이 분명하다. 왜냐하면 이 표현을 아브라함이 하나님을 부를 때에도 그대로 사용하였기 때문이다(창 14:22, 비교 신 32:8; 눅 1:32).

그러면 어떻게 아브라함 당시에 아브라함에게 속하지 않은 이방인들 중에 참 하나님의 제사장이 존재할 수 있었는가 하는 것이 의문으로 남는다. 칼뱅은 단지, 주위의 이방 미신으로 가득찬 나라들 가운데서 하나님을 참으로 경배하는 사람이 발견되었다는 것은 평범한 일은 아니라고 지적할 따름이다(히 7:1 주석 중). 슈트락-빌러벡은 이 멜기세덱은 '셈'이었을 것이라고 하지만(Strack-Billerbeck, *Kommentar zum Neuen Testament aus Talmud und Midrasch*, 1926, p. 692) 순전히 추측일 따름이다. 리덜보스는 이 문제에 대해 다음과 같이 설명하고 있다. 하나님께서 아브라함을 불러 그에게서 이스라엘 민족을 세우시기 전에, 즉 아론 계통의 제사장들을 일으키시기 전에 다른 어떤 사람이 등장하도록 역사하셨다. 그런데 멜기세덱 안에는 낙원에 존재했던 사람의 원래의 영광이 아직도 좀 남아 있었다. 그렇다면 멜기세덱은 옛 영광의 무엇을 보여 주는 마지막 사람이었는데, 이 영광은 그리스도 안에서 다시 충만히 나타날 것이다(Ridderbos, p. 164).

이러한 리덜보스의 설명에 대해 필자는 약간의 보충 설명을 하고자 한다. 낙원에서 아담과 하와에게 주어졌던 참 하나님에 대한 지식과 참 제사는 셋과 그의 후손을 통해 전수되었다(창 4:26). 그 후에 사람들이 타락하여 이것이 거의 끊어졌으나 노아의 후손을 통해 다시금 전수되어 내려 왔다(창 8:20). 대를 거듭하여 내려오면서 참 하나님에 대한 지식과 제사가 희미해지고 소홀하게 되어 점점 타락하게 되었지만, 그 가운데서 그래도 원래의 참지식과 참 제사를 유지하고 있는 자들이 소수 있었으니 이들 중의 한 사람이 곧 멜기세덱이라고 할 수 있다.

우리는 이러한 하나님에 대한 참 지식이 이스라엘 민족 밖에서도 극히 일부의 사람들에게 전수되어 내려오고 있었다는 흔적을 발견할 수 있는데, 곧 모세 시대의 거짓 선지자 발람이다. 그는 하란 근처의 브돌 사람으로서 돈을 받고 예언을 해 주는 거짓 선지자였지만, 여호와 하나님의 이름을 알고 있었으며(이 이름은 들어서 알았을 것이다) 여호와 하나님을 섬긴다고 자처하고 있었다(민 22:19; 23:3). 그렇다면 아브라함 시대에 아직도 예루살렘에 참하나님을 섬기는 제사장겸 왕이 잔존해 있었다고 볼 수 있을 것이다. 어쨌든 창세기와 히브리서에서 멜기세덱은 참 하나님을 섬기는 제사장이었다고 말하고 있는 것이 분명하다.

그런데 이 멜기세덱은 "아비도 없고 어미도 없고 족보도 없고 시작한 날도 없고 생명의 끝도 없어 하나님의 아들과 방불하다"고 말하고 있다(3절). 이 말은 멜기세덱이 마치 신적인 존재인 것처럼 들리지만 창세기 14장에 나타나는 멜기세덱은 역사상 실제로 존재했던 사람이었다. 그렇다면 "아비도 없고 어미도 없고 족보도 없다"는 말은 무슨 뜻일까? 이에 대해 흐로쉐이드는 다음과 같이 설명한다. 레위족의 제사장들은 혈통에 의해 제사장이 되었다. 그러나 멜기세덱의 경우는 그렇지 않았다. 이 말은 물론 그의 아버지가 제사장이 아니었다는 말이 아니라 멜기세덱은 혈통에 의해 제사장이 된 것이 아니라는 뜻이다(Grosheide, p. 162). 물론 이 말 자체는 맞는 말이지만 이에 대해 보충적 설명이 필요하다고 생각된다. 여기서 히브리서 기자가 "아비도 없고 어미도 없고 족보도 없어"고 말한 것은 창세기에 멜기세덱에 대해서는 그 부모나 족보가 전혀 기록되어 있지 않고 갑자기 등장한다는 뜻으로 말했다고 생각된다. 왜냐하면 히브리서 기자는 이 서신 전체에서 구약 성경을 가지고 논증하고 있기 때문이다.

나아가서 "시작한 날도 없고 생명의 끝도 없어"란 말도 그가 '신적인 존재'라는 의미가 아니라 창세기에 그의 출생과 죽음에 대한 기록이 전혀 없다는 사실에서 이렇게 말한다고 보아야 할 것이다. 그 다음에 나오는 "하나님의 아들과 방불하다"는 말도 우리는 비유적인 의미로 받아들여야 한다. 곧 그가 신적인 존재나 천사와 같은 존재라는 뜻이 아니라, 그의 부모나 출생, 사망 기록이 없는 것을 보니 마치 신적인 존재인 것처럼 보인다는 것이다. 이것은 실제로 그렇다는 의미가 아니라 멜기세덱에 대해 창세기에 기록된 방식을 보니 마치 그런 것 같은 생각이 든다는 '비유적인' 표현이며 소박한 '일상적인' 언어 사용으로 보아야 한다. 어쨌든 히브리서 기자는 이 사실에서 멜기세덱은 레위가 태어나기 전에, 혈통을 따르지 않은 제사장임을 말하고 있으며, 예수님은 이 멜기세덱의 반차를 따라 영원한 제사장이 되었음을 논하고 있다(참조 시 110:4).

자기 조상의 허리에 있음(7:9~10)

이어서 히브리서 기자는 멜기세덱이 레위보다 뛰어나다는 것을 십일조 문제와 관련하여 다음과 같이 설명한다. "또한 십분의 일을 받는 레위도 아브라함으로 말미암아 십분의 일을 바쳤다 할 수 있나니 이는 멜기세덱이 아브라함을 만났을 때에 레위는 아직 자기 조상의 허리에 있었음이니라"
(9~10절). 우리말의 번역에는 잘 드러나 있지 않지만, 원문에는 9절 초두에
'말하자면'(호스 에포스 에이펜)이라는 표현이 들어 있다. 이 표현은 일반 희랍
어 문헌에는 많이 나타나지만, 신약 성경에는 히브리서의 이 구절에만 나
타난다. 이 표현의 뜻은 '~라고 말할 수도 있을 것이다' 또는 '다음과 같이
말하는 것이 허용된다면' 으로 볼 수 있다(G. W. Buchanan, *The Anchor Bible. To
the Hebrews*, 1981, p. 122). 간단히 말해서 '말하자면' 으로 번역할 수 있다(Keul-
ers, p. 319).

따라서 이 표현은 말하고자 하는 내용을 부드럽게 완화시키는 역할을
한다. 여기서는 히브리서 기자가 말하는 내용이 비유적인 표현임을 나타낸
다. 즉, 레위가 정말로 멜기세덱에게 십일조를 바쳤다고 말하는 것이 아니
라는 것이다. 왜냐하면 그때에 레위는 아직 태어나지도 않았기 때문이다.
그러나 '말하자면' 곧 '비유적으로 말하자면' 그때에 레위도 멜기세덱에게
십일조를 바쳤다고 할 수 있는데, 그 이유는 그때에 레위는 아브라함의 허
리에 있었기 때문이라는 것이다.

여기서 레위가 아브라함의 허리에 있었다는 표현도 너무 생물학적으로,
신체적으로 이해하면 안 된다. 아브라함이 멜기세덱에게 십일조를 바칠 때
레위는 아직 존재하지도 않았다. 생물학적으로나 영혼적인 측면에서나 전
혀 존재하지 않았다. 그러나 레위는 아브라함에게서 났으니(이삭과 야곱을 통
해) 혈통적, 유전적으로 연결된다고 말할 수 있다. 따라서 여기에 레위가 아
브라함의 허리에 있었다는 것은 혈통적으로 연결된다는 의미고, 이것을 평
범한 일상적인 표현으로 말한 것이다(참조 Grosheide, p. 168). 성경은 과학적
인 언어로 기록된 것이 아니라 그 당시의 평범한 일상적인 언어로 기록된
것임을 생각해야 한다.

이런 것을 통해 히브리서 기자가 여기서 말하고자 하는 것은 십일조를
받는 레위보다도 멜기세덱이 더 우월한 지위에 있다는 것이다. 따라서 예
수님은 레위 지파가 아닌 유다 지파 출신이지만 멜기세덱의 반차를 따라

대제사장이 되셨으니, 레위 지파를 따른 제사장들보다 훨씬 높은 지위에 있다는 것이다.

언약궤 위의 속죄소(9:5)

히브리서 9장 초두에서는 성소와 지성소에 대해 설명한다. 둘째 휘장 뒤에 있는 지성소 안에는 사면이 금으로 둘러싸인 언약궤가 있으며, 그 안에는 만나를 담은 금 항아리와 아론의 싹난 지팡이와 십계명 돌비 두 짝이 들어 있다(3~4절). 그런데 이 언약궤 위에 '속죄소'(贖罪所)가 있다고 말한다(5절). 그래서 이 속죄소가 무엇인지, 어디에 있는지 궁금하다. 우리말 번역에 의하면 마치 성전 안의 어떤 독립된 장소인 것처럼 생각되는데 사실은 그렇지 않다.

희랍어 원어로 '속죄소'는 '힐라스테리온'이라고 하는데, 이것은 언약궤의 뚜껑 부분을 말한다. 곧 가로가 1.5 규빗, 세로가 2.5 규빗, 높이가 1.5 규빗 되는 조그만 직육면체의 '언약궤'의 윗부분의 뚜껑을 가리켜 '힐라스테리온'이라고 부르는 것이다. 구약의 레위기 16:13~14에 보면 '속죄소'란 말이 나오는데, 이 말의 히브리어 원어는 '캅포렛'으로 '덮개, 뚜껑'이란 뜻이다. 좀더 설명하자면, 이 단어는 동사 '카파르'에서 온 명사인데, 이 동사는 영어 '덮다'는 뜻의 '카버'(cover)의 근원이 된다. 그래서 '캅포렛'은 언약궤의 뚜껑 부분을 가리키는데, 이것이 희랍어로 번역된 '칠십인역'에 '힐라스테리온'으로 번역된 것이다. 따라서 히브리서 9:5에 나오는 '힐라스테리온'은 언약궤의 '뚜껑' 또는 '덮개' 부분을 가리킨다. 대제사장이 일년에 한 차례 들어가 바로 이 자리, 곧 언약궤의 윗뚜껑 표면에 수송아지와 염소의 피를 뿌렸기 때문에 루터 성경에서는 '은혜의 자리'(施恩座, Gnadenstuhl)로, 영어 '흠정역'에서는 '자비의 자리'로 번역되었다. 우리 개역판 성경에는 '속죄소'로 번역되었는데 '속죄단(贖罪壇)'으로 번역했더라면 더 좋았을 것이다.

그런데 로마서 3:25에서는 하나님께서 예수님을 이 '속죄단'으로 삼으셨다고 말한다. 우리말 번역에는 '화목 제물'로 되어 있지만 히브리서 9:5에 사용된 바와 똑같은 '힐라스테리온'이란 단어가 사용되었다. 어떤 주석가는 로마서의 이 단어에 관사가 붙어 있지 않다는 이유로 여기의 이것을 '속죄단'으로 보는 것을 반대하기도 하지만(비교 F. Godet, *Commentary on the Epistle to the Romans*, 1956, p. 151), 히브리서 9:5과 레위기 16:13~14과의 관련성 때문에 관사 하나의 유무 때문에 그렇게 주장하는 것은 무리라고 생각된다. 따라서 사도 바울이 여기 로마서 3:25에서 말하는 바는 하나님께서는 자기 아들을 언약궤의 덮개인 '속죄단'으로 세우시고 그 위에 그 아들의 피를 뿌리심으로 율법의 정죄가 하나님께 상달되는 것을 막으시고 우리를 의롭다고 여겨 주셨다는 의미다.

집짓 죄를 범한즉 다시 속죄하는 제사가 없음(10:26~29)

이 부분의 말씀은 앞에서 논한 6:4~6의 말씀과 연결된다. 여기서 "우리가 진리를 아는 지식을 받은 후 짐짓 죄를 범한즉 다시 속죄하는 제사가 없고"(26절)라는 말씀에서 '짐짓 죄를 범하는 것'이 무엇인가 하는 것이 문제의 초점이다. 여기에 '짐짓'이라고 번역된 말의 원어는 '헤쿠시오스'이다. 이 단어의 뜻은 '의도적으로', '고의적으로'이다. 즉 알면서도 고의로 죄를 짓는 것을 말한다. 이럴 경우엔 다시 속죄하는 제사가 없다. 그러나 문제는 믿는 자는 연약함과 실수에 의해서만 죄를 짓고 고의로 죄를 짓는 경우는 없는가 하는 것이다. 신자들이라 할지라도 많은 경우에 고의로 죄를 짓는 경우가 있는 것이 사실이다. 그렇다면 히브리서의 이 구절은 어떻게 되는가 하는 문제에 봉착하게 된다.

그래서 문제의 해결은 '죄를 범한다'는 동사(여기서는 분사 형태)가 현재 시상으로 되어 있다는 것에서 찾아야 할 것이다. 희랍어에서 현재 시상은 지속적, 반복적, 상습적, 일상적 동작을 가리킨다. 따라서 여기의 '죄를 범한다'는 것은 한두 번 죄를 범하는 것을 뜻하는 것이 아니라 일상적으로, 상습적으로 죄를 짓는 것을 가리킨다. 이런 식의 상습적 범죄는 중생한 자로서는 행할 수 없는 것이다. 이런 맥락에서 사도 요한은 "그 안에 거하는 자마다 범죄하지 아니하나니"라고 하였으며(요일 3:6), "하나님께로서 난 자마다 죄를 짓지 아니한다"고 하였다(요일 3:9). 이는 곧 하나님께로서 난 자는 "상습적으로 죄인이 될 수 없다는 것, 즉 그의 중생 전에 그러했던 바와 같은 죄악된 생활을 계속할 수 없다"는 뜻이다(M. Zerwick, *Biblical Greek*, 1963, p. 251). 이와 같은 맥락에서 히브리서의 이 구절도 일상적인, 상습적인 죄를 계속 짓는 자에게는 다시 속죄하는 제사가 없다는 의미로 받아들여야 할 것이다.

물론 상습적인 죄라 할지라도 우리의 연약함과 실수에 의한 죄가 아니라 '고의로', '의도적으로' 짓는 죄가 여기에 해당된다. 그리고 이 구절 때문에 자신의 행동에 대해 지나치게 민감하거나 자학적인 태도를 가질 필요는 없다. 왜냐하면 히브리서 기자가 여기서 말하고 있는 범죄는 29절에서 말하고 있는 바와 같이 "하나님 아들을 밟고 자기를 거룩하게 한 언약의 피를 부정한 것으로 여기고 은혜의 성령을 욕되게 하는" 류의 범죄를 말하고 있기 때문이다. 이러한 범죄를 고의적으로, 그리고 상습적으로 행하는 자들은 바로 이단들이거나 그에 준하는 악한 자들이라고 볼 수 있다(칼뱅과 박윤선 박사는 이들을 '배교자'로 보는데 같은 맥락이다).

믿음은 바라는 것들의 실상이요 보지 못하는 것들의 증거(11:1)

히브리서 11장은 '믿음장'으로 잘 알려져 있는데, 1절은 "믿음은 바라는 것들의 실상이요 보지 못하는 것들의 증거"라고 말하고 있다. 여기서 '실상'(實狀)이란 말의 원어는 '휘포스타시스'인데, 히브리서 1:3에서는 '본체'로 번역되어 있고 3:14에서는 '확실한 것'으로 번역되어 있다.

이 단어가 헬레니즘 시대에 어떤 의미로 사용되었는가를 살펴보면 다음과 같다(Grosheide, p. 107). 첫째, '기초, 근본'이란 뜻(시 68:3). 둘째, '기초(근본)를 가지고 있는 것, 즉 견고한 것'이란 뜻을 가지고 있다. 이 두 번째 것을 세분하면 다음과 같이 나눌 수 있다. ① 실제로 존재하는 것, 재산, 소유(신 11:6; 삼상 13:23), ② 본성, 본질(히 1:3), ③ 견고한 것, 신뢰, 확실한 기대(고후 9:4; 11:17; 히 3:14). 히브리서 11:1에서는 '기초, 근본' 또는 '기초를 가지고 있는 것'이란 뜻으로 사용되었는데, 믿음은 '확실한 것'이며 바라는 것들에 대한 '보증'이란 뜻이다. 곧 믿음이란 현재 이루어지지 않은 것을 바라고 마음에 확신하는 것인데, 그 바라는 바가 확실히 이루어진다는 것을 뜻한다.

또한 믿음은 '보지 못하는 것들의 증거'라고 했는데, 여기서 '증거'라고 번역된 '엘렝코스'란 단어는 우리말 번역 그대로 '증거' 또는 '확신'을 가리킨다. 이것도 앞의 '휘포스타시스'와 같은 의미로 지금은 보지 못하고 있는 것들이 장차 확실히 이루어질 것에 대한 증거라는 뜻이다. 따라서 여기서 히브리서 기자가 말하는 바는, 믿음이란 아무런 결과가 없는 공수표가 아니라 그 바라는 바가 확실하게 이루어진다는 뜻이다. 곧 시간이 지나면 그 바라는 바가 이루어지는 객관적 실체가 있는 것이라는 의미이다. 이런 점에서 성경에서 말하는 '믿음'은 세상 사람들이 말하는 주관적인 '신념'과는 다른 것이다.

외국인과 나그네(11:13)

히브리서 기자는 믿음으로 살았던 믿음의 조상들을 가리켜 '외국인과 나그네'라고 말한다. 이 말은 원래 아브라함이 헷 족속에게 한 말에서 유래하였다. 그 때 아브라함이 말하기를 "나는 당신들 중에 나그네와 우거한 자니 …"라고 하면서 매장지를 팔라고 청하였는데(창 23:4), 여기에 사용된 '나그네와 우거한 자'가 곧 히브리서에 나타나는 '외국인과 나그네'이다.

'외국인'이란 '낯선 사람' 곧 '외지인'(foreigners)을 뜻한다. 그리고 '나그네'란 정주(定住)하는 사람이 아닌 사람 곧 '우거(寓居)하는 자'를 뜻한다. 흠정역(KJV)에는 이것을 '순례자'(pilgrims)라고 번역하였는데, 이 번역은 오늘날 오해의 소지가 있다. 왜냐하면 본문에 사용된 '나그네'란 말은 이리저리 다니며 구경하는 순례자란 뜻이 아니라, 세상 사람들 틈에 끼어서 임시적으로 거주하는 '우거하는 자'란 뜻이기 때문이다.

따라서 히브리서 본문이 말하고자 하는 바는 우리 성도의 본향은 이 세상이 아니며, 우리는 이 세상에서 주위의 믿지 않는 자들 때문에 많은 어려움과 고통을 당하고 있다는 것이다. 그래서 하늘에 있는 본향을 바라보며 하나님의 약속을 붙들고 믿음으로 살아가는 존재가 곧 우리 그리스도인들의 본질이라는 것이다.

믿음에 대한 명언·명설교

히브리서 11장을 중심으로

「그말씀」(2009년 7월호)은 히브리서 11장을 중심으로 "믿음을 어떻게 설교할 것인가"라는 주제를 집중적으로 다루었다. 다음은 그 가운데 일부를 편집부가 선별하여 발췌한 내용이다. 더 풍성한 자료를 보고자 한다면, 「그말씀」(2009년 7월호)를 참고하라.

믿음에 대한 명언

순례자적 믿음에는 세 가지 특징이 있다. 첫째, 순례자적인 믿음은 미래지향적이다. 현실에 안주하지 않고 믿음으로 목표를 향해 지속적으로 나아가는 여정과 같다. 둘째, 순례자의 믿음에는 소망이 있다. 약속된 것을 얻기 위한 소망이 있으므로 현재의 고난을 극복할 수 있다. 셋째, 순례자들은 목표를 가지고 있다. 믿음은 부른 자의 명령에 신실하게 순종함으로 반응하는 것이다.

― 손기웅 대신대학교 신약학 교수 ―

신앙, 이성, 의심은 분명히 믿음, 사랑, 소망과 같이 잘 어울리는 세트는 아니다. 하지만 이 셋은 흔히 생각하는 것처럼 서로 적대적인 관계에 있는 것도 아니다. 오히려 서로 대립되면 심각한 문제가 발생한다. 예를 들어 합리성이 없는 믿음은 맹신이다. 믿음을 배격하는 이성은 상대주의에 빠진다. 한 점 의심 없는 믿음이나 스스로의 확실성에 대한 반성이 없는 이성은 독단적이기 쉽다. 믿음과 이성은 인간만이 가진 놀라운 은사요 능력이지만 둘 다 자주 의심에 흔들린다.　　　　　　　　　　　　 – 신국원 총신대학교 신학과 교수 –

믿음이란 하나님을 향한 바른 자세다. 빛을 향해 자세를 바로 할 때 우리의 인생이 빛으로 밝아질 수 있듯이, 하나님을 향한 자세를 새롭게 할 때 하나님의 공급으로 물을 댄 동산처럼 우리의 인생이 바뀌는 축복을 누릴 수 있다.　　　　　　　　　　　 – 장경철 서울여자대학교 기독교학과 교수 –

믿음에 대한 명설교

가장 고도의 이성조차도 보이지 않는 세계를 발견하기란 쉽지 않습니다. 그러므로 우리에겐 육의 눈으로 볼 수 없는 것을 분별케 하시고 이해의 눈을 여신 빛들의 아버지를 높일 분명한 이유가 있습니다. 믿음의 시작이요 나중이신 주님의 얼굴에 나타난 하나님의 영광의 빛을 비춰주신 그 하나님이 지금도 그의 지으신 만물을 붙들고 있습니다. 우리의 왕 그리스도께서 세상 끝날까지 통치하실 것입니다. 보이는, 그리고 보이지 않는 세계의 만유를 창조하신 하나님의 증언을 우리는 믿습니다. 이 말씀에 의해 우리는 존재하는 것과 또 눈에는 보이지 않으나 앞으로 나타날 것들에 대해서도 알고 있습니다. 그때는 이 보이는 세계는 지나가고 인자가 영광 중에 오실 것입니다.

　　　　　　　　　　　　　　　　　　　　　　　 – 존 웨슬리 –

당신은 믿음을 가졌습니까? 저는 이제 여러분이 이 믿음을 가졌는지를 확인하는 세 가지 시험을 알려드리려 합니다. 믿음의 사람은 자신의 의를 버린 사람입니다. 만일 당신이 자신을 향한 일말의 신뢰를 갖고 있다면 그것은 믿음이 아닙니다. 또한 당신이 그리스도께서 하신 일이 아닌 것을 조금이라도 의지한다면 그것은 믿음이 아닙니다. 마지막으로 당신이 자신이 한 일을 신뢰하고 만약 그 일들이 그리스도에 반하는 것이라면 그리스도와 반 그리스도는 함께 갈 수 없습니다. 그리스도는 전부 아니면 전무입니다. "나는 빈손으로 그저 십자가에 기대어 있네"라는 말처럼 진정한 믿음은 그리스도가 전부가 되십니다. 당신은 그리스도를 사랑합니까? 그를 위해 죽을 수 있습니까? 그를 섬기기 원하십니까? 그의 백성을 사랑합니까? 그렇다면 당신을 이렇게 말할 수 있습니다. "주님, 내 귀에 음악과 같은 당신의 이름을 사랑합니다."

그러나 당신이 그를 사랑하지 않는다면 당신은 그를 믿고 있는 것이 아닙니다. 그리스도에 대한 믿음은 그에 대한 사랑으로 우리를 이끕니다. 또한 진실한 믿음은 진실한 순종에 이르게 합니다. 믿음이 있다 하고 행위가 뒤따르지 않는다면 그것은 거짓입니다. 누군가 그리스도를 믿는다 하면서 경건한 삶을 살지 않는다면 이 또한 믿음이 아닙니다. 믿음은 거룩의 아버지입니다. 하나님의 축복이라는 양손에는 용납하심과 거룩이 있습니다. 누구도 그 중에 하나만을 취하거나 버릴 수는 없습니다.　　　　　– 찰스 스펄전 –

여러분은 인생의 문제를 얼마나 깊이 생각해보았습니까? 가정 문제, 경제 문제, 명예 등 이런저런 문제가 다 복잡한 것 같아도 정말로 고민해야 될 문제를 깊이 집착하게 되면, 사실 오늘 우리가 당면한 문제들은 고민할 만한 것들이 아니라는 것을 알게 될 것입니다. 고향, 우리는 돌아갈 고향이 있음을 알아야 합니다. 떠나온 고향이 아닙니다. 내가 태어난 고향도 아닙니다. 더 나은 본향입니다. 떠나온 고향을 생각했더라면 돌아갈 기회가 있었으려니와 돌아갈 곳은 그 고향이 아닙니다.

여러분도 잘 아시는 대로 믿음의 사람들, 믿음의 조상들은 다 고향을 떠나 살았습니다. 아브라함이 그렇고, 이삭이 그렇고, 야곱이 그렇고, 요셉과 모세와 롯과 에스더, 다니엘 등 다 고향을 떠나 살았습니다. 고향을 떠나 방황하는 생으로, 그렇게 일생을 살았습니다. 아니, 하나님께서 그렇게 방황하게 하셨습니다. 심지어는 아브라함에게 고향을 떠나라고 명령하십니다. 다 무엇을 의미하는 것입니까? 돌아갈 참고향이 있음을 말씀하는 것이요, 약속의 땅이 있음을 말씀하는 것입니다. 그리고 오늘이라고 하는 이 현실에 집착하지 말라는 의미입니다. 외국인과 나그네의 삶을 하나님께서 원하고 계십니다. 이 타향 생활이 당연하다는 것입니다. 그런고로 땅에서 더 기대할 것 없습니다. 참고향이 있습니다. 참고향을 생각해야 할 것입니다.

- 곽선희 -

하나님께서는 저 하늘이 무너지고, 이 땅이 꺼져도 그 약속하신 말씀에 일점일획도 변화가 없으신 분입니다. 하나님께서는 우리가 진실로 하나님의 말씀을 믿는다는 것을 시험한 다음, 합격해야만 우리의 문제의 요단 강을 갈라지게 하십니다. 하나님께서는 믿음을 시험해 보지 않고는 절대로 역사하시지 않습니다. 우리에게 부딪쳐오는 문제가 주님의 이름으로 해결될 것을 믿고 기도하고 실천할 때, 하나님의 역사가 일어나기 시작하는 것입니다.

우리는 때때로 "하나님께서 은혜를 주시면 교회에 가겠습니다. 건강을 주시면 봉사하겠습니다" 하며 조건을 내세웁니다. 그러나 이것은 요단 강이 갈라지면 법궤를 메고 건너가겠다는 말과 똑같은 것으로, 하나님 앞에서의 올바른 자세가 아닙니다. 우리 앞에 물이 흘러도 담대히 법궤를 짊어지고 요단 강으로 걸어 들어갈 때 비로소 갈라지는 것입니다. 즉 우리가 생활이 어려움에도 불구하고 십일조를 드리면, 하나님께서 복을 주십니다. 주일에 교회에 가기 싫어도 자꾸 출석하면 비로소 하나님께서 하늘 문을 여시고, 믿음과 풍성한 은혜를 부어 주시는 것입니다.

- 하용조 -

II. 본문 연구

01

천사보다
뛰어나신 그리스도

히브리서 1~2장의 주해와 적용

히브리서는 중요한 서신이면서도 많은 성도들에게 어렵게 느껴진다. 그 이유는 히브리서 저자의 문체가 특이하며 논리 전개가 복잡하기 때문이다. 특히 1장에 나오는 많은 성경 인용들은 무엇을 뜻하는지 선뜻 이해하기 어렵다. 그래서 우리는 히브리서 1, 2장을 몇 개의 문단으로 나누어서 그 중심 되는 내용을 살펴보고자 한다.

계시의 완성자 그리스도(1:1~3)

히브리서 1장은 그리스도의 뛰어나심에 대해 말하고 있는데, 그 중에서 1~3절까지는 구약의 선지자들보다도 더 뛰어나심을 말하고 있다. 하나님께서 구약 시대에는 선지자들을 통해 여러 부분과 여러 모양으로 말씀하셨다(1절). 이 부분은 분사 구문으로 되어 있어서 이어서 나오는 2절 말씀을 위한 부수적 역할을 한다. 여기 1절에서 우리가 알 수 있는 것은 선지자들은 '계시의 도구'며 하나님이 '계시의 주체'라는 사실이다. 구약 성경은 선지자들이 자신의 생각과 사상을 적은 것이 아니라 하나님의 계시를 전달한 것이다(벧후 1:21). 성경에서 계시의 주체가 되시는 하나님을 보지 못하고 인간만 보고 만다면, 그는 하나님의 말씀을 연구하는 신학자가 아니라 고대

문헌을 연구하는 역사가가 되고 말 것이다.

옛적에 선지자들로 말씀하신 하나님이 이 모든 날 마지막에 아들로 우리에게 말씀하셨다(2절). 여기서 중요한 단어는 '아들'(휘오스)이다. 비록 '아들'이란 단어에 관사가 붙어 있지 않지만 문맥에 의해 '하나님의 아들'을 가리키는 것이 분명하다. '아들'을 통한 계시는 그 이전의 선지자들을 통한 모든 계시들의 최종적 완성이다. 이런 면에서 '아들'을 통한 계시는 최종적이며 궁극적인 계시라 할 수 있다.

여기의 '이 모든 날 마지막에'란 표현에 대해서는 많은 학자들이 구약성경의 '후일에' 또는 '말일에'(베아하리트 하야밈, 창 49:1; 민 24:14; 신 4:30; 사 2:2; 렘 23:20; 겔 38:16; 단 10:14; 호 3:5; 미 4:1 등)란 표현과 같은 것으로 본다(예를 들어 F. F. Bruce, *The Epistle to the Hebrews*, 1964, p. 3). 이 '말일'은 하나님께서 그의 백성에게 특별한 은혜를 베푸실 때이며 메시아를 보내실 때다(F. W. Grosheide, *De brief aan de Hebreen*, 1927, p. 65). 그래서 어떤 사람은 히브리서의 이 표현은 '시작된 종말론'(inaugurated eschatology)을 의미한다고 한다(Bruce, 3 각주 14).

그러나 히브리서의 이 표현을 자세히 보면 구약의 '후일에'란 표현과 비슷하기는 하지만 정확하게 일치하지는 않는다는 것을 알 수 있다. 왜냐하면 여기 히브리서 1장에서는 '이'(투톤)라는 지시 대명사가 붙어 있어서 '앞에서 말한 날들의' 마지막 때를 가리키고 있기 때문이다. 곧 하나님께서 선지자들을 통해 여러 부분과 여러 모양으로 말씀해 오시던 '계시 역사'의 마지막 때를 가리킨다. 따라서 여기서 히브리서 기자가 표현하고자 하는 바는 예수 그리스도의 오심으로 말미암아 소위 '종말'이 시작되었다는 것이 아니라 예수 그리스도를 통한 계시는 여태까지의 모든 계시 행위들의 최종적 완성이요 궁극적 성취임을 말하는 것이다. 우리는 주석할 때 멀리 있는 문맥보다 가까이 있는 문맥, 특히 그 단어나 표현이 속해 있는 문장을 더 중요시해야 하며 단어 하나하나에 주의를 기울여야 한다.

2절 하반절에서는 이 '아들'에 대해 총괄적으로 간단히 서술하고 있다.

하나님께서 그를 '만유의 후사' 곧 '만물의 상속자' 로 세우셨으며, 그를 통하여 '모든 세계' 를 지으셨다. 여기서 '세계' 로 번역된 '아이오네스' 는 주로 '세대' (ages)란 의미로 쓰이지만 '우주, 세계' (worlds)란 의미로도 쓰인다. 어떤 사람은 이것은 단지 '세계' 란 의미가 아니라 '세계의 역사' 곧 이 세계와 그 위에서 일어나는 모든 역사를 포함한 개념으로 보기도 한다(Grosheide, 66). 그러나 여기에 '지으셨다', '만드셨다' (에포이에센)는 단어가 있으므로 세상 '역사' 로 보기는 어렵다. 만일 그렇다면 여기에 '지으셨다' 는 단어뿐만 아니라 '주관하신다, 다스리신다' 는 단어가 왔어야 할 것이다. 따라서 여기의 '아이오나스' 는 11:3에서와 같이 하나님께서 창조하신 모든 우주, 세계로 보아야 할 것이다(Bruce, 4).

3절에서는 이 '아들' 에 대해 좀 더 설명하고 있다. "이는 하나님의 영광의 광채시요 그 본체의 형상이시라." 여기서 '본체' 란 단어는 헬라어로 '휘포스타시스' 인데 아직 이후의 교의학에서 발전된 바와 같은 '위격' (person)의 의미는 가지고 있지 않다. 여기서는 그 단어의 원래의 의미를 따라 '존재' (existence) 또는 '본질' (essence)이라는 의미로 사용되었다(Grosheide, 67f.). 그리고 '형상' (카라크테르)이란 말은 '도장을 찍은 인(印)' 을 뜻한다. 도장을 찍으면 그 '인' (印)은 '도장' 과 동일하지만 도장과는 분리된 독립적인 존재가 된다. 이처럼 하나님의 아들 그리스도는 하나님과 동일한 '본질' 을 가지고 있지만, 위격상으로는 '구별된 존재' 다. 그래서 그는 하나님의 영광을 나타내는 '광채' 가 되신다(Grosheide, 67).

천사들보다 뛰어나신 그리스도(1:4~14)

4절 이하에서는 그리스도께서 천사들보다 뛰어나심에 대해 구약 성경의 여러 구절들을 인용하면서 논증하고 있다. 여기서 우리는 히브리서 기자의 뛰어난 성경지식과 논증의 예리함을 볼 수 있다.

1. 더 나은 이름을 얻으심(4~5절)

4절과 5절에서는 그리스도께서 천사보다 '더 나은 이름'을 얻으셨다는 것을 언급하고 있다. 우리말 성경에 '아름다운'이라고 번역된 헬라어 단어 '디아포로테로스'는 비교급으로서 '더 나은, 우월한'(superior)이란 뜻이다. 곧 그리스도께서는 '하나님의 아들'이라는 이름을 얻으셨지만, 천사는 결코 그런 적이 없다는 것이다.

2. 천사들의 경배를 받으심(6~7절)

그리스도께서는 천사들로부터 경배를 받으시지만, 천사는 하나님을 섬기는 자들에 불과하다(6~7절). 6절에서는 그리스도를 '프로토토코스'라고 부른다. 이것은 개역판 성경에 '맏아들'로 번역되어 있지만 원뜻은 '먼저 나신 자'이다(골 1:15 참조). 그리고 6절에서 '경배한다'(프로스퀴네오)는 단어는 '~에게 무릎을 꿇는다'는 것을 뜻한다. 그리고 7절은 시편 104:4의 인용인데, 우리 개역판 성경에는 "그는 그의 천사들을 바람으로 그의 사역자들을 불꽃으로 삼으시느니라"고 번역하고 있다. 여기의 '바람'(프뉴마타)란 단어는 경우에 따라 '영들'로 번역될 수도 있지만, 같은 절 안의 '불꽃'과의 대비 관계 때문에 개역판 성경에서처럼 '바람'으로 번역하는 것이 옳다고 생각된다.

그리고 '사역자들'(레이투르구스)이란 단어는 '섬기는 자들'(servants)로 번역하는 것이 더 나을 것이다. 그러나 어쨌든 "그는 그의 천사들을 바람으로 그의 사역자들을 불꽃으로 삼으시느니라"는 문장은 그 의미가 자연스럽지 못하다. 이 문장은 가능한 목적어를 두 개씩 가지고 있기 때문에 어느 단어를 목적어로 보고 어느 단어를 목적 보어로 보느냐 하는 문제가 있다. 그러나 시편에서처럼 목적어와 목적 보어를 바꾸어서 "바람을 그의 천사(天使 또는 使者)로 삼으시며, 불꽃을 그의 사역자(使役者 또는 섬기는 자)로 삼으시느니라"고 번역하는 것이 옳다고 생각된다(비교. G. W. Buchanan, *To the Hebrews*, 1981, p. 18f).

3. 하나님 되심(8~9절)

8절과 9절에서는 시편 45:6~7의 말씀을 인용하고 있다. 히브리서 기자가 이 부분에서 논하고자 하는 핵심은 하나님의 아들 그리스도를 '하나님'으로 부르고 있다는 사실이다. 이러한 논증이 왜 성립하는지는 우리 개역판 성경에서는 분명하지 않다. 그 이유는 8절에서 2인칭 인칭 대명사를 '주'(主)라고 번역하고 있기 때문이다. 그러나 8절을 원문 그대로 번역하면 "하나님이여 너의 보좌가 영영하며 너의 나라의 홀은 공평한 홀이니이다"가 된다. 여기서 우리는 '너'를 '하나님'이라고 부르고 있음을 알 수 있다.

그렇다면 여기서 '너'가 누구인가 하는 것이 관건이다. 그런데 9절에 보면 "네가 의를 사랑하고 불법을 미워하였으니 그러므로 하나님 곧 너의 하나님이 즐거움의 기름을 네게 부어 네 동류들보다 승(勝)하게 하셨도다"라고 말하고 있다. 따라서 여기의 '너'는 하나님께서 기름 부으신 왕, 곧 메시아를 가리킨다는 것을 알 수 있다. 이처럼 보통 사람들은 지나쳐 버리기 쉬운 인칭 대명사에 주목함으로써 그리스도의 하나님 되심을 논증하는 것을 볼 때, 히브리서 기자가 구약 성경을 얼마나 자세히 읽고 연구했는가 하는 것을 알 수 있다.

4. 창조자 되심(10~12절)

10절부터 12절까지에서는 시편 102:25~27을 인용하고 있다. 여기서는 하나님(의 아들)의 창조주 되심과 영존하심을 말하고 있다. 10절 초반에서는 하나님(의 아들)을 '주여'라고 부르고 있다. '주'(퀴리오스)란 만물의 주재자이며 또한 우리의 주관자임을 뜻한다. 그 다음에 나오는 '주께서', '주의', 그리고 '주는'은 다 원래 2인칭 대명사(너, 당신)이다. 그렇다면 여기의 2인칭 대명사가 누구를 가리키는가 하는 것이 중요한데, 이 구절들과 시편 102편의 전체 문맥을 볼 때 이는 여호와 하나님을 가리킨다고 생각된다. 그런데 구약에서 일차적으로 '여호와' 하나님을 가리키는 것이 70인역에서 '주'로 번역되었고 이것이 신약에서 '그리스도'에게 적용되는 예가 많다. 이것은 삼위일체 안에서 위격의 혼동을 의미하는 것이 아니라, 2절에서 히브리서 기자가 말한 바와 같이 "아들로 말미암아 모든 세계를 지으셨기" 때문이다(비교. Grosheide, 79).

5. 천사의 열등함(13~14절)

그러나 13절에서 천사들에게는 이러한 영광과 권세가 주어지지 않았음을 말하고 있다. 곧 "내가 네 원수로 네 발등상 되게 하기까지 너는 내 우편에 앉았으라"(시 110:1)는 말씀은 천사에게 주어진 것이 아니다. 시편에 있는 이 구절의 서두("여호와께서 내 주에게 말씀하시기를")를 볼 때, 이 말씀은 메시아에게 하신 것이 분명하다.

그리고 14절에서는 결론적으로 천사란 어떤 존재인가를 말하고 있다. "모든 천사들은 부리는 영으로서 구원 얻을 후사들을 위하여 섬기라고 보내신 것"이다. 모든 천사들은 '섬기는 영들'로서, 그 섬김의 대상은 '장차 구원을 상속할 자들'이다. '구원을 상속한다'는 것은 종국적으로 구원을 이루는 것을 의미하는데, 이는 구원받은 성도들이 천국에 들어가는 것을 말한다. 이처럼 천사들은 구원받은 성도들, 곧 종국적으로 천국에 들어갈 하나님의 자녀들을 섬기는 영들이다. 따라서 우리가 천사들을 경배하거나 의지하거나 두려워하는 것은 잘못이다. 우리가 경배하고 섬길 분은 오직 살아 계신 하나님뿐이시다.

이같이 큰 구원(2:1~4)

2장에 들어와서는 앞장에서 말한 사실에서 실제적인 교훈을 도출하고 있다(1~4절). 이처럼 천사보다 월등히 뛰어난 하나님의 아들을 우리가 믿고 있으니, 우리가 받은 구원을 등한히 여기면 안 된다는 것이다. 우리의 주님이 위대할수록 우리가 받은 구원도 그만큼 위대한 것이다. 그렇기 때문에 하나님의 아들 그리스도께서 베풀어 주신 '이같이 큰 구원'을 우리가 소중히 여기고 조심해야 할 것을 말하고 있다. '이같이 큰 구원'이 어떤 것인가에 대해서는 3절과 4절에서 말하고 있다(이에 대해서는 이 책에 있는 필자의 "히브리서 난해 구절 연구"를 참조하라).

고난 받으신 그리스도(2:5~10)

5~10절까지에서는 다시금 그리스도 예수에 대해 말한다. 먼저 천사와의 대비에 의해 그리스도에 대해 설명하는 것은 1장에서와 같다. 그러나 점점 그리스도의 고난으로 나아가는 점이 다르다고 할 수 있다. 히브리서 기자는 여기서 시편 8:4~6을 인용하고 있다. "사람이 무엇이관대 주께서 저를 생각하시며 인자가 무엇이관대 주께서 저를 권고하시나이까 저를 잠간 동안 천사보다 못하게 하시며 영광과 존귀로 관 씌우시며 만물을 그 발 아래 복종케 하셨느니라"(히 2:6~8).

그리고 나서 그는 다음과 같이 논증한다. 시편 8편에 의하면 하나님께서 만물을 인자(人子)의 발 아래 복종케 하셨다고 하지만, 만물이 저에게 복종한 것을 아직 보지 못하고 있다. 오히려 천사들보다 잠깐 동안 못하게 하심을 입은 자, 곧 죽음의 고난을 받으심을 인하여 영광과 존귀로 관 쓰신 자 예수를 보고 있다(8~9절). 이 사실에서 히브리서 기자는 만물을 복종케 하기 이전에 '그리스도의 고난과 영광'이 필요함을 논하고 있다. 여기서 우리가 주목해야 할 사실은 히브리서 기자가 구약의 시편에서 '그리스도의 고난과 영광'을 읽고 있다는 사실이다. 우리는 구약 성경을 한낱 이스라엘의 역사책이나 유대교의 경전으로 읽으면 안 된다.

우리는 예수님께서 직접 말씀하신 대로 이 성경은 그리스도를 증거하는 책으로 읽어야 한다(요 5:39). 물론 구약 성경의 아무 데서나 억지로 그리스도를 발견하려고 해서는 안 되지만, 구약 전체가 그리스도를 증거한다는 사실을 늘 염두에 두어야 한다. 그리고 구약의 어떤 구절들에서 합당한 근거가 있을 경우에는 직접적으로 그리스도를 증거하는 것으로 읽어야 한다.

여기서 히브리서 기자는 구약에 예언된 하나님의 말씀이 완전히 실현되기 위해서는 시간의 진행이 필요함을 보고 있다. 만물을 메시아의 발 아래 복종시킬 것이라는 구약의 예언은 그리스도께서 오심으로 즉시 다 이루어진 것은 아니다. 만일 그랬더라면 구약의 예언이 기계적으로 이루어졌겠지만, 우리 인간의 구원이 배제된 의미 없는 승리였을 것이다. 그렇다면 그것은 진정한 승리라 할 수 없다. 왜냐하면 하나님의 구원 계획이 무시된 그리스도 혼자만의 승리로 끝나고 말았을 것이기 때문이다. 따라서 그리스도께서 만물을 발 아래 두시기 전에 먼저 자신이 고난 받으시고 그것을 통해 온전케 되시는 일이 필요했다. 왜냐하면 이렇게 함으로써 많은 사람들을 인도하여 하나님의 영광에 들어가도록 하셔야 했기 때문이다(10절).

위 시편 8편의 말씀을 이해함에 있어서 아직 중요한 두 가지 문제가 남아 있다. 하나는 여기 나오는 '인자'(人子)를 어떻게 이해할 것인가 하는 것이고, 다른 하나는 '잠깐 동안'이라고 번역된 단어를 어떻게 볼 것인가 하는 것이다. 먼저 시편 8:4(히 2:6)의 '인자'에 대해 생각해 보자. 우선 여기의 '인자'(휘오스 안트로푸)는 바로 앞의 '사람'(안트로포스)과 동의어로 사용되었기 때문에 일반적인 의미에서의 사람을 가리키는 것으로 생각된다. 그래서 어떤 이는 이 '인자'에 대해 예수님을 가리키는 것으로 생각하면 안 된다고 한다. 그 이유는 신약에서의 '인자'란 표현은 다니엘 7:13에서 온 것이며, 시편 8편에서 온 것은 아니기 때문이라고 한다(Grosheide, p. 91 각주 2). 그러나 이러한 견해는 히브리서 2장에서 '인자'란 표현이 하나님의 아들 예수를 가리키고 있다는 분명한 사실을 간과하는 잘못을 범하고 있다(이 점에 대해서는 Buchanan, p. 27가 잘 지적하고 있다). 물론 다윗이 시편 8편을 기록할 때 과연 '메시아'에 대한 예언으로 생각하고 기록했을지는 의문스럽다. 어쩌면 다윗은 그냥 하나님의 형상대로 지음 받은 인간 - 비록 타락한 상태에 있기는 하지만 그래도 여전히 하나님의 형상을 간직하고 있는 인간 - 의 존귀함과 영화로움을 노래했다고 보는 것이 더 자연스러워 보인다.

그러나 이러한 인간 저자(제 2 저자)의 생각을 뛰어 넘어서 역사하시는 원 저자(제1 저자)가 계신다. 하나님께서는 가끔 인간 저자가 미처 생각지도 못한 미래에 대한 예언을 당대의 평범한 말들 가운데 심어 두시기도 한다. 그래서 어떤 경우에는 인간 저자가 당대나 지나간 일들에 대해 말한 것이 미래의 메시아 시대의 일에 대한 예언이 되는 경우도 있다(예를 들어 호 11:1). 시편 2편의 '열국을 다스리시는 왕(王)'에 대한 말씀과 110편의 '원수를 발등상 아래 두게 될 주(主)'에 대한 말씀이 메시아에 대한 예언이라는 사실을 과연 이를 기록한 다윗이 알았을까? 나아가서 이사야서의 많은 메시아 예언에 대해서도 이사야가 그 의미를 그 당시에 이미 알았을까? 이런 질문에 대해 오늘날 우리가 확정적으로 대답하기는 어렵지만 회의적인 생각이 든다. 왜냐하면 구약 시대에는 아직 신약 시대에서와 같은 분명한 계시가 주어지지 않았기 때문이다. 그래서 베드로는 말하기를 "이 구원에 대하여는 너희에게 임할 은혜를 예언하던 선지자들이 연구하고 부지런히 살펴서 자기 속에 계신 그리스도의 영이 그 받으실 고난과 후에 얻으실 영광을 미리 증거하여 어느 시, 어떠한 때를 지시하시는지 상고하니라"(벧전 1:10~11)고 하지 않았던가?

이처럼 성경은 인간 저자를 통해 주신 하나님의 말씀이기 때문에 인간의 생각을 초월하는 하나님의 의도와 생각이 들어 있다. "여호와의 말씀에 내 생각은 너희 생각과 다르며 내 길은 너희 길과 달라서 하늘이 땅보다 높음같이 내 길은 너희 길보다 높으며 내 생각은 너희 생각보다 높으니라"(사 55:8~9). 우리가 이 사실을 인정하지 않으면 성경을 한낱 인간의 작품으로 보게 되며 성경을 제대로 이해할 수 없게 된다(이에 대해서는 1997년 6월호 「그말씀」, pp. 189~196에 실린 필자의 "선지서 예언의 해석과 적용"을 참조하라).

어쨌든 시편 8편에서 모호했던 것이 히브리서 2장에서 분명하게 드러나고 있다. 여기서 히브리서 기자는 조금도 머뭇거림없이 시편 8편에 언급된 '인자'를 '죽음의 고난을 받으심으로 인하여 영광과 존귀로 관 쓰신 예수'

로 보고 있다. 이로써 우리도 시편 8편에 기록된 '인자'가 고난 받으시고 영광 받으신 예수 그리스도를 가리킨다는 사실을 알 수 있다. 여기서 우리는 신약 성경이 구약 성경에 대한 해석자 역할을 하고 있음을 보게 된다. 옛날에 어거스틴이 말했듯이 "신약은 구약 안에 감추어져 있고, 구약은 신약 안에서 드러난다"(Novum Testamentum in Vetere latet, Vetus in Novo patet).

그러나 앞에서 말한 것처럼 시편을 기록할 당시에 다윗이 이 모든 의미를 다 알았다고 보는 것은 무리라고 생각된다. 그러므로 다음과 같이 이해하는 것이 옳을 것이다. 다윗은 이 시를 기록할 때 자기로서는 아마 하나님의 형상대로 지음 받은 인간의 아름다움과 영화로움을 노래하였을 것이다. 그렇지만 하나님께서는 이 다윗의 시 가운데 고난 받으시고 영광 받으실 메시아의 모습을 함께 표현하셨다. 전자의 의미는 인간 저자 다윗이 표현하고자 했던 일차적 의미고, 후자는 하나님께서 나타내고자 하셨던 참된 의미이다. 물론 하나님께서는 후자의 의미일 뿐 아니라 전자의 의미도 받으셨다. 그러나 다윗이 표현하고자 했던 것도 나름대로 진리이지만 하나님께서 심어 두셨던 후자의 의미가 더 중요하고 심오한 진리이다. 이 심오한 메시아적 의미는 때가 차매 그리스도의 오심을 통해 신약 성경에서 분명히 드러나게 되었다.

따라서 우리는 구약의 어떤 구절의 말씀은 '이중적 의미'를 가질 수 있다고 생각한다. 구약 성경, 특히 예언의 어떤 특정한 부분에서 이중적 의미 또는 다중적 의미를 배제해 버린다면 근본적으로 구약 성경을 통해 말씀하시는 하나님의 역할을 부인하게 될 위험성이 있다. 우리는 성경에서 단지 인간 저자만 보고 말 것이 아니라 그 인간 저자들을 통해 말씀하시는 하나님을 보아야 한다. 물론 대부분의 경우는 인간 저자를 통해 표현된 그것이 곧 하나님의 의도와 일치한다고 보아야 한다. 이것이 대개의 일상적인 경우이다.

그러나 특별한 경우에 하나님께서는 인간 저자를 뛰어 넘어서 그 인간 저자가 알지도 못하고 생각지도 못한 내용을 주실 수 있다. 이럴 경우에 인간 저자는 대개 당대의 어떤 사실에 대해 나름대로의 의미를 가지고 표현하지만, 하나님께서는 그것을 넘어서서 장차 메시아 시대에 이루어질 것들을 예언하시는 것이다. 이 때에는 인간 저자의 이해와 신적 저자의 이해 사이에 차이가 발생하게 된다. 그러나 대개 신적 저자의 이해는 인간 저자의 이해를 배척하지 아니하고 포함하는 경우가 많다. 그렇기 때문에 구약 성경은 구약 성경대로 자연스럽게 읽혀지지만, 그 참 의미는 신약 성경에 의해 드러나는 경우가 많이 있게 된다. 이처럼 어떤 특정 부분에서 성경의 이중적 의미의 가능성을 인정하느냐 않느냐 하는 것은 결국 전능하신 하나님의 역할을 인정하느냐 하지 않느냐 하는 문제와 직결된다.

다음으로 7절과 9절에 있는 '잠간 동안'(브라퀴 티)이란 표현에 대해 생각해 보자. 이 표현은 다음 두 가지 의미를 가질 수 있다. ① 조금(a little), ② 잠깐 동안(for a little while). 의미상으로는 두 가지가 다 가능하며 어느 것을 택해야 할지 판단하기 어렵다. 그러나 이 단어가 여기서 '인자가 천사보다 못한 것'과 '영광과 존귀로 관 쓰신 것' 사이에 대비되는 문맥에서 사용된 것을 볼 때 '잠깐 동안'으로 보는 것이 더 낫다고 생각된다(Grosheide, 92). 곧 예수님께서는 잠깐 동안 천사보다 못한 상태로 낮아지셨지만(시 22:6, 빌 2:6~8 참조), 곧 하나님에 의해 영화롭게 되신 것이다.

우리의 형제 되신 그리스도(2:11~18)

11절 이하에서는 하나님의 아들이신 그리스도께서 우리와 같이 되시고 형제가 되신 사실에 대해 말하고 있다. 곧 앞 문단에서 말한 바 그리스도의 고난이라는 주제를 좀더 발전시켜 그리스도의 낮아지심과 우리의 형제 되심에 대해 말하고 있다. 이처럼 그리스도께서 범사에 우리와 같이 되신 것은 우리를 죄에서 구속(救贖)하시기 위함이다(17절). 여기서도 우리는 높으신 그리스도, 모든 천사들 위에 뛰어나신 그리스도께서 홀로 영광을 취하시는 것이 아니라 낮고 비천한 인간을 돌아보시는 사랑의 구주가 되심을 알 수 있다.

먼저 11절에서는 하나님의 아들 그리스도와 그를 믿는 하나님의 자녀들이 한 분 하나님에게서 나신 사실을 말하고 있다. "거룩하게 하시는 자와 거룩하게 함을 입은 자들이 다 하나에서 난지라." 여기서 '거룩하게 하시는 자'란 하나님의 아들을 뜻하고 '거룩하게 함을 입은 자들'이란 하나님의 자녀들을 뜻한다. 그리고 '하나'란 하나님 아버지를 뜻한다. 따라서 여기서 말하고자 하는 것은 하나님의 아들과 하나님 자녀들의 출생의 근본이 동일하다는 것이다. 하나님의 아들은 영원 전부터 나셨고, 하나님의 자녀들은 그를 믿으므로 거듭 태어났다. 이처럼 하나님의 아들의 출생과 우리의 출생의 '근원'이 같으므로 그리스도와 우리 사이에는 일종의 '형제' 관계가 성립된다는 것이다. 이것이 히브리서 기자가 여기서 논증하고자 하는 핵심이다(11~13절).

14절에서는 하나님의 자녀들이 '혈육'(血肉)에 속한 것과 마찬가지로 그리스도께서도 '혈육'에 속하였음을 말한다. 곧 그리스도께서 우리와 동일한 인간, 참 사람이 되셨다는 뜻이다. 그리스도는 모든 일에 우리와 같이 되셨지만 죄는 없으시다(히 4:15). 이처럼 그리스도께서 우리와 같은 사람이 되신 것은 헛된 신화에서처럼 사람되는 것이 좋아서가 아니다. 사실 하나님의 아들이 하늘 영광을 버리고 사람이 되신 것은 종의 형체를 가져 비천하게 되신 것이요 엄청난 자기 비하였다. 그럼에도 불구하고 사람이 되신 것은 사망의 세력을 잡은 자 마귀를 무력화시킴으로 사망의 공포에 사로잡혀 종노릇하는 우리 인간을 구원하시기 위해서였다(14~15절). 곧 죄에 빠져 죽어 가는 우리 인류를 불쌍히 여겨서 구원하시고자 하는 사랑이 하나님의 아들로 하여금 비천한 사람이 되게 하신 것이다(14절의 "마귀를 없이 하시며"라는 표현에 대해서는 이 책에 있는 "히브리서 난해 구절 연구"를 참조하라).

그래서 17절은 이러한 하나님의 아들을 가리켜 '자비하고 충성된 대제사장'이라고 부르고 있다. 여기서 '자비한'이란 말은 '긍휼히 여기는'이란 뜻이다. 곧 죄에 빠져서 사망의 종노릇하는 우리 인간을 불쌍히 여긴다는 뜻이다. 그리고 '충성된' 이란 것은 '자기의 맡은 일을 성실히 감당하는' 이란 뜻이다. 그리스도는 죄인들을 구원하라고 하나님께서 맡겨 주신 일을 성실히 이루셨다. 힘들고 짜증나고 고통스럽고 억울하다고 해서 포기하지 아니하시고 끝까지 자기의 소임을 다 이루셨다.

그리고 '대제사장' 이 되셨다는 것은 구약의 제사 제도에 잘 나타나 있듯이 백성의 죄를 속(贖)하는 역할을 감당하는 자가 되셨다는 뜻이다. 구약 시대에는 대제사장이 짐승을 잡아 제물로 드렸지만, 그리스도께서는 자기 몸을 제물로 드리셨다. 그래서 그리스도께서는 '대제사장' 인 동시에 우리를 위한 '희생제물' 이 되신 것이다. 여기서 우리는 우리를 구원하시기 위해 기꺼이 자기 몸을 드리신 예수님의 희생과, 독생자를 아끼지 않고 내어 주신 하나님의 크신 사랑을 알 수 있다. "사랑은 여기 있으니 우리가 하나님을 사랑한 것이 아니요 오직 하나님이 우리를 사랑하사 우리 죄를 위하여 화목제로 그 아들을 보내셨음이라"(요일 4:10).

이러한 사랑을 받은 우리는 이 사랑을 본받아 서로 사랑하는 것이 마땅하다. 새 천년, 새 세기에는 남을 헐뜯고 비방하며 꼬집고 욕하기를 잘하는 옛 사람을 벗어버리고, 우리 예수님의 사람 사랑하심을 본받아 형제를 사랑하고 이웃을 사랑하는 새 사람이 되어야 하겠다. 이렇게 하는 것이 진정 이웃을 감동시키고 사회를 변화시키는 것이 되며 무엇보다도 내 자신이 하나님 앞에서 바로 서는 것이 된다. 이것이 새 천년을 살아가는 우리 그리스도인들의 각오와 삶의 태도가 되어야 할 것이다.

02

성도는
하늘에 본향을 둔 순례자

히브리서 3:1~4:13의 주해와 적용

히브리서는 환난과 박해 속에서 기독교 신앙을 부정하고 떠나려 했던 초대 교회의 그리스도인들에게 권면과 확신을 촉구하는 메시지를 담고 있는 목회서신적 설교문이다. 여기서 살피게 될 히브리서 3:1~4:13은 전체가 13장으로 구성된 히브리서의 한 부분이다. 우리가 해석해야 할 본문이 전체의 한 부분이라는 기본적인 사실을 잊지 않는 것이 매우 중요하다. 이는 본문주해는 전체 문맥을 이해하는 것에서 시작하기 때문이다.

전체 문맥 속에서 바라본 히브리서 3:1~4:13 이해

히브리서를 받아 읽었던 공동체는 다원적 문화 속에서 살아가고 있던 유대 기독교 공동체였다. 그들은 복음을 받아들인 이후, 얼마간은 그들의 신앙을 생동감 있는 모습으로 간직했지만, 곧 이어 닥친 여러 유무형의 압력 앞에서 그들은 민족적 동질감의 근원인 유대교와 문화적인 고향인 헬라적 이방 요소들을 그리워하는 유혹을 받게 되었다. 그 결과 오직 예수 그리스도로 말미암은 '복음의 절대성'을 포기하고 다원주의적 가치관을 수용했으며, 그러한 가운데 자신들의 최종목표인 '안식'을 망각했고, 마침내 '배교'라는 마지막 위기에 처했던 것이다.

한마디로, 당시 공동체가 직면한 문제는 '절대성의 상대화'이며, 또한 '상대주의의 보편화'라고 말할 수 있다. 기독교의 정체성을 무너지게 하는 것은 바로 신앙의 대상을 상대화시키는 자세로부터 기인했던 것이다. 히브리서 저자는 이 혼란의 근본적인 원인을 정확히 파악했다. 그래서 이것을 회복하기 위해 공동체가 상대화시켜 버렸던 신앙의 대상, 곧 '예수 그리스도를 재확인'하는 것에서부터 그의 권면을 시작한다. 그것은 바로 기독론적인 권면, 즉 '예수님의 신성과 인격'에 관한 것이었다. 그 이유는 만약 이런 기본을 공동체가 굳게 견지하고 있었다면, 공동체는 그 어떤 박해와 위협에도 결코 흔들리지 않았을 것이기 때문이었다. 그런 이유 때문에 이들에게 주어지는 중심 메시지는 예수 그리스도에 관한 것으로 "예수를 깊이 생각하라"는 것이었다.

그들은 그들이 이 세상 속에서 박해와 핍박을 받고 있었던 결정적인 이유인 예수 그리스도를 당연히 잘 알고 있어야 했다. 이는 그분을 바로 알고 당하는 박해는 가치가 있고, 또한 박해와 핍박을 능히 이겨나갈 힘을 제공하지만, 그렇지 못한 경우에는 별 의미도 없을 뿐 아니라 그것을 극복할 힘도 상실하게 되기 때문이었다.

이런 이유로 히브리서 기자는 당시 수신자들이 여러 이유로 되돌아 가려했던 유대교에 대하여 '기독교의 우월성'이라는 주제를 전개시킴에 있어서 그 주안점을 "예수 그리스도가 어떤 분인가"에 두어 권면하고 있는 것이다. 이것을 좀더 세분하면, 선지자보다 우월하신 그리스도(1:1~3), 천사보다 우월하신 그리스도(1:4~2:18), 모세보다 우월하신 그리스도(3:1~4:13), 그리고 아론보다 우월하신 대제사장 되시는 그리스도(4:14~10:18)로 나눌 수 있다. 여기서 저자는 한 걸음 더 나아가 10:19~12:29의 권면 부분도 '새롭고 산 길 되시는 예수 그리스도'에 기초하여 전개한다.

히브리서 3:1~4:13의 구조

한마디로 히브리서 3장은 1~2장을 요약하고, 5~10장을 미리 예견하는 모습을 보이고 있다. 이렇게 말할 수 있는 것은 1~2장에서 언급된 '사도 기독론'과 5~10장에 나타나는 '대제사장 기독론'이 3장에서는 동시에 설명되고 있기 때문이다(3:1 참조).

히브리서 저자는 1장과 2장에서 예수 그리스도가 하나님의 영광의 광채시고, 그 본체의 형상, 즉 아들이시고, 능력의 말씀으로 만물을 붙드시는 창조주시고, 높은 곳에 계신 위엄의 우편에 앉으신 왕이시며, 죄를 정결케 하시는 제사장이시고, 최종계시자인 선지자임을 천명하였다. 또한 예수 그리스도는 천상의 왕적 위엄을 가진 아들로서 경배를 받아야 할 존재시며, 천사보다 더욱 뛰어난 분이시라고 유대교와 비교하여 그리스도의 우월성을 선포하였다.

이제 히브리서 저자는 3장과 4장에서 이스라엘 백성들을 애굽에서 구출하여 가나안 땅으로 인도하였던 두 지도자 모세와 여호수아를 예수와 비교한다. 즉 저자는 모세의 충성과 예수의 충성, 여호수아의 안식과 예수의 안식을 비교하여 그리스도의 우월성과 그 직분의 의미를 제시하고, 모세와 여호수아보다 더 뛰어난 예수를 깊이 생각하도록 권면하고 있다. 즉 저자는 '옛 질서'인 모세와 여호수아에 대조하여 '영적 새 질서'인 그리스도를 제시함으로써, 옛 질서의 모든 영광과 비교될 수 없는 기독교의 우수성을 보여 주고자 하는 것이다. 그리하여 수신자들이 옛 질서의 체계로 되돌아가거나 배교의 시험에 빠지지 말고 믿음에 견고히 서 있을 것을 권면하고 있다.

이러한 권면을 전개할 때 본문에서 저자는 그리스도의 우월성을 직설법적으로 설명하고, 이 설명에 기초하여 "이 예수를 어떻게 따라야 할 것인가"하는 '신앙의 당위성'에 대하여 명령법적으로 권면함으로써 그의 독자들을 힘있게 설득한다. 특히 3장은 그리스도의 우월성을 설명한 직설법적인 부분과 명령법적인 권면 부분으로 잘 구분할 수 있는데, 직설법적인 부분은 실천적인 결단을 촉구하는 명령법적 권면 부분의 근거와 기초가 되고 있다.

결론적으로 3:1~4:13은 크게 두 부분으로 나눌 수 있다. 3:1~6은 그리스도와 모세 사이의 관계를 설명한 직설법적 강론부분으로 "신앙의 대상이신 예수는 모세보다 더욱 탁월하시다"고 선포하고 있다. 이어서 3:7~4:13은 이 강론에 기초한 명령법적 권면 부분으로, 이스라엘의 열조가 광야의 고난과 시험 때문에 실패했던 것을 교훈삼아 이제는 그 실패를 반복하지 말고 "예수를 깊이 신뢰하고 따릅시다"라고 간곡히 권면하고 있는 것이다.

이제 살펴볼 본문주해에서 우리가 보다 관심을 기울이고자 하는 부분은 3:1~6의 직설법적 강론부분이다. 그 이유는 "왜 그렇게 결단하고 행해야 하는지" 분명한 동기가 부여되지 않는 권면은 하나의 윤리적인 교훈에 그치고 말 것이기 때문이다.

하인 모세보다 우월하신 아들 예수(3:1~6)

1. 집주인 하나님과 그의 자녀

성경은 하나님을 묘사하기 위해 여러 가지 은유적 표현들을 사용한다. 예를 들면 아버지, 왕, 목자, 도자기 장인, 의로운 재판관 등이 그것이다. 본문에서는 또 하나의 새로운 은유적 표현을 사용하는데, 그것은 하나님을 '집주인'으로 설명하고 있는 것이다(4절). 여기서 하나님이 집주인이시라는 의미는 문자적으로 집의 소유자란 말이 되기도 하고, 또 다른 의미는 한 가정의 가장이시라는 것이다. 그렇다면 모든 우주가 다 하나님의 집인데, 왜 하나님께서는 특별한 '집'을 원하셨는가? 그 이유는 자신의 백성과 친히 함께 거하시며, 하나의 '가정'을 이루기 위한 목적에서였다. 그런 이유로 이 '집'(오이코스)라는 단어는 '가정' 혹은 '가족'이라는 두 가지의 의미를 다 나타내고 있는데, 이 본문에서 '그의 집'(2, 5, 6절)이란 말은 '하나님의 가족'을 의미하는 것으로 보는 것이 더 정확하다. 그렇다면 하나님은 이제 한 가정의 주인인 아버지의 모습을 띠게 된다.

하나님께서 이런 '하나님의 집' 혹은 '하나님의 가정'을 만드시고자 했던 이유는 무엇이었을까? 그것은 삼위 하나님이 서로를 사랑하고, 서로를 이해하며 함께 사는 모습이 이 지상에서도 사람들을 통하여 그대로 이루어지기를 바라셨기 때문이었다. 그러나 이런 바람은 첫 사람 아담과 그의 후손들의 불순종으로 인해 이루어지지 않았다. 그럼에도 하나님은 포기하지 않으시고, 이 인간 사회 속에 모형론적으로 하나님의 집을 세우시기로 결정하셨다. 그리고는 보잘것없는 한 민족, 곧 이스라엘을 선택하셔서 자녀 국가로 삼으시고, 그들을 '하나님의 아들'로 대우해 주셨다(출 4:22; 시 89:27; 렘 31:9; 호 11:1 등). 즉 하나님은 하늘로부터 그들을 자신의 가족의 구성원으로 부르신 것이다.

그런데 이것은 단지 그 때뿐 아니라 오고 오는 세대에 하나님이 그의 자녀와 가족으로 부르는 사람들에게는 동일하게 적용될 수 있는 원칙이었다. 이런 맥락에서 히브리서 저자는 수신자들을 가리켜 "함께 하늘의 부르심을 입은(하나님의 가족이 된) 거룩한 형제들"(NEB)이라고 자기와 수신 공동체의 정체성을 정의한다(1절).

2. 하나님의 집의 거룩한 형제들

그리스도인은 누구인가? 그들의 정체성에 대한 여러 가지 견해가 있겠지만 가장 보편적인 정의가 1절의 "거룩한 형제들"이라는 어구에 잘 표현되고 있다. 그들은 직접 하나님에 의해 아들로 선택되어 그의 가족이 되었으며, 그의 영원한 안식에 참여하도록 부름심을 받은 자들이었다.

히브리서의 저자가 이렇게 그들의 정체성을 규정하는 의도는 수신자들에게 자신들의 신분을 바로 자각하게 함으로써 그들의 고난적 삶이 어떤 의미가 있는 것인가를 깊이 생각하도록 하려는 의도에서이다. "함께 하늘의 부르심을 입은"이라는 말은 하나님의 부르심에 대한 그리스도인의 사명과 특권을 내포한다. 즉 그들은 예수 그리스도의 구속사역에 의하여 도래한 새 시대의 은혜에 참여하며, 새 시대의 새로운 질서에 동참하는 자들로서 "함께 부르심을 입은 자들"이다. 그들은 이제 예수 그리스도께 속한 자들로서 이미 죄로부터 정결케 된 자들이며, 옛 질서의 굴레로부터 벗어나기 위해 많은 고난 속에서 연단을 받아야 할 자들이며, 시험에 들지 않도록 믿음에 굳게 서서 인내해야 할 자들이다. 또한 그들은 서로 돕고 격려하며 사랑해야 할 하나님의 집의 아들들로서 한 가족의 형제가 된 자들이다. 이 신분의 규정 속에는 그리스도인의 삶의 목표와 삶의 방식이 어떠해야 하겠는가를 이미 내포하고 있는 것이다.

만일 이들이 이러한 자신들의 정체성, 즉 이 세상에 살지만 이 세상에 속하지 않은 구별된 하나님의 거룩한 백성이요, 하나님의 자녀라는 사실을 바로 인식했다면 그들은 결코 세상 사람들처럼 세상적인 삶의 조건에 좌우되는 삶을 살지는 않을 것이다.

3. 일꾼 모세의 역할

하나님께서는 이러한 집(가정)을 건축하기 위해 일꾼이 필요했는데, 그가 모세였다. 그는 애굽에서 하나님의 백성을 불러내어 가족을 만드는 데 중요한 역할을 담당했다. 그는 보냄을 받은 자, 곧 '사도'였고 또한 동시에 '대제사장'이었다. 한 사람에게서 하나님의 사도(특사)와 대제사장이라는 두 가지 역할이 결합된 경우는 구약 성경에 그리 흔하지 않은데, 그 몇몇 인물 가운데에서도 모세는 아주 특별한 위치를 차지하고 있다.

먼저 모세는 하나님의 사도로서 하나님의 권능을 가지고 이스라엘 무리들을 애굽으로부터 인도하여 하나님의 백성을 만들었다. 그가 이스라엘 백성들에게 사도의 역할을 했다는 것은 더 이상의 논증을 필요로 하지 않는다. 그러나 모세가 대제사장의 역할을 했다는 것은 많은 사람에게 의문을 줄 수도 있을 것이다. 이스라엘의 대제사장은 아론이 아니었던가? 물론 직함과 직임에 관한 한 이스라엘의 대제사장은 아론이었다. 그렇지만 하나님과 자기 백성과의 사이에서 가장 실질적인 대제사장, 즉 중재자의 역할을 감당했던 사람이 누구였는가? 아론이 관련되었던 금송아지 경배의 우상 축제가 있은 후 자기 백성의 죄에 대한 용서를 얻어낸 사람이 누구였는가? 그것은 아론이 아니라 바로 모세였다. 이런 맥락에서 생각해 본다면 우리는 모세가 대제사장이었다는 히브리서 기자의 말을 이해할 수 있을 것이다(2절).

이처럼 모세는 하나님의 집을 맡은 청지기로서 하나님과 직접 대면하는 특권을 누리며, 하나님의 집을 위하여 충성을 다하였다. 하나님께서 모세에 대해 말씀하시기를 "내 종 모세와는 그렇지 아니하니 그는 나의 온 집(가족)에 충성됨이라 그와는 내가 대면하여 명백히 말하고 … "(민 12:7)라고 했다. 이런 모세를 유대인들이 얼마나 존경했을 것인가? 특히 수신자들이 옛 유대교로 다시 돌아가려 했다면 그들에게 있어서 모세는 얼마나 중요한 위치를 차지하고 있었을 것인가? 배은망덕한 이스라엘을 가나안 저편까지 이르게 한 모세의 신실함과 충성! 또한 하나님을 친히 상면할 수 있었던 유일한 사람! 그래서 그를 통하여 하나님을 만날 수 있었고, 하나님께 이를 수 있었던 이스라엘의 지도자 모세!

그러나 그들의 이러한 이해와는 달리 히브리서 저자의 눈에 비친 모세의 모습은 단지 "앞으로 미래에 말해질 것에 대해 증거하는 사람", 즉 하나님의 구원이신 예수 그리스도를 증거하기 위하여 하나님의 집에서 충성했던 일꾼에 불과했던 사람이었다.

그럼에도 히브리서 독자들은 마치 모세가 최종목표인 것처럼 모든 초점을 모세에게 맞추려 하고 있었다. 그러나 그들의 최종 목표는 결코 모세가 아니었다. 모세가 될 수 없었다. 모세도 기다리며 바라보았던 분! 곧 예수였다. 그들은 그 예수를 깊이 생각하여야 했다. 그는 자신의 백성을 구원하시기 위해 하나님에 의해 하늘에서 보내심을 받은 사도시며, 지금도 그들을 위해 중보기도를 드리고 계시는 대제사장이신 분이었다. 그들은 이제

시선을 모세에게서, 모세 자신도 바라보던 예수께로 옮긴다. 이 예수께 소망을 두며 살아야만 했던 것이다. 그러나 당시 수신자들은 그것을 바로 인식하지 못하였다. 그렇다면 모세는 누구이고 예수님은 누구신가? 그들의 관계는 어떤 것이었는가? 히브리서 기자는 이것을 분명히 말하고 싶었던 것이다.

4. 하인과 집주인의 아들(3:2~6)

3:2 이하에서 저자는 모세와 그리스도를 비교하여 그리스도의 어떠하심을 밝힌다. 만일 수신자들이 강한 유대주의적인 특성을 지닌 그리스도인들이었다면 저자는 두 가지 목적을 염두에 두고 그리스도와 모세의 비교를 통하여 그리스도의 신분과 사역의 성격을 제시하고자 했을 것이다. 그 첫째 목적은, 그들의 고난적 상황에서 인내의 성격에 대한 바른 가르침을 주기 위함이었다. 즉 수신자들이 극한의 인내가 요구되는 힘든 상황에서 율법주의에 근거한 인내를 가지고 '자기 의'를 추구하려고 했다면 결국 그들은 실패하고 넘어질 수밖에 없을 것이다. 오직 예수 그리스도를 바라보는 믿음에 근거한 인내를 가질 때만 고난적 상황에서 이겨낼 수 있을 것이기 때문이다.

두 번째 목적은 모세와 그리스도의 관계에 대한 바른 이해다. 이것은 수신자들에게 기독교의 정체성에 대하여 올바른 가르침을 주기 위한 것이었다. 수신자들이 처한 고난의 원인에 대하여 여러 해석이 있을 수 있겠지만, 만일 강한 유대주의적 배경을 가진 그리스도인들이 공동체 내에 존재했다면, 또한 그들이 공동체 내에서 영향력을 행사하는 지도적 위치에 있었다면, 그리고 그 공동체가 유대주의로 다시 돌아가거나 아니면 고난에 대한 인내가 실패하여 배교적 상황으로 떨어질 가능성이 있었다면 모세와 그리스도의 관계에 대한 바른 이해는 이런 상황에 아주 적합한 교훈이 될 것이다.

저자는 3:2~6에서 그리스도와 모세를 두 가지 면에서 비교한다. 2~3절에서는 하나님이신 그리스도와 사람인 모세를 비교하고, 5~6절에서는 주인의 아들인 그리스도와 집주인의 일꾼인 모세를 비교하고 있다.

먼저 저자는 '충성'이란 한 주제 속에서 모세와 그리스도를 비교하고 있는데, 모세와 그리스도의 충성이 '같다'고 말한다. "저가 자기를 세우신 이에게 충성하시기를 모세가 하나님의 온 집에서 한 것과 같으니"(2절). 그러나 이제 저자는 수신자들을 여기서 한 걸음 더 끌고 들어가 이 둘 사이의 차이점을 부각시킨다. 즉 둘 사이에 공통점이 있기는 하지만, 예수는 모세와는 비교할 수 없는 분이시기에 더욱 영광을 받으셔야 한다는 것이다. 이것은 단순히 우월성을 위한 비교가 아니라, 둘 사이의 관련성을 밝히는 비교다. 모세는 그 집에 속한 자고, 예수는 그 집을 지으신 분이다. 이것은 창조주와 피조물간의 관계이기도 하다. 이러한 모세와 그리스도의 관계는 다음에 이어 나오는 모세의 사역과 그리스도의 사역의 비교를 위한 발판이 된다. 즉 3절과 4절의 비교의 결과는 5절과 6절의 전제가 되는 것이다.

5~6절에서 모세는 하나님의 온 집의 사환으로서 충성했고, 그리스도는 그의 집 맡은 아들로서 충성하였다고 비교한다. 이 비교 역시 단순히 모세에 대한 그리스도의 우월성을 비교하는 것이 아니라, 모세의 사역과 그리스도의 사역의 관계성과 성격의 차이를 묘사하는 비교이다. 모세의 사역은 "장래에 말할 것을 증거하기 위하여"(5절) 계획된 것이었다. 본 서신의 후반부에 사용된 용어를 빌린다면 "장치 오는 좋은 일의 그림자"로서 계획되었다는 것인데(10:1), 그 '좋은 일'이란 현재 그리스도 안에서 이루어진 구원의 성취를 말한다. 즉 하나님이 모세의 사역을 통하여 이스라엘을 구속하신 것은, 훗날 하나님이 그리스도를 통해 자신의 백성을 구원하실 것에 대한 예표였던 것이다. 모세가 바라던 믿음의 실상은 예수 그리스도 안에서 이루어졌고, 따라서 모세는 그리스도 안에서 성취될 구원을 위한 증거자로서의 역할을 했던 것이다.

결론적으로, 저자가 이 직설법적 강론에서 의도하는 것은 단순히 모세와 예수의 비교를 통한 예수의 우월성을 증명하는 것이 아니다. 그보다는 모세와 그리스도와의 관계를 '성취적 관점'에서 비교함으로써 기독교의 정체성을 설명하고 있는 것이다. 만일 수신자들이 모세의 사역에 대한 오해를 가지고 다시 유대주의로 돌아가려 했다면 저자는 그들에게 모세의 사역에 대한 잘못된 관점을 교정할 뿐만 아니라, 그들이 깊이 생각하는 "모세마저도 바라보았던 그 예수를 깊이 생각하라"는 강력한 메시지를 제시하고 있는 것이다.

5. 직설법적인 강론의 핵심 교훈

저자가 하나님을 집주인으로, 그리고 그 집의 일꾼인 모세와 아들인 예수 그리스도의 관계를 설명했던 이 강론의 핵심적인 기록 목적은 무엇이었을까? 그것은 모세도 바라보았던 "이 예수를 깊이 생각하라"는 것이었다.

그렇다면 이 예수는 어떤 분이신가? 이미 히브리서 저자는 여러 가지로 예수님의 신분과 사역에 대하 설명하였는데, 3:1은 1:1~2a, 그리고 2:1~5과 깊은 연관성을 가지고 있다. 저자는 앞서 예수는 '하나님의 최종적 계시'임을 천명하였다. 뿐만 아니라 하나님의 아들이신 예수께서 이 땅에 오셔서 이 세상의 형제들과 같이 되셨고, 또한 하나님의 일에 충성된 대제사장이 되어 백성의 죄를 구속하셨고, 또한 친히 시험을 받아 고난을 당하셨기 때문에 능히 시험받는 자들을 도우시는 분이라 말했다. 이 말은 예수는 '사도'이시며, '대제사장'이라는 것으로 다시 요약될 수 있다.

예수는 하나님의 보내심을 받고 이 땅에 오신 하나님의 아들로서, '사도'이다. 동시에 예수는 자신의 죽음과 고난을 통하여 자기 백성을 자기 죄에서 구속하시고, 그들을 하나님께로 인도하는 특별한 '대제사장'이다. 또한 승천하신 대제사장으로서 하나님의 보좌 우편에서 늘 자기 백성의 죄를 정결케 하기 위하여 대제사장의 직분을 수행하고 있는 분이시다. 이처럼 예수님이 우리가 믿는 도리의 사도시며 대제사장으로 정의될 때, 그는 인간 가운데서 하나님의 대변자가 되시고, 하나님 앞에서는 인간의 대변자도 되시는 분으로서 특징을 지니게 된다.

이 예수를 통하여 하나님은 자기 집을 세우시고, 자기의 가족을 이루시고, 자신의 왕국을 건설하신 것이다. 즉 이 주님의 사도와 대제사장 사역으로 인해 그리스도인들은 '하늘의 부르심을 입은 거룩한 형제들'이 되었던 것이다. 이것이 사실이라면, 이제 그리스도인들은 자신의 구속 사역을 통하여 우리를 하나님의 자녀 되게 하신 예수님의 은혜에 어떻게 보답하는 것이 마땅하겠는가? 이 질문에 대해 히브리서 기자는 예수의 사역의 효력에 대한 확신과 그의 가르침에 대한 신뢰가 그리스도인의 '믿는 도리'라고 말한다.

결론적으로 3:1~6 강론에서 저자는 예수는 누구시며, 또한 그리스도인은 누구인가 하는 그 정체성을 명확히 밝히고, 신자와 그리스도와의 관계를 설정하고 있다. 그리고 이 정체성과 관계성을 분명히 깨달은 후에는 신분에 걸맞는 삶, 즉 구속주에 대한 확고한 신뢰와 순종을 촉구하고 있는 것이다. 주님의 사역을 바로 깨달은 자에게 요구되는 것은 피상적인 지식이 아니라, 그 은혜에 보답하는 마땅한 행동과 결단의 삶이다. 그러므로 히브리서 저자는 이제 직설법적 강론에 기초하여 올바른 응답을 요구하는 두 개의 명령법적인 권면을 시작하고 있다.

하늘 본향을 향하여 순례하는 하나님의 백성답게 살라(3:7~19)

1. 본향을 향하여 순례하는 하나님의 백성

히브리서 저자는 하나님의 백성을 하늘의 성을 향하여 순례의 길을 떠난 사람들로 묘사하고 있다. 특히 3:7~4:13은 이러한 주제의 핵심이 되는 단락이다. 먼길을 기약없이 떠나야 하는 사람들에게, 그리고 도중에 무슨 일을 만날는지 예측하지 못하는 사람들에게 '믿음'은 매우 중요한 힘이 될 것이다. 이 길을 떠나도록 하신 분에 대한 믿음, 이 광야 길의 끝에는 반드시 약속된 종착점이 있다는 믿음, 이 길을 걷는 것이 결코 헛되지 않을 것이라는 확신, 그리고 아무리 힘들고 어려워도 뒤돌아 서지 않겠다는 각오, 그리고 이 길을 가는 동안 신실하신 하나님께서 끝까지 지키시고 보호하시리라는 믿음은 천성을 향해 가는 순례자들에게 필수적인 요건일 것이다.

이처럼 신앙의 대상에 대한 믿음과 온전한 신뢰는 매우 중요한 것이다. 믿음이 없이는 하나님을 기쁘시게 할 수도 없지만(히 11:6), 우리의 구원을 이룰 수도 없다. 성경에 나타난 수많은 하나님의 백성들은 이 믿음 때문에 환난 중에서도 흔들림 없이 소망을 유지하기도 했다. 반면에 어떤 사람들은 이 믿음을 소유하지 못했기 때문에 천성을 향하는 순례의 대열에서 이탈하기도 했고, 낙심 중에 불평으로 생을 일관하며 불신앙의 길을 걷기도 하였다.

그러므로 하늘 본향을 향해 가는 순례자에게 필요한 것은 자신의 마지막 목적지가 어디인지 아는 것과, 이 길을 걷게 하신 분이 마지막 순간까지 나를 인도하실 것이라는 믿음이다. 진정한 믿음이란 하나님께서 그들의 창조자, 구속자 그리고 보호자심을 믿는 것이다. 그리고 이러한 신실하신 하나님을 향하여 믿는 자답게 마땅히 자신의 흔들림없는 신뢰를 보여야 하는 것이다.

그러나 이스라엘 백성들의 모습은 어떠했는가? 그들은 이런 모습을 보이기는커녕, 오히려 하나님을 향하여 배신과 반역, 반항으로 일관된 불신앙의 모습을 보였다. 그래서 히브리서 저자는 이어지는 권면 부분에서 그러한 이스라엘 백성의 실패의 역사를 다시 되짚어 봄으로써 그의 독자들이 현재 처해 있는 광야적 상황에서 옛 이스라엘 백성의 실패들을 다시 반복하지 않도록 권면하고 있다.

3:7~19의 경고적 권면 부분은 3:1~6의 가르침에 대한 이해를 전제하고 있다. 모세보다 더 우월하신 예수님께 반항하는 결과는 모세에게 반항하는 것보다 더 심각한 결과를 초래할 것이라고 경고한다.

그렇다면 어떻게 저자는 과거 이스라엘 백성의 불순종의 결과가 독자들에게도 동일하게 적용될 수 있다고 말하는 것일까? 어떻게 이스라엘과 신약의 성도가 같은 맥락에서 이해될 수 있는가? 그것은 다음과 같은 이유에서다.

히브리서 저자를 포함한 신약 성경의 여러 저자들은 그들의 신앙공동체의 정체성을 설명하거나 아니면 신앙에 대해 권고하기 위하여 종종 출애굽과 광야 40년의 긴 방랑 이야기 등과 같은 옛 소재를 사용한다. 예를 들어, 신약의 저자들은 예를 들어, 신약의 저자들은 옛 언약백성의 존재의 근거가 된 출애굽 사건을 모형론적으로 사용하면서 그것을 예수님을 통해 이루어진 위대한 구원사건에 빗대어 말하곤 한다. 출애굽 사건을 이처럼 기독론적으로 이해하려는 시도는 여러 신약 저서들 가운데서 발견할 수 있다. 그 중 대표적인 것은 그리스도의 구속사역을 '새로운 출애굽' (a new Exodus)이라고 하는 표현이다. 신약 성경에는 그리스도의 죽음, 그 자체가 '탈출' (엑소도스)로 불려지고 있다(눅 9:31; 한글 개역 성경은 '별세' 라 번역). 예수님을 가리켜 자기 백성을 위해 희생제물이 되신 '참 유월절 양' (고전 5:7), 곧 '흠없고 점없는 어린양' (벧전 1:19)이라 한다.

또한 그리스도인들은 초기의 이스라엘 백성들처럼 '광야에 있는 교회' (행 7:38)이다. 그들이 그리스도에 잠겨(into Christ) 세례를 받는 것은 이스라엘 백성이 홍해를 지나는 것의 원형이요(고전 10:1 이하), 그들이 성찬식에서 믿음으로 예수님을 먹고 마시는 것(떡과 포도주)은 이스라엘 백성이 만나와 반석의 물로 양식을 삼은 것에 대한 원형으로 이해한다(고전 10:3 이하). 또한 생명의 반석이 되시는 그리스도는 그들이 광야를 지나는 동안 그들의 안내자며(고전 10:4b), 그들 앞에 놓여 있는 하늘의 안식은 이스라엘 백성의 목적지였던 가나안과 대비되고 있다. 이 안식에 관한 견해는 3:7~4:11에 있는 히브리서 저자의 주장의 핵심인데, 이것은 4:1 이하에서 명백히 나타나 있다.

한마디로 이러한 예표론에 내포되어 있는 윤리적인 암시는 그리스도의 속죄와 관련된 것이다. 그래서 바울은 고린도 교인들에게 광야에서 이스라엘 백성이 하나님을 거역하다가 형벌을 받았다는 기록이 의미하는 것은 우리와 그들의 불순종을 흉내내다가 그와 비슷한 형벌을 받지 않도록 하려고 "우리의 경계로 보존되었다"는 것을 말하고 있다(고전 10:6 이하). 이러한 예표론은 저자에게 익히 알려진 것이며, 아마 독자들도 이것을 잘 알고 있었을 것이다. 그러므로 저자는 그들이 신앙과 소망을 포기할 것을 염려하며 그들에게 경고하기 위하여 이것을 효과적으로 사용하고 있다. 이러한 형식에 따라 그는 자기 주장의 근거를 시편의 한 구절에 두고 있는데, 역사적인 기록에 비추어서 이것을 설명하고 있다.

2. 시편 95편의 인용

이 시편 95편은 광야에서 반란이 있은 지 여러 세기가 지나서, 한 시편 기자가 광야의 경험을 그 후대의 백성들에게 경고하기 위해 지은 시이다. 이 시편을 히브리서 4:7은 '다윗의 글'이라고 소개한다. 시편 95편은 두 부분으로 나눠진다. 첫째 부분은 '구원의 반석이요 창조주이신 하나님을 경외하고 찬양할 것'을 권하고 있고(1~7a절), 히브리서 저자가 인용하는 둘째 부분(7b~11절)은 광야에서 이스라엘의 불순종 때문에 일어난 일을 상기시키면서 '불순종하지 말것'을 경고하고 있다.

저자가 인용하는 둘째 부분의 핵심 교훈은 "하나님의 백성들이 그의 말씀을 들을 때 순종해야 한다"는 것이다. 결단코 이스라엘의 열조들이 맛사의 날에 므리바에서 마음을 강퍅하게 했던 것처럼 마음을 강퍅하게 해서는 안 된다고 경고한다. 저자가 출애굽 이후에 일어났던 이 사건을 환기시키는 이유는, 그들의 열조들이 여호와께서 놀라운 능력으로 그들을 인도하는 것을 보았음에도 불구하고, 어려움에 처하자 마음을 거칠게 가졌다는 것이다. 따라서 주께서 이를 수차 경고하였음에도 불구하고 마음이 굳어진 그들의 열조들이 마음을 고치지 않으므로 여호와께서 분노하셔서 그들을 안식에 들어오지 못할 것이라고 맹세하였다. 따라서 그들의 열조들은 광야에서 죽었으며, 불순종한 자들은 주의 안식에 들지 못하게 되었다는 내용이다(출 17:1~7 참조).

저자는 시편 95편에 근거하여 이스라엘의 40년의 광야 시대에 있었던 많은 범죄와 반역과 불순종의 결과로 출애굽 1세대들이 가나안에 들어가지 못하고 다 광야에서 죽고 말았던 사실을 제시한다. 저희가 순종치 아니함으로 하나님께 마련하신 약속의 땅, 곧 '안식'에 들어가지 못했다는 것이다.

이제 모세가 죽었지만, 그들은 다윗의 시편을 통해, "오늘날 너희가 주의 목소리에 귀를 기울여서 여호와께 믿음으로 순종하게 되면 하나님의 안식에 들어갈 수 있다"는 하나님의 목소리를 듣는 것이다. 부연하자면, 이시는 의미심장하게 비록 출애굽 2세대들이 가나안을 취했지만, 그것이 진정한 안식이 될 수는 없었다는 것을 암시하고 있다. 이 시를 히브리서 저자가 인용한 이유는, 저자가 그의 수신자들에게 이스라엘의 이러한 실패가 믿음의 길을 가는 그리스도인들의 실패가 될 수도 있음을 경고하기 위함이다. 왜냐하면 독자들도 시대는 다르지만 광야의 순례자들이기 때문이었다. 그러므로 하나님의 부르심을 입어 거룩한 성도가 된 수신자들은 오직 그리스도를 붙잡고, 그리스도에게 떨어져 나가지 않도록 늘 조심해야 한다는 것이다.

3. 하나님을 신뢰하라

이제 히브리서 저자는 위와 같은 시편 95편의 교훈을 자신의 수신자들에게 적용한다. 저자는 3:7에서 다윗의 시를 "성령이 이르신 바와 같이"라고 말한다. 이 사실은 저자의 구약 성경에 대한 태도를 잘 보여 주고 있다. 저자는 출애굽의 사건이 다윗을 통하여 그 후대에게 훈계되어진 것처럼, 동일하게 이 경고가 성령님의 말씀으로 수신자들에게 주어지고 있다는 것이다. 즉 출애굽의 사건과 그 교훈들이 수신자들에게 어떻게 적용될 수 있는가를 제시한다.

히브리서의 수신자들에게 주어지는 교훈은 다음과 같은 것이었다. "당신들은 이미 이스라엘의 열조의 과거를 보지 않았습니까? 당신들은 그들이 하나님의 말씀을 들을 때 회개하기는 커녕 오히려 마음을 더 강퍅케 함으로 결국 여호와의 진노를 받아 여호와의 안식에 들어가지 못했던 것을 잘 알지 않습니까? 그렇다면 여러분은 이제 어떻게 해야 하겠습니까? 그들과 같이 마음을 강퍅케 할 것입니까? 그래서 악심을 품고 살아 계신 하나님에게서 떨어질 것입니까?(11절) 아니면, 피차 서로 권면하면서 죄에서 돌이키킬 것입니까?(12절)"

이어서 저자는 3:14에서 우리가 시작할 때에 확실한 것을 끝까지 견고히 잡으면 그리스도와 함께 참예한 자가 되리라는 말로 3:6의 "우리가 소망의 담대함과 자랑을 끝까지 견고히 잡으면 그의 집이라"라고 했던 권면의 말을 재언급한다. 그리고 저자는 다윗의 시편을 다시 재인용함으로써 위의 절의 훈계를 강화시킨다.

3:14은 위에서 언급한 다윗의 시편과 적용 부분의 중간 결론 역할을 한다. "그리스도와 함께 참예함"이란 소망의 담대함과 자랑인 그 확실한 것을 끝까지 붙잡은 자만이 그리스도와 함께 참예하게 될 하나님의 영광의 안식에 들어갈 수 있다는 것이다. 그리고 이 안식에 들어갈 조건은 처음에 복음을 받고 믿음으로 화합한 그 확실한 것을 끝까지 견고히 잡아야 하는 것이다.

저자는 15절에서 다시 시편의 말씀을 엄중한 어투로 심각하게 언급한다. 불순종했던 자들에게 임하였던 하나님의 진노를 생생한 증거로 환기시킴으로써 하나님의 말씀의 엄중함을 제시하고 있다. 즉, "성경에 일렀으되 오늘날 너희가 그의 음성을 듣거든 노하심을 격동할 때와 같이 너희 마음을 강퍅케 하지 말라 하였으니"라는 경고의 말씀이 당시의 불순종했던 이스라엘의 열조들에게 그대로 이루어졌음을 16~18절에서 훈계적 어조로 제시한다. 여기서 저자는 하나님의 진노를 샀던 이스라엘의 열조들의 죄와 그들의 행위들을 지적하면서 하나님의 말씀을 허수히 여기지 말 것을 반어적 어투의 질문 형식으로 다시 한 번 엄중하게 경고한다. 그리고 19절에서

"이로 보건대 저희가 믿지 아니하므로 능히 들어가지 못한 것이라"라고 한다. 그러므로 너희는 믿음으로 온전히 순종하라는 말로 3장의 경고적 권면 부분을 마무리하고 있다.

결론적으로, 히브리서 기자가 시편 95편을 인용하면서 경고하는 이 부분에서 우리가 가장 눈여겨 보아야 할 것은 '오늘' 이라는 단어이다. 구약의 이스라엘의 역사는 옛날 이야기가 아니라는 말이다. '오늘날' 에도 그대로 적용되는 사건이다. 그래서 우리는 구약의 역사를 구원의 역사라고 부르는 것이다. 성령은 오늘도 옛 이스라엘의 실패의 역사를 '오늘을 위한 하나님의 음성' 으로 들으라고 반복해서 강조하고 있다(15절).

그리고 하나님의 경고를 들을 때 결코 마음을 강퍅하게 하지 말고, 대신 하나님의 음성에 순종하며 그를 온전히 신뢰하고 의지하며 살아가라고 명령하신다. 만일 우리가 이 하나님의 말씀을 듣고 순종치 아니하면 하나님의 안식에 들어갈 수 없는 것이다. 이스라엘 백성들이 불순종함으로 들어가지 못한 것은 사실상 '가나안' 이 아니라 '안식' 이었다(18절). 하나님의 안식에 들어가는 것이 곧 구원이며, 그 안식에 들어가는 것은 오직 믿음을 통해서이다. 이러한 믿음을 통하여 우리는 예수님과 함께 만유의 후사가 되며 하나님 나라의 영원한 안식을 소유하게 될 것이다 오늘 광야의 순례 길에 서 있는 우리의 모습은 어떠한가? 과연 지금 우리는 하나님의 말씀에 올바르게 응답하고 있는가?

영원한 안식에 들어가기를 힘쓰라(4:1~13)

1. 그리스도인의 정체성: 영원한 안식을 고대하며 사는 사람들

히브리서 저자는 3장의 엄중한 경고적 권면을 듣고 있는 수신자들에게 이제 믿음의 최종적 목적지인 '안식' 에 들어가는 문제를 신중하게 거론한다. 이미 살펴보았듯이, 히브리서 저자는 하나님의 백성들을 '순례자' 라고 정의하였다. 즉 하나님의 백성은 이 세상의 정착민이 아니라 나그네와 행인들이다. 그러기에 이 세상에 살지만 결코 이 세상에 속할 수 없는 사람들인 것이다. 그 이유는 이 세상에 속한 모든 것들이 영원한 것이 아니라 임시적이라는 사실을 그들이 믿음의 눈을 열어 직시하고 있기 때문이다. 하나님의 백성들의 정체는 이 세상 안에서 나그네요, 외국인이요, 잠정적인 체류자일 뿐이다.

이처럼 본향을 향해 유랑하는 순례자들에게 가장 절실한 바람은 무엇일까? 아마 그것은 '휴식'이나 '안식'일 것이다. 아마 어려움과 고통이 다가올 때는 더욱 이 안식이 기다려질 것이다. 당연히 구약의 이스라엘 백성들은 광야에 살면서 가나안의 안식을 고대하였다. 그리하여 마침내 그들은 그 땅에 들어가 안식을 누렸다. 그러나 가나안은 영원한 안식의 땅은 아니었다. 비록 여호수아가 이스라엘을 약속의 땅 가나안으로 인도하였지만 그것은 하나님이 약속하신 안식과 동일시될 수 없고, '영원히 안식할 때'가 하나님의 백성들에게는 남아 있었기 때문이다. 그러므로 가나안은 '이미'와 '아직 아니' 사이의 잠정적인 안식의 표상에 불과했고, 아직 기다려야 하는 하나님의 영원한 안식을 생각나게 하고 그것을 깨닫게 하는 그림자에 불과했다는 것을 보여준다. 이런 이유에서 안식의 때는 아직 미래적인 것으로 신약에서는 간주하고 있는 것이다(4:1, 3, 8, 9). 특히 "그런즉 안식할 때가 하나님의 백성에게 남아 있도다"는 4:9의 말씀과, 그러므로 "우리는 그 안식에 들어가기를 힘써야 한다"는 4:11은 안식을 미래적인 것으로 말한다.

그러나 이 안식이 전적으로 미래적인 것인가? 4:3에 보면, 현재는 성취의 때이기 때문에 이미 믿는 우리들은 저 하나님의 안식에 들어갔다"고 실현된 종말론을 동시에 말하고 있다. 그렇다면 이 둘 사이의 관계를 우리는 어떻게 이해해야 할 것인가?

예수 그리스도의 오심을 인하여 이미 '종말론적 안식'(eschatological rest)이 시작되었다. 바울은 이 사실을 다음과 같이 표현한다. "그런즉 누구든지 그리스도 안에 있으면 새로운 피조물이라 이전 것은 지나갔으니 보라 새 것이 되었도다"(고후 5:17). 신약에 들어와서는 어느 특정한 날이 안식일일 수 없다. 모든 날이 예수 그리스도 안에서 안식을 경험하는 날이 된 것이다. 이제 누구든지 예수를 영접하면 그는 '이미' 종말론적 안식에 참여하고 있는 것이다. 그러나 그러한 안식의 완성은 '아직' 미래에 남아 있는 것이다(9절).

2. 저 안식에 들어가기를 힘쓰라

본문에서 히브리서 저자의 주된 관심사는 신약 교회가 장차 얻게 될 안식이 어떤 것인가 하는 안식의 내용에 관한 것이 아니었다. 그것보다는 많은 사람들이 불순종과 불신앙으로 인하여 그 안식에 들어가지 못할지도 모른다는 경고와 권면에 있는 것이다.

히브리서 저자는 그의 독자들 중 어느 누구도 순례의 길에서 낙오하지 않기를 경고하고 있다. 옛 이스라엘이 광야시절에 실패했던 역사를 다시 새롭게 들려 주면서 이제 막 출생하여 걸음마를 시작한 초기 기독교 공동체의 모든 하나님의 백성들에게 경고하고 있다. "그러므로 우리는 두려워할찌니 그의 안식에 들어갈 약속이 남아 있을지라도 너희 중에 혹 미치지 못할 자가 있을까 함이라"(1절).

이러한 저자의 경고, 즉 출애굽한 이스라엘의 실패는 언제든지, 누구에게서든지 일어날 수 있으므로 근신하여 깨어 있어야 함을 역설하는 경고는 배교의 위험에 처해 있던 사람들에게 매우 실제적인 경고였을 것이다. 단순한 가능성의 문제가 아니라, 그러한 불행은 지금도 실질적으로 일어날 수 있다는 것이다.

또 한편 수신자들 중에서 아직도 유대주의에서 돌아서기를 망설이거나 또는 믿음에서 떠나 배교의 상황에서 돌이키기를 망설이는 자들에게는 매우 강한 심적 충격을 주었을 것이다. "아직은 그의 안식에 들어갈 약속이 남아 있다. 하지만 진정 돌이키지 않으면 참으로 그 안식에 미치지 못하게 될 것이다"라는 무서운 메시지이다. 그러므로 그렇게 되지 않기 위하여 자신의 정체성과 삶의 목표와 방향을 바로 인식하고 본향을 향해 가는 순례자답게 '안식'에 들어가기를 힘쓰는 자가 되어야 하는 것이다(11절).

결론적으로, 히브리서 저자에 의하면 적어도 신약의 신앙공동체는 하늘 본향을 향해 가고 있는 자들로서의 자기 정세성을 인식하고 있는 무리들이다. 또한 구약의 이스라엘 백성들이 광야에 살면서 가나안의 안식을 고대하였던 것처럼 장차 올 안식을 소망하며 길을 걸어가고 있는 자들이다. 이런 면에서 신약의 교회들은 하늘의 안식을 간절히 기다리고 소망하면서 살아가는 신앙공동체인 것이다.

이러한 정체성을 바로 인식한다면, 이제는 이러한 신분에 걸맞는 삶을 살아가는 것이 중요하다. 나그네에 걸맞는 삶, 이 세상 사람이 아니라 하나님 나라 백성답게 살아가는 삶, 생이 다하는 날 '하나님의 안식'(시 95:11)에 참여하게 되리라는 기대와 소망을 가지고 세상이 감당치 못하는 믿음의 사람으로 살아가는 삶을 살아가야 할 것이다. 그렇게 믿음으로 순종하며 살아갈 때 그리스도인의 마지막 소망인 하나님의 품에서 완전한 안식을 누리게 될 것이다.

예수를 깊이 생각하라

기독교 신앙을 무너지게 하는 것은, 신앙의 대상이신 예수를 '상대화' 시키는 자세에서부터 기인한다. 이것은 시대를 초월하여 언제, 어디서나, 그리고 누구에게나 일어날 수 있는 문제다. 자신이 믿는 예수님이 어떤 분이신지 정확히 알지 못하는 사람이 환난과 핍박 속에서 과연 흔들림 없이 그분을 온전히 의지하고 따를 수 있을까? 그런 일은 결단코 기대할 수도 없고, 일어날 수도 없다. 성경 속에서, 그리고 이천 년 기독교 역사 속에서 우리는 얼마나 많은 증거들을 이미 보았는가? 반면에 자신이 믿고 의지하고 소망하는 예수님이 어떤 분이신지 정확히 아는 사람은 신앙의 대상이신 예수를 절대화 시킬 수 있다. 그리고 어떠한 환경과 처지에서도 흔들림 없이 그를 의지하고 따를 수 있는 것이다. 그렇다면 문제는 예수를 얼마나 바르게 그리고 깊이 알고 있는가 하는 것이다.

만일 이 질문 앞에 한국 교회를 세워 놓는다면 어떻게 될 것인가? 과연 우리의 교회들은 신앙의 대상이신 예수를 절대화시키는 사람들로 채워져 있는가? 아니면, 예수를 상대화시키며 적당히 예수를 따르고 있는 사람들로 채워져 있는가? 이미 오래 전부터 한국 교회와 교인들에 대한 염려의 목소리가 높다. 우리 교회 안에는 '마음이 부한 자'들이 너무 많다고! 하나님 없이도 살 수 있을 것 같은 사람들이 너무도 많다고! 자신이 누구인지, 그리스도인이란 어떤 사람인지 '그리스도인의 정체성'을 모르는 사람들이 너무 많다고! 그리하여 영원한 본향을 향해 가는 나그네와 행인의 신분에 전혀 걸맞지 않은 삶을 사는 사람이 많다고! 날마다 교회가 많아지고 교인의 숫자는 늘어가지만, 정작 신앙의 대상이신 예수님을 잘 알지 못하는 사람들로 교회가 채워지고 있다고! 그리하여 예수를 절대화시키는 것이 아니라 반대로 이 세상을 절대화시키는 사람들이 너무 많다고!

히브리서를 읽으면서 바라보는 오늘 우리 한국 교회의 모습은 어떠한가? 너무도 많은 신자들이 신앙의 절대성을 양보하고, 적당히 현실과 타협하며, 세속화의 수순을 밟아가는 모습들을 보이고 있다. 즉 가치관의 혼란을 가져와 눈에 보이는 대로만 판단하고, 현실을 더 중시여기며 거기에 안주하려는 모습들! 그리고 더 이상 본향인 하나님 나라를 기다리지 않고 나그네와 행인처럼 살아가지 않는 모습들! 솔직히 이것이 오늘 우리의 모습이 아닌가? 그리고 그런 우리의 모습이 히브리서의 독자들의 모습과 너무나 흡사하지 않은가?

그러므로 히브리서를 설교하는 설교자들이 이런 교회의 현실을 직시하고, 이 모든 아픔의 원인이 예수를 바로 알지 못하기 때문인 것을 이제 새롭게 인식하고, 다시 우리 신앙의 절대적 대상인 "예수를 재발견하라", "예수를 깊이 생각하라," 또한 "본향의 안식을 기억하고, 나그네와 행인답게 이 세상을 살아가라"라고 날마다 힘있게 외침으로써 위기 가운데 서 있는 교회와 성도들을 다시 깨우고, 그리하여 그들을 세상이 감당치 못하는 참된 믿음의 사람으로 살아가게 하는 귀한 역사가 이 땅 위에, 주님의 교회 안에 속히 일어나기를 소망해 본다.

03

우리의 대제사장이신
예수 그리스도

히브리서 4:14~5:10의 주해와 적용

히브리서의 2가지 질문에 대한 답변

히브리서는 고난(박해)과 시험과 배교의 유혹 가운데 살고 있던 주후 1세기 기독교 신자들(10:33~34; 12:4; 13:3), 보다 구체적으로 말한다면 기독교를 떠나 본래 자신들이 소속되어 있던 유대교로 복귀하라는 유혹을 받고 있는 유대인 기독교 신자들을 향해 쓰여진 권면적 설교 혹은 목회적 편지로 볼수 있다(4:15; 6:10; 7:20; 13:22).[1]

히브리서 저자는 서신 전체를 통하여 예수 그리스도가 우리의 영원한 구원자와 삶의 모델이 된다는 사실을 강조하기 위하여 두 가지 중요한 질문을 독자들에게 반복적으로 제기한다. 첫째, 예수 그리스도는 어떤 분이시며, 그분의 인격과 사역은 신자들(독자들)에게 어떤 의미를 지니고 있는가? 둘째, 예수 그리스도를 믿고 따르는 신자들은 어떻게 생활해야 할 것인가?

이러한 두 질문들에 대한 저자의 답변은 이렇다. 첫째, 예수 그리스도는 하나님의 아들로서 하나님의 뜻을 우리들(신자들)에게 완전하게 계시하셨으며, 예수 그리스도는 대제사장으로서 완전한 순종과 고난과 희생을 통하여 우리를 위한 대제사장의 직무를 감당하셨다. 둘째, 따라서 예수 그리스도를 자신들의 믿음의 대상과 구원자로 믿는 신자들은 어떠한 고난과 박해와 배교의 위험 가운데서도 그리스도에 대한 믿음을 지키고 보존해야 한다. 왜냐하면 그리스도가 고난을 통하여 완전한 구원을 이루신 것처럼 신자들도 고난을 통하여 참된 신앙인의 모습에 도달하기 때문이다.

본문의 분석

하나님의 아들 예수 그리스도가 우리를 위한 대제사장임을 강조하는 히브리서 4:14~5:14의 본문은 크게 세 부분, 즉 첫째, 4:14~16, 둘째, 5:1~10, 셋째, 5:11~14로 나누어진다. 첫 부분인 4:14~16은 예수님께서 대제사장으로서 신자와 강한 연대성을 가진다는 사실을 강조하고 있으며, 이 부분은 옛 대제사장인 아론과 비교하면서 새 대제사장이신 예수님의 구속사역을 보다 구체적으로 설명하고 있는 5:1~10의 예비적 진술에 해당한다.

둘째 부분인 5:1~10은 히브리서의 가장 중요한 신학적인 주제 중의 하나인 예수님의 대제사장 직분을 설명하고 있는데, 이 부분은 5:11~14에 있는 교훈과 권면의 근거가 되고 있다. 그리고 셋째 부분인 5:11~14은 예수님의 대제사장의 사역에 근거하여 저자가 독자들에게 성숙한 신앙의 모습을 보여 줄 것을 권면하고 있다. 즉 4:14~16은 예수님의 대제사장적 직분과 사역에 대한 서론에, 5:1~10은 그 본론에, 그리고 5:11~14은 결론적 적용에 해당된다.[2]

본문의 주석

1. 자비로우신 큰 대제사장 하나님의 아들 예수 그리스도(4:14~16)

14~16절은 왜 우리가(저자와 독자들) 믿는 신앙의 도리를 변절하지 않고

군게 붙잡고 있어야 하는가에 대하여 설명하고 있다. 저자의 답변은 이중적인 권유형 문장(14절의 '크라토멘' 구절과 16절의 '프로세르코메타' 구절)을 통해 제시되고 있다.

첫째, 우리의 신앙대상인 하나님의 아들 예수 그리스도는 우리를 위한 큰 대제사장으로서 하나님이 계신 곳(하늘)으로 올라가 계시기 때문에(참조 9:24), 지금까지 가지고 있던 예수님에 대한 우리의 신앙을 포기하지 않아야 한다(4:14~15).[3] 둘째, 예수 그리스도는 우리를 위한 대제사장의 직분에 충실하시기 때문에 우리는 이제 그를 통해 하나님의 은혜의 보좌에 담대하게 나아가야 한다(4:16).

하나님의 아들이신 예수님께서 또한 '우리를 위한 대제사장' 이라는 주장은 4:14에서 처음 나타난 것이 아니고, '그러므로' (운)에서 암시되고 있는 것처럼, 이미 1:3, 13절, 2:17~18, 3:1에서 부분적으로 언급된 주제이다. 어떤 면에서 3:1~5:10은 2:17~18에서 언급되고 있는 예수님의 대제사장직의 이중적 특성, 곧 그는 자비로우신 대제사장(3:1~4:12)과 충성된 대제사장(4:14~5:10)이라는 사실에 대한 주석이라고 볼 수 있다.[4]

14절은, 하나님의 아들이신 예수님은 대속죄일에 백성들의 죄를 일시적으로 속죄하기 위하여 거룩한 하나님이 임재해 계시는 지성소에 한번 들어갔다가 나오는 구약의 레위기적 대제사장(아론)과는 달리, 우리의 영원하고 완전한 속죄를 위하여 거룩한 하나님이 좌정해 계신 하늘로 영구적으로 들어가신 대제사장이심을 말한다(참조 7:26). 그렇기 때문에 우리는 예수님에 대한 신앙고백을 군게 붙들고 있어야 한다. 왜냐하면 우리가 예수님을 공적으로 고백하지 않는 한, 우리를 위한 예수님의 대제사장적 사역의 유익은 실제로 우리들에게 주어질 수 없기 때문이다.[5]

15절은 하늘로 올라가신 대제사장 예수님에 대한 신앙고백을 군게 붙잡고 있어야 하는 이유를 부연해서 설명하고 있다. 저자의 답변은 우리가 고백하는 대제사장이신 하나님의 아들 예수님은 이미 지상사역에서부터 우리와 밀접한 관계가 있다는 것이다. 즉 예수님은 하나님의 아들로 지상에 계시는 동안 우리의 참 인간성과 연약함을 모두 가지시고 모든 면에서 우리와 같이 시험을 당하셨지만 죄를 짓지 않으셨기 때문에, 고난과 시험 중에 있는 우리를 도와 줄 수 있는 완전한 제사장이 되었다는 것이다.

여기서 강조점은 대제사장으로서의 예수님의 능력에 있다.[6] 대제사장으로서 우리를 도와 줄 수 있는 예수님의 능력은 우리를 대변할 수 있는 예수님의 완전한 인간성과 불가분의 관계를 가지고 있다. 예수님은 완전한 인간으로서 우리를 위하여 완전한 대제사장의 직분을 충실하게 감당하셨기 때문에, 우리를 위한 참된 대제사장이 될 수 있다.

예수님이 우리와 동일한 인성을 가지고 있으시면서 죄가 없다는 사실은, 한편으로 예수님의 대제사장직이 예수님 자신을 위한 것이 아니라 전적으로 자신의 언약백성을 위한 것임을 강조해 주고 있으며, 또 다른 한편으로 예수님은 자신에게 주어진 제사장의 직무를 충실하게 감당하였다는 사실을 강조해 주고 있다.[7] 그러므로 예수님은 고난과 시험 당하는 자기 백성들을 진정으로 도와 줄 수 있으시다(참조 2:17~18).

16절은 14~15절에 근거한 독자들에 대한 저자의 권면을 보여 준다. 즉 우리에게는 우리를 위한 완전한 대제사장이며 유일한 중보자이신 예수 그리스도가 계시기 때문에, 약하고 시험 당하고 있는 우리는 하나님이 계신 은혜의 보좌에 담대하게 끊임없이 나아가서(현재시제) 필요한 하나님의 은혜를 계속해서 누리자는 것이다. 왜냐하면 그분만이 하나님께서 우리를 위하여 항구적으로 세우신 유일한 대제사장이시기 때문이다.

여기 은혜의 보좌는 하나님 자신을 우회적으로 표현한 말이다. 우리가 그리스도를 통하여 이 은혜의 '보좌'로 가까이 나아갈 때, 우리는 하나님께 가까이 나아갈 뿐만 아니라 또한 높이 올리우신 그리스도에게도 가까이 나아가게 된다(히 1:13 = 시편 110:1).[8] 옛 이스라엘 백성들은 대제사장이 일년에 단 한 차례 대속죄일에 지성소에 들어가서 제사를 드리기 때문에 날마다 하나님께 나아갈 수 없었다. 그러나 이와 대조적으로 신약의 성도들은 항상 대제사장의 직무를 감당하시는 예수 그리스도를 통하여 언제든지, 그리

고 지속적으로 담대하게 하나님의 은혜의 보좌로 나아갈 수 있다.[9]

2. 대제사장직의 전제 조건들(5:1~10)

5:1~10은 두 부분으로 나누어진다. 첫 부분인 5:1~4은 아론의 뒤를 이은 레위기적 옛 대제사장의 직무 및 조건에 대하여 말하고 있으며, 5:5~10은 멜기세덱의 뒤를 이은 새 대제사장인 예수 그리스도의 직무 및 조건들에 대하여 말하고 있다. 따라서 5:1~10은 다음과 같이 일종의 교차대구법 형식을 보여 주고 있다.

A 옛 대제사장의 직분(5:1)
  B 대제사장과 백성들과의 연대성(5:2~3)
    C 대제사장의 인간성(5:4)
    C´ 그리스도의 인간성(5:5~6)
  B´ 그리스도와 백성들과의 연대성(5:7~8)
A´ 새 대제사장의 직분(5:9~10)

이와 같은 교차대구법 형식을 통해 히브리서 저자는 레위기적 대제사장직과 예수님의 대제사장직 상호간의 유사성과 차이성을 동시에 강조한다. 4:14~5:10에 제시되고 있는 예수님의 대제사장 직분은 7:1~10:18에서 보다 자세히 설명된다.

1) 옛 제사장의 직무 및 조건(5:1~4)

히브리서 저자는 4:14~16에서 말한 예수님의 대제사장의 우위성과 독특성을 강조하기 위하여 먼저 5:1~4에서 아론의 뒤를 이은 레위기적 대제사장의 직분에 관하여 설명한다. 5:1에 있는 이유 접속사(가르)는 5:1 이하의 내용이 4:14~16과 연결되어 있음을 보여 준다.

5:1 이하에서 강조되고 있는 것은 레위기적 옛 대제사장직의 자격조건

과 직무에 관한 것이다. 레위기적 대제사장은 ① '사람들 가운데서' (엑스 안트로폰) 선택해야 하며, ② 하나님 앞에서 사람들을 대변할 수 있도록 하나 님으로부터 '사람들을 위하는' (휘페르) 자로 임명되어야 한다. 그리고 그가 해야 할 일은 두 가지인데, 첫째는 대속죄일(the Day of Atonement)에 지성소 에 들어가서 죄를 속죄하기 위하여 예물과 속죄하는 제사, 곧 피 흘리는 희 생제사를 드려야 한다(참고 히 7:27; 10:4, 12, 26). 둘째는 5:2에 언급되어 있는 것처럼 백성들을 용납할 수 있어야 한다.

5:2의 강조점은 레위기적 대제사장과 범죄한 백성들과의 관계에 있다. 즉 대제사장은 자기 자신의 연약성과 죄에 대한 인식을 할 수 있는 자이기 때문에(히 7:28) 백성들의 범죄에 대하여 관용을 보일 수 있다는 것이다.

5:3은, 레위기적 대제사장이 비록 그가 대신할 백성들보다도 도덕적으 로 정결하다고 할지라도 예수님과 달리 결코 무죄한 자가 아니기 때문에, 백성을 대신하여 희생제사를 드리기 전에 먼저 자신과 가족을 위하여 제사 를 드려야 한다고 말한다. 레위기(16:6, 11, 15~17)는 대제사장에게 대속죄일 에 자기 자신과 자기 가족, 그리고 이스라엘 회중을 위하여 제사드릴 것을 요구하고 있다. 심지어 랍비들의 문헌에 따르면, 대제사장은 대속죄일에 희생제물이 될 소와 양 위에 자신의 손을 얹고 먼저 자신의 죄와 자기 가족 들의 죄를 위하여(m. Yoma 3:8), 그 다음에 자기 자신의 죄와 자기 가족들의 죄, 그리고 아론의 뒤를 잇는 제사장들의 죄를 위하여(m. Yoma 4:2), 그 다음 에는 이스라엘 회중을 위하여(m. Yoma 6:2) 각각 기도할 것을 요구하고 있 다.[10] 구약은 물론 구약 이후의 그 어떤 유대교 문헌에서도 대제사장이 예수 님의 경우처럼 무죄하다고는 말하지 않는다. 대제사장으로서 무죄한 자는 오직 예수님뿐이시다.[11]

5:4은 대제사장의 신적 임명에 관하여 말한다. 아론이 제사장의 직무를 감당하게 된 것은 하나님의 부르심에 근거하였다(출 28:1; 민 3:10; 18:1). 히브 리서 저자는 아론의 경우처럼, 대제사장이 사람으로부터 자신의 직무를 받 지 않고 하나님의 소명에 의해 받았음을 강조함으로써, 대제사장이 백성을

대신하여 제사를 드릴 수 있는 것은 제사장 자신의 인간적 존엄성이나 도덕성에 있지 않고 오히려 하나님의 소명에 있음을 보여 준다. 이것을 신약적 관점에서 다시 말한다면, 목회자 사역의 원천은 목회자의 자질이나 인격에 앞서 그에 대한 하나님의 신적 소명에 있다는 것이다.

2) 새 대제사장 예수 그리스도(5:5~10)

히브리서 저자는 이미 3:1~6에서 예수님과 모세를 비교하면서 양자의 유사성과 차이성을 부각시킨 바 있다. 예수님과 모세가 다같이 자신들을 임명한 하나님께 충성하였다는 점에서는 양자 사이에 유사성이 있다 (3:1~2). 그러나 예수님은 하나님의 아들이라는 점에서 모세와는 비교될 수 없을 만큼 탁월한 위치에 있다. 이와 마찬가지로 히브리서 저자는 5:1~10에서 그리스도와 아론을 서로 비교하면서 양자의 유사성과 차별성을 강조한다.

저자는 그리스도의 새 대제사장직의 독특성과 우위성을 강조하기 위하여 먼저 5:1~4에서 아론의 옛 대제사장직을 소개하였다. 그런 다음 5:5~10에서 그리스도의 새 대제사장직에 관하여 말한다. 저자의 논증에 따르면, 예수 그리스도는 아론의 경우처럼 하나님에 의해 대제사장이 되었다는 점에서는 분명히 양자 사이에 유사성과 연속성을 가지고 있다. 그러나 그리스도는 아론과 달리 왕적인 권위와 권세를 가진 영원한 하나님의 아들로서 역사 안에서 그 임무를 수행하여야 할 대제사장에 임명되었다는 점과 아론의 레위기적 제사장의 뒤를 잇지 않고 오히려 살렘의 왕이며 하나님의 제사장인 멜기세덱(창 14:18)의 뒤를 잇는 대제사장이 되었다는 점에서 예수님은 아론과는 비교될 수 없는 독특성과 탁월성을 가지고 있다.[12] 히브리서 저자는 시편 2:7과 110:4을 인용하여 이 점을 분명히 한다.

이미 앞서 말한 바와 같이 '아들'과 '제사장'은 히브리서 저자가 강조하는 중심적인 기독론이다. 히브리서 저자는 1:1~4:13에서는 먼저 하나님을 온전히 계시하시는 예수님이 하나님의 아들됨에 대하여 강조한 다음,

4:14~10:22에서 하나님 앞에서 사람을 온전히 대변하는 예수님이 대제사장이 되었음을 강조한다.[13] 이런 점에서 볼 때 '아들'과 '제사장'을 서로 통합하는 5:5~10은 히브리서의 기독론에서 매우 중요한 자리가 되고 있다.[14]

5:5~6이 예수님의 신적인 대제사장 직분을 강조하고 있다면, 5:7~9은 마치 초대 교회의 기독론적인 찬송가 가사로 알려지고 있는 빌립보서 2:6~11의 경우처럼, 일종의 신앙고백적인 형식을 통해 하나님의 아들이신 예수님께서 어떻게 사람들 중의 하나가 되는 낮아지심과 높아지심의 사역을 통해 이 신적인 대제사장직을 감당하였는가에 관하여 말한다.[15]

5:7은 예수님의 낮아지심의 사역을 다음과 같이 서술한다. ① 예수님은 그가 육체적 인간으로 계시는 날 동안, 마치 제사장이 백성들의 속죄를 위하여 선물과 희생제물을 하나님께 드렸던 것처럼, 대제사장으로서 자신의 언약 백성들의 속죄를 위하여 심한 통곡과 눈물로 간구와 소원의 기도 제사를 하나님께 드렸다. 우리는 예수님의 이 기도와 간구를 공관복음서에 나타나 있는 예수님의 겟세마네 동산에서의 기도(마 26:36~46; 막 13:32~42; 눅 22:40~46)에만 한정할 필요는 없다. 오히려 이 기도는 예수님의 낮아지심의 전 사역과 관련되어 있다.

② 예수님의 이 희생적인 경건한 기도제사는 하나님으로부터 받아들여졌다.[16] 예수님의 이 희생적 기도제물이 받아들여졌다는 것은 예수님이 우리를 대변하는 참된 대제사장임을 입증하여 준다. 그렇지만 히브리서 저자는 예수님은 이 희생적인 기도제사를 자신을 죽음에서 능히 구원하실 이에게 드렸다고 말한다. 비록 죽음이 예수님을 지배하지는 못하였다 할지라도 예수님이 인간으로서 죽음의 고통과 경험으로부터 면제된 것은 아니었다. 그러나 예수님은 부활을 통하여 죽음의 영역으로부터 완전히 자유로워지셨다(히 13:20). 이런 의미에서 하나님께 드린 예수님의 기도는 응답되었다.

8~9절은 예수님의 순종과 그 결과에 대해 말한다. 본문에서 강조되는 것은 예수님이 하나님의 아들이심에도 불구하고 고난을 통한 순종을 배우는 자리에 들어갔다는 점이다. 즉 그는 우리를 위한 대제사장'이 되시기 위

해 스스로 우리와 똑같은 자리에 들어가셨다는 것이다. 여기서 말하는 고난은 예수님의 수난과 희생적 죽음을 포함한다(히 2:9~10; 9:26; 13:12).[17] 제사장으로서의 예수님의 고난이 특이한 것은 그의 고난이 하나님의 아들로서의 고난이기 때문이다. 아마도 예수님은 구약 성경, 특별히 시편과 이사야서를 통하여 자신에게 주어진 하나님의 뜻이 무엇인가를 발견하고 그 뜻에 자발적으로 순종하려 했음을 볼 수 있다.

그렇게 함으로써 예수님은 자신을 믿고 따르는 자들의 영원한 구원을 확보하는 완전한 대제사장이 되셨다.[18] 예수님의 이 완전성은 도덕적 완전성을 가리키기보다 대제사장 직무에 대한 완전성으로 보아야 한다. 이러한 완전한 순종의 결과 예수님은 그를 믿고 따르는 자들의 영원한 구원의 근원이 되신 것이다(참조 2:10).

여기서 우리의 관심을 끄는 것은 하나님에 대한 예수님의 순종이 또한 예수님에 대한 신자들의 순종의 모형으로 나타나고 있는 점이다. 예수님께서 순종을 통하여 자기 백성들의 영원한 구원의 원천이 되셨기 때문에 예수님의 제사장직은 일시적인 속죄를 가능하게 하는 아론의 제사장직과 비교될 수 없다. 오히려 예수님의 제사장직은 모든 제사장의 원형이 되는 멜기세덱의 직과 비교가 된다. 이런 점에서 죄 없으신 그리고 영원한 구원을 가져오는 예수님의 제사장직은 아론의 제사장직과는 비교될 수 없는 유일성과 탁월성을 가지고 있다.

3. 성숙한 신앙을 위한 요청(5:11~14)

히브리서 저자는 예수님의 탁월한 대제사장의 직분에 근거하여 5:11~6:20에서 독자들의 신앙생활에 대한 적절한 요구와 권면을 제시한다. 그런 다음 7:1~28에서 다시 5:1~10에서 제시한 예수님의 대제사장 직무 주제로 돌아간다. 5:1~10의 신학적인 문제에서 실천적인 문제를 이끌어내고, 그런 다음 다시 신학적인 문제로 되돌아가는 '신학 → 실천 → 신학 → 실천' 의 패턴은 설교요 또한 권면적인 교훈인 히브리서에서 자주 반

복된다.[19]

저자는 5:1~10을 통하여 우리를 위한 그리스도의 완전한 대제사장의 직분을 강조한 다음, 5:11~14에서 그리스도의 대제사장적 사역은 신자들에게 신앙의 성숙에 공헌할 뿐만 아니라 또한 성숙의 진보를 당연히 요구하고 있음을 강조한다.

먼저, 저자는 11~12절에서 독자들이 하나님의 말씀의 초보를 다시 들어야 할 자로, 즉 젖이나 먹고 단단한 식물을 먹지 못할 자로 규정한 다음 13~14절에서 젖을 먹는 자와 단단한 식물을 먹는 자의 차이점을 말한다. 여기서 문제가 되고 있는 것은 본문의 서술이 히브리서 독자들에 대한 사실적인 묘사인가, 아니면 독자들에게 보다 효과적인 권면을 하기 위한 목적으로 독자들에게 먼저 부끄러움과 수치를 불러일으키려는 일종의 수사학적인 서술인가 하는 것이다.

본문의 흐름과 헬라어 문체는 5:11~14의 본문이 사실적인 묘사에 있다기보다 고도의 수사학적인 서술임을 보여 준다.[20] 따라서 5:11~14의 본문을 바르게 이해하기 위해서는 이 본문이 가지고 있는 수사학적인 특성을 간파하는 것이 중요하다. 5:12에 언급되어 있는 내용, 곧 독자들이 하나님의 말씀의 초보적 진리를 가르쳐 줄 어떤 사람을 필요로 하고 있다는 내용은 마치 히브리서 독자들이 실제적으로 신앙의 초보에 있다는 인상을 심어줄 수 있다. 그렇다고 해서 히브리서 독자들이 실제로 그와 같은 상황에 처해 있다고 단정해서는 안 된다. 그 이유는 5:12에서 독자들이 마땅히 선생이 되어야 할 자로 말해지고 있으며, 6:1, 3절에서는 이미 성숙한 자리에 나아갈 수 있는 자라고 언급하고 있기 때문이다.

본문에서 일종의 상징적 언어로 등장하고 있는 '우유'와 '단단한 식물'은 헬라 철학과 윤리적 교훈에서도 자주 등장하는 용어다. 헬라 사람들은 미성숙에서 성숙에로의 교육의 점진성을 강조하기 위하여 이 두 용어를 사용하였다. 그러나 히브리서 저자가 이러한 용어를 사용하고 있는 목적은 미성숙한 자리에 있는 독자들이 보다 성숙한 자리에 들어가도록 하기 위함이라기보다, 오히려 마땅히 성숙한 자리에 있어야 할 독자들이 그렇게 하지 못하고 있기 때문에 그들을 견책하고 권면하기 위함이라고 볼 수 있다. 저자는 독자들이 이미 단단한 식물을 먹을 수 있는 어른임에도 불구하고 어른다운 책임있는 모습을 합당하게 보여 주지 못하기 때문이다.

5:13은 우유를 먹는 자에 대하여, 그리고 5:14은 단단한 식물을 먹는 자에 대하여 각각 설명한다. 히브리서 저자는 우유를 먹는 자를 가리켜 '어린아이'로, '의의 말씀을 경험하지 못한 자'로 규정한다. 여기 '의의 말씀을 경험하지 못한 자'를 어떻게 이해할 것인가? 우리는 이 말을 신학적인 관점에서 접근하기보다 오히려 윤리적인 관점에서 접근하는 것이 바람직하다.

말하자면, 이 말은 히브리서 독자들이 전혀 의의 말씀을 접하지 않았다는 것을 가리키기보다도 오히려 그들이 의의 말씀과 일치하는 행동을 나타내 보이지 않았음을 지적한다. 반면에, 단단한 식물을 먹을 수 있는 장성한 자는 그들이 믿고 고백하는 내용에 합당한 선한 행위를 나타내는 자다. 즉 그들은 영적인 분별력을 가지고 행동할 수 있는 자다. 이와 같은 날카로운 대조를 통하여 히브리서 저자는 독자들이 어떠한 사람들이 되어야 할 것을, 즉 그들이 여전히 하나님의 말씀의 초보인 우유를 먹어야 할 미숙한 어린아이가 아니라 오히려 단단한 식물인 의의 말씀을 행하는 성숙한 신자의 모습을 나타내 보일 것을 강력하게 권고하고 있다.[21]

본문 주석의 적용

히브리서 4:14~5:10의 본문은 히브리서에 나타나 있는 예수님의 지상적 사역에 대한 가장 탁월한 설교로 볼 수 있다. 히브리서 저자가 왜 독자들에게 예수님의 대제사장적 사역에 대하여 설교하고 있는가? 저자가 역사적 예수의 생애에 대한 관심 때문에 이와 같은 설교를 한다고 볼 수는 없다. 저자가 나사렛 예수님의 대제사장적 직분과 사역에 대하여 설교하는 주된 이유는 이것이 바로 교회의 존재이유와 신앙과 삶에 직접적인 관계를 가지고 있기 때문이다.

히브리서 저자는 독자들이 처한 문제를 해결하기 위하여 예수님의 삶에서 두 가지 결정적인 메시지를 이끌어낸 다음 그것을 독자들에게 적용시킨다. 첫째, 예수 그리스도는 죄를 제외하고 모든 면에서 우리와 똑같이 되심으로써 우리를 도울 수 있는 완전한 대제사장이 되셨다. 둘째, 예수 그리스도는 자신의 완전한 순종과 희생적인 삶을 통하여 우리의 구원의 근원자와 우리의 삶의 모델이 되셨다.

다시 말하자면, 예수 그리스도는 우리의 신분과 삶의 원천과 패러다임이 되셨다. 따라서 우리는 첫째, 우리의 구원과 삶의 원천이 되시는 대제사장 예수님에 대한 신앙을 끝까지 붙들고 있어야 하며, 둘째, 예수님의 완전한 순종을 우리의 순종을 위한 참된 모델로 삼아야 한다.

히브리서 저자는 독자들의 문제를 정치, 경제, 사회, 문화의 한 현상으로 파악하지 않고 기독론적인 문제로 파악하고 있다. 독자들이 처한 문제는 근본적으로 그들이 예수님을 어떤 분으로 알고, 믿고, 따르고 있느냐 하는 것이다. 그들이 배교와 불신앙의 위험을 단호하게 극복하지 못하고 있는 주된 이유도 근본적으로 그리스도에 대한 그들의 신앙이 약하고 성숙하지 못하였기 때문이라는 것이다.

이와 같은 히브리서 저자의 메시지는 오늘 우리 한국 교회 목회자들과 성도들에게 중요한 교훈이 되고 있다. 즉 오늘날 우리 한국 교회 목회자들과 교인들은 교회적으로 또는 개인적으로 어떤 문제에 부딪혔을 때 여러 가지 인간적인 방법으로 해결을 시도한다. 그러나 히브리서는 기독론적인 해결 없이는 진정한 해결이 있을 수 없다는 사실을 일깨워 주고 있다. 즉 오늘날 교회의 문제는 근본적으로 그리스도에 대한 미숙한 신앙과 관련되어 있다는 것이다. 따라서 한국 교회는 교회가 안고 있는 문제를 해결하기 위해, 그리스도가 하나님에 대한 순종을 통하여 완전한 자리에 들어간 것처럼, 신자는 그리스도에 대한 순종을 통하여 성숙한 신앙인의 모습을 갖추어야 할 것이다.

04

멜기세덱과 같은
대제사장 예수 그리스도

히브리서 5:11~7장의 주해와 적용

대제사장 주제가 4:14로부터 시작되고 있다는 점과,[1] 또한 5:10에서 도입된 멜기세덱 주제가 5:11~6:20에서 중단되었다가[2] 7:1에서 재개된다는 점을 주목하여, 상당수 학자들은 5:11~6:20을 경고와 격려를 위한 목회적 삽입 단락으로 이해해 왔다.[3] 한편 7:1~28에서는 5:10에서 도입되었던 멜기세덱의 반차를 좇은 대제사장 주제가 본격적으로 나온다. 히브리서의 구조에 대해 어떤 입장을 취하든지 간에 이 글에서 다룰 두 단락(5:11~6:20; 7:1~28)의 중요성은 히브리서 내에서 매우 두드러진다. 첫 번째 단락은 히브리서 수신자들의 신앙 상태를 추론할 수 있는 중요한 단서들을 제공해 주며, 두 번째 단락은 히브리서 핵심 주제들 중 하나인 대제사장으로서의 예수에 대한 가장 밀도 높은 논증을 제공하기 때문이다. 이들 두 단락은 다음과 같이 나눌 수 있다.

5:11~6:20	경고와 격려
5:11~6:3	수신자들의 미성숙한 상태
6:4~8	배교의 가능성에 대한 경고
4~6절	배교의 위험
7~8절	자연 현상에서의 비유
6:9~12	경고에서 격려로

경고와 격려(5:11~6:20)

히브리서의 다른 경고 구절들의 경우와 마찬가지로 본 단락은 논지의 흐름상 생략해도 큰 무리가 없는 일탈적 삽입 단락이다. 하지만 그 시작과 끝에서의 멜기세덱에 관한 언급들로 미루어 볼 때 본 단락이 그 전후 단락들(4:14~5:10; 7:1~28)에서 다루어지고 있는 대제사장 주제와 무관한 것으로 보이지는 않는다. 아마도 저자는 대제사장에 관한 가르침을 제시해 나가는 데 있어서 수신자들의 영적 상태와 관련하여 본 단락의 삽입이 꼭 필요하다고 판단했던 것으로 보인다.

일반적으로 본 단락은 5:11~6:8과 6:9~20 두 개의 소단락으로 구분됨으로써, 전자의 심각한 경고와 후자의 격려가 균형을 이루고 있다고 받아들여져 왔다. 하지만 어떤 이들은 5:11과 6:12이 '노트로이'('무딘' 혹은 '더딘')이라는 형용사로 감싸진 인클루지오(inclusio) 구조를 형성하고 있다고 봄으로써, 5:11~6:12은 권면 단락이고 6:13~20은 주해 단락이라고 구분하기도 한다.[4]

1. 수신자들의 미성숙한 상태(5:11~6:3)

본 단락에서 저자는 왜 멜기세덱에 관한 논점 전개를 곧바로 자세하게 전개해 나갈 수 없는지 그 이유를 밝힌다. 멜기세덱에 관한 가르침은 설명하기 어려운데 반해, 수신자들은 영적으로 너무 미성숙하고 둔하여 그것을 이해하고 받아들이기에 부족한 상태에 처해 있기 때문이라는 것이다(5:11). 그들은 배우는 데 매우 더디기 때문에 오랜 신앙 경력에도 불구하고 아직 선생이 되지 못하고 오히려 젖이나 먹는 어린아이의 상태에 머물러 있었다. 그들의 상태는 너무도 심각하여서 하나님의 말씀의 초보마저 다시 배워야 할 필요에 놓여 있었던 것이다(5:12).[5] 어린아이는 시간이 지남에 따라 성장하는 것이 마땅하다(참조 고전 13:11). 만일 어린아이가 계속 어린아이의 상태에 머물러 있다면 이는 지극히 비정상일 수밖에 없다. 그런데 수신자들의 상태가 바로 그러하였던 것이다(5:13). 이처럼 어린아이의 상태에 머물러 있던 수신자들에게 매우 진보된 가르침인 멜기세덱 반차의 대제사장과 관련된 가르침을 제시해 나가지 못할 것은 너무도 당연하였다.

따라서 수신자들은 젖을 먹는 초보적인 상태에서 속히 벗어나[6] 단단한 음식을 먹을 수 있는 장성한 자로 성장해 나가야 한다(6:1~2). 그러기 위해서 그들은 '지각'(이해력과 판단력의 기능)을 지속적으로 '실습해 나가는' 것이 기대된다(5:14). 저자는 여기서 영적 장성함(혹은 완전함)이 순간적으로 이루어지는 것이라기보다는 지속적인 영적 훈련의 과정을 통해 이루어지는 것임을 시사해 준다. 수신자들은 또한 하나님께서 그들 안에서 이루시고자 하는 완전함에 이르도록 자신을 복종시켜야 한다(6:1, 문자적으로 '완전함으로 나아가도록 하라'). 이는 그리스도인이 장성한 자로 성장하는 것이 신적 활동인 동시에 인간의 반응의 결과임을 보여 준다. 장성하고자 하는 열망과 장성함을 위한 하나님의 활동에 순종함이 없는 한 그리스도인들은 결코 장성함에 도달할 수 없는 것이다.

2. 배교의 가능성에 대한 경고(6:4~8)[7]

본 단락은 신약 신학에서 그 해석상 대단히 많은 논의를 불러 일으켜 왔던 가장 난해한 단락들 가운데 하나이다. 그 동안 많은 해석자들은 본 단락을 다른 관련 구절들(특히 막 3:28~29, 요일 5:16)에 너무 쉽게 동화시킴으로써 그 상황적 의미를 왜곡해 버리거나, 혹은 교리적 관심에 의거하여 그 실제적 의미를 부당하게 격하시켜 버리는 실수를 범해 왔다. 본 단락을 적절히 해석하기 위해 해석자는 우선적으로 다른 본문들의 해석에 적용되는 일반적인 석의적 방법을 가능한 한 엄격하게 그러면서도 자연스럽게 적용하는 것이 필요하다. 즉 우선 본문 자체에 대해, 그리고 그 인접 문맥 및 본 서신 내의 관련 본문들(즉, 다른 경고 구절들)에 대해, 그런 후 보다 폭넓은 신약 전체와 기독교 교리에 있어서의 본 단락의 의미와 기능에 대해 살펴 나가야 할 것이다.[8]

본 단락은 접속사 '왜냐하면' (가르)로 시작된다. 이는 본 단락이 앞 단락과 논리적으로 연결되어 있음을 보여 준다. 저자는 본 단락을 통해 만일 수신자들이 장성함에 이르도록 나아가지 않으면 그들이 완전히 떨어져 나가 배교할 수도 있는 중대한 위험에 처할 것임을 경고하고자 한다. 저자는 또한 수신자들 중 그 누구라도 일단 배교할 경우 다시는 회개할 수조차도 없음을 지적함으로써 그들이 직면한 배교의 위험이 얼마나 심각한지를 지적하고 있다(6:4, 6). 그들이 단단한 음식을 먹을 수 있는 장성함에 이르도록 나아가는 것은 이처럼 중대하고도 필수적인 일인 것이다.

본 단락에서 문법적으로 조건적 표현은 전혀 사용되지 않고 '직설법' 만 사용된다는 사실은 저자가 단지 가상적인 상황을 그리고 있다기보다는 실제로 일어날 수 있는 상황을 묘사하고 있음을 보여 준다. 또한 수신자들 중 어떤 이들은 실제로 그러한 상황에 빠질 수 있는 가능성을 시사해 준다 (6:8). 하지만 6:1~3의 1인칭이 본 단락에서 3인칭으로 전환되고 있는 점은 저자가 본 단락에서 묘사되는 사람들[9]을 곧바로 수신자들과 동일시하기를 원하지 않았음을 시사해 준다.

사실 저자는 6:9에서 수신자들이 배교의 상태에 빠지지는 않을 것임을 확신하고 있다. 특히 우리가 여기서 주목해야 할 한 가지 중요한 사실은 본 단락이 교리적 진술들이 아닌 권면들(6:1~2, 9)로 감싸져 있다는 점이다. 이러한 점들로 미루어 볼 때, 우리는 본 단락의 현실적 가능성에 대한 경고를 깊이 인식하면서도 본 단락에서 지나치게 교리적인 결론을 도출해 내려는 유혹은 경계해야 한다. 이와 관련하여 드실바(D. A. deSilva)의 제안은 주목할 만하다. "우리는 히브리서 6:4~8이 그 원래 청중들에게 가졌던 의미보다 덜한 의미를 갖도록 해서는 안 된다. 하지만 안타깝게도 [그리스도인의 구원의] '영원한 안전성'에 대한 확신의 관점으로부터 도출된 많은 논의들이 이와 같은 실책을 저지르고 말았다 …. 하지만 우리는 히브리서 6:4~8이 원래 말했던 것보다 더 많이 말하도록 해서도 안 된다 …. [이들 둘 사이의] 긴장 관계가 그 어느 한 쪽으로 치우쳐 깨지면, 하나님의 선물과 우리의 반응 사이에서 꽃피는 은혜의 아름다움은 위협을 받는다."[10]

3. 경고에서 격려로(6:9~12)

앞 단락에서의 경고가 심각함에도 저자는 수신자들이 그들의 믿음 안에서 잘 장성해 나갈 것을 확신하고 있다. 특히 "너희에게는"이라는 표현은 경고 구절에서 묘사된 자들의 상태가 당장 수신자들의 상태는 아니라는 점을 강력히 드러내 보여 준다. 저자는 이러한 자신의 확신을 밝힘으로써뿐 아니라 수신자들을 "사랑하는 자들"이라고 부름으로써, 앞 단락에서 드러났던 자신의 경고의 신랄함을 사랑이 넘치는 목회적 관심으로 균형 맞추고 있다(6:9).

저자의 이러한 확신은 근거 없는 것이 아니다. '왜냐하면'(가르)로 시작되는 6:10은 그 확신의 이유를 제시해 준다. 수신자들은 과거에 칭송받을 만한 섬김을 행하였는데(참조 10:32~35), 신실하신 하나님께서 그들의 섬김을 기억하시기 때문이라는 것이다. 과거 그들의 선한 행동이 현재에도 그들로 하여금 그 선한 행동을 수행할 수 있도록 도와 줄 뿐 아니라, 앞으로도 그렇게 할 수 있는 조짐이 되는 것이다. 그러나 이러한 일이 자동적으로 이루어지는 것이 아니라는 사실은 수신자들을 위한 저자의 바람을 통한 권면에서 잘 드러난다(6:11~12). 그들은 과거와 같은 '동일한 부지런함'을 끝까지 나타냄으로써, 그리고 선진들이 보여 주었던 믿음과 오래 참음을 본받음으로써만 장성함에 도달할 수 있게 되는 것이다.

4. 변치 않는 하나님의 뜻(6:13~20)

그 다루는 주제와 문학 형태에 있어서 본 단락은 앞의 단락들(5:11~6:12)과 상당히 구분된다. 특히 앞의 단락들은 권면 형식을 취하였던 것에 반해, 본 단락은 주해 형식을 취하고 있다. 하지만 전후 문맥과의 연결은 매우 자연스럽다. 6:13의 '약속하실 때에'는 6:12의 '약속들'을 이어받고 있으며, 6:20의 멜기세덱에 관한 언급은 7장의 멜기세덱에 관한 논의의 도입으로서의 역할을 한다.

본 단락의 핵심 주제는 하나님의 변함없는 신실하심이다. 앞 단락에서 저자는 수신자들이 구원을 향해 나아갈 것과 약속 받은 것들을 믿음과 오래 참음으로 얻게 될 것을 확신한다고 격려했었다. 이러한 격려가 이제 하나님의 약속의 확실성과 아브라함에게 그 약속이 어떻게 이루어졌는가의 실례를 통해 보다 확고해지게 된다. 저자에게 하나님의 약속은 절대적으로 확실하다. 왜냐하면 그것은 하나님 자신의 맹세에 의해 확증되었기 때문이다(6:13, 16~18).[11] 아브라함은 하나님의 약속의 이러한 확실성을 확고히 믿었기 때문에 극심한 시험까지도 능히 인내함으로써 그 약속된 것을 얻을 수 있었던 것이다(6:13~15; 참조 창 22:1~18).

여기서 저자는 앞에서(5:10) 자신이 다루고자 했던 멜기세덱의 주제로 자연스럽게 넘어 간다. 하나님께서 맹세하심으로 하신 약속들 가운데 절대적으로 중요한 한 약속은 '멜기세덱의 반차를 좇은 영원한 대제사장'에 대한 약속이었다(시 110:4). 그런데 신실하신 하나님께서는 예수를 통해 이 약속을 확고히 이루신 것이다(6:19~20). 목회적 단락(5:11~6:20)의 이와 같은 결론은 이제 7장에서 전개될 멜기세덱에 관한 가르침으로 자연스럽게 연결된다.

멜기세덱의 반차(7:1~28)

5:10에서 도입되었다가 5:11~6:20에서 퇴색되었던 멜기세덱의 반차를 좇은 대제사장 주제가 6:20의 도입적 언급과 더불어 7장에서는 본격적으로 다루어지게 된다. 7:1~10은 구약 성경에서 시편 110:4을 제외하고 멜기세덱에 관한 유일한 본문인 창세기 14:17~20에 대한 해석을 제공해 주며, 7:11~28은 5:6에서 인용된 바 있는 시편 110:4의 의의(意義)를 창세기 14:17~20에 비추어 설명해 나간다.

1. 멜기세덱의 우월성(7:1~10)
본 단락은 다음과 같은 교차 대칭적 구조를 갖는다.

1~3절	4~10절
1. 만남(1a절)	1´. 만남(10절)
2. 축복(1b절)	2´. 축복(6절)
3. 십일조(2절)	3´. 십일조(4절)

이들 두 단락은 상호 보완적이다. 7:1~3은 멜기세덱이라는 인물을 소개해 주고, 7:4~10은 그가 아브라함을 만난 사건의 의의를 설명해 나간다.[12] 이들 두 단락의 논점은 공통적이다. 즉 멜기세덱은 레위적 제사장들보다 우월하다는 것이다.

그렇다면 멜기세덱은 과연 누구인가? 구약에서 멜기세덱은 두 번에 걸쳐 언급되지만(창 14:17~20; 시 110:4), 그가 어떤 인물인지에 대한 설명은 전혀 나타나지 않는다. 유대교에서 멜기세덱의 모습은 상당히 다양하다. 예를 들어, 필로는 멜기세덱의 이름을 히브리서와 유사하게 어원적으로 '의의 왕'이자 '평화의 왕'이라고 설명한 후, 그를 신적 로고스의 상징으로 풍

유화시킨다(Leg. All. 3.79~82). 쿰란문학에서는 멜기세덱이 천상적 전사(戰士)이자 구출자로서, 천사장 미가엘의 지위에 상응하는 모습으로 묘사되고 있다. 하지만 쿰란문학에서는 제사장으로서의 기능은 찾아보기 힘들다(11QMelch.). 묵시문학에서는 멜기세덱이 천상적 존재로서 종말론적 제사장으로 나타난다(에녹2서 71~72장). 한편 후기 영지주의에서는 멜기세덱이 메시아적 인물로 나타나기도 한다(Nag Hammadi). 이렇게 볼 때, 멜기세덱은 구약 성경 내에서는 막연한 인물로서밖에 나타나지 않지만 1세기 당시 유대인들에게는 상당한 관심의 대상이었던 것이 분명하다. 히브리서 저자는 이러한 배경적 상황을 적절히 인식하고, 멜기세덱과 그리스도 사이의 올바른 이해를 제시하고자 하는 것으로 보인다.[13]

레위적 제사장직에 대한 멜기세덱의 우월성은 두 가지 사실에 의해 입증된다. ① 레위적 제사장들은 영원하지 못한 데 반해 멜기세덱은 영원하다(7:3), ② 아브라함이 멜기세덱에게 경의를 표한 것은 멜기세덱이 레위 지파의 조상인 아브라함보다 우월함을 보여 주며, 따라서 그는 레위적 제사장들보다 우월하다(7:4~10).

〈7:1~3〉

지금까지 멜기세덱에 대하여 아무런 상세한 설명도 제시하지 않았던 저자는 이제 멜기세덱과 관련된 몇 가지 역사적 사실들을 제시하기 시작한다. 하지만 그의 이러한 설명들조차도 매우 신비스런 것들로서, 원래 역사적 상황을 초월하여 영적 의미를 전달하는 방식으로 전개된다.

"이 멜기세덱은 살렘 왕이요 지극히 높으신 하나님의 제사장이라." 이 칭호들은 창세기 14:18로부터 직접 인용된 것들이다. 왕권과 제사장직의 이와 같은 결합은 저자의 논점 전개에 있어 매우 중요한 것으로 판명될 것이다(참조 2~3, 13~15절). '살렘'은 일반적으로 예루살렘과 동일시되어 왔으나 세겜과 동일시하는 경향도 없지 않다.

"의의 왕이요 … 평강의 왕이요." 저자는 멜기세덱을 모형론적 방법으로 접근하고 있다. 그는 '멜기세덱'과 '살렘'이라는 히브리 이름들의 메시아적 의미, 즉 '의의 왕'과 '평강의 왕'에 관심을 집중시킨다. 그렇게 함으로써 그는 의의 왕이자 평강의 왕으로서의 멜기세덱을 그 왕국의 특징이 의와 평강(참조 슥 9:9~10)인 왕적-제사장적 메시아의 모형으로 제시하는 것이다.

"아비도 없고 어미도 없고 족보도 없고." 이 진술은 멜기세덱이 실제로 육체적 부모를 가지지 않았다는 것을 의미하는 문자적 의미로 받아들여져서는 안 될 것이다. 저자의 이러한 진술은 침묵으로부터의 논증의 좋은 본보기로서, 성경에 멜기세덱의 부모나 족보에 대한 언급이 전혀 없는 것은 멜기세덱이 그의 족보를 정립할 모든 필요를 벗어나서 신비스런 모습으로 서 있음을 보여 준다는 것이다.

"시작한 날도 없고 생명의 끝도 없어." 저자는 침묵으로부터의 논증을 좀더 발전시킨다. 성경이 멜기세덱의 출생과 죽음에 대해 침묵하고 있는 것의 중요성은 그것이 멜기세덱을 영원한 제사장이신 '하나님의 아들'의 모형으로 특징 지워 준다는 데 있다. 그러나 실제로 영원토록, 즉 영원 전부터 영원까지 존재하시는 분은 멜기세덱 자신이 아니라 하나님의 아들이시다. 따라서 멜기세덱은 이러한 침묵적인 측면을 통해 제시되는 모형일 뿐이며, 그 실체는 영원한 제사장이신 하나님의 아들 예수이시다(참조 1:2, 10; 6:20).

"그는 항상 제사장으로 있느니라." 멜기세덱을 영속적인 제사장으로 만들어 주는 것은 성경이 그의 계승에 대해 아무런 언급도 없이 침묵을 지키고 있다는 점이다. 하지만 예수의 제사장직의 영속성은 그 자신의 본성으로부터 기인한 것이다. 여기서 우리는 모형론의 중요한 원리를 정리해 볼 수 있다. 모형(멜기세덱)이 원형(예수)을 규정하는 것이 아니라 원형이 모형을 규정해 준다. 즉 예수께서 멜기세덱의 모형을 따라 규정되는 것이 아니라 멜기세덱이 하나님의 아들 예수의 모습으로 규정되는 것이다.[14]

〈7:4~10〉

본 단락에서 저자는 하나님의 아들 모형인 멜기세덱이 레위의 조상 아브라함보다 더 우월하며, 따라서 그는 레위적 제사장들보다 더 우월한 제사장이라는 점을 논증한다. 멜기세덱의 우월성은 다음 세 가지 사실들에 근거하고 있다. ① 멜기세덱은 아브라함에게서 십일조를 받았다(4~6a, 9~10절), ② 멜기세덱은 아브라함에게 축복을 베풀었다(6b~7절), ③ 멜기세덱은 영원한 생명을 소유하였던 데 반해 레위적 제사장들은 죽을 수밖에 없는 자들이었다(8절).

2. 멜기세덱과 같은 대제사장 예수 그리스도(7:11~28)

앞 단락에서 멜기세덱을 예수의 모형으로 제시하던 저자는 이제 본 단락에서는 레위적 제사장직을 예수의 제사장직의 모형으로 제시한다. 하지만 레위적 제사장직의 경우 멜기세덱의 경우와는 다르게 모형과 원형 사이의 유사점보다는 차이점이 강조되고 있다. 모형인 레위적 제사장직이 완전함을 이루지 못하였기 때문에 그 완전함을 이룰 수 있는 제사장직이 필요하였는데, 예수께서 자신의 제사장직을 통해 그 완전함을 이루셨다는 것이다. 저자는 또한 이러한 일이 일어난 것이 우연한 일이 아니라 하나님의 맹세에 의해 약속된 필연적인 사건이었다는 점을 강조한다. 그는 이러한 자신의 논점을 시편 110:4에 대한 해석을 통해 적절히 논증해 나간다. 본 단락의 논지의 흐름은 매우 명쾌하고 직설적이다.

① 시편 110:4은 비레위적 제사장직이 필요함을 보여 준다(7:11~12). 그런데 그 제사장직에는 예수가 적임자이다(7:15, 17). 왜냐하면 첫째, 그는 비레위적 인물이기 때문이고(7:14), 둘째, 그는 '무궁한 생명'을 소유하신 분이기 때문이다(7:16).

② 레위적 제사장직은 온전케 할 수 없다(7:11, 18). 하지만 예수는 더 나은 소망을 가져온다(7:19).

③ 하나님의 맹세는 예수께서 더 좋은 언약을 세우시리라는 사실을 확증

해 준다(7:20~22).

④ 레위적 제사장직은 계승적 원칙 하에 임명되었으며, 따라서 그들 중 그 누구도 영속적인 제사장직을 누리지 못하였다. 그러나 예수의 제사장직은 영원하다(7:23~25).

⑤ 예수는 이상적인 대제사장이시다(7:26~28).

〈7:11~12〉

저자는 지금까지 레위적 제사장들에 대한 멜기세덱의 우월성을 증명해 보인 후, 이제는 보다 우월한 반차에 속한 제사장의 필요성을 제시해 나가기 시작한다.

"만일 레위 계통의 제사 직분으로 말미암아 온전함을 얻을 수 있었으면"이라는 이 조건절은 두 가지 사실을 전제한다고 볼 수 있다. ① 제사장직에 있어서 '온전함'은 기대되어야 할 목표이다. ② 하지만 '레위 계통의 제사 직분'은 (그리고 그와 더불어 '율법'은) 그러한 '온전함'을 이룰 수 없다. 멜기세덱의 후계자에 대한 필요는 이처럼 '아론의 반차'가 온전함을 이룰 수 없는 무능력에서 기인되는 것이다.

12절에서는 아론적 제사장직과 '율법' 사이의 밀접한 관계가 강조되고 있다. 대체되어야 하는 것은 아론적 제사장만이 아니다. 아론적 제사장직은 모세 율법 하에서 제정된 것이고 그것에 절대적으로 필요한 요소였다. 따라서 제사장직 내의 변화는 그와 더불어 율법 내의 변화도 필연적으로 초래하게 되는 것이다. 만일 아론적 제사장직이 일시적인 목적으로 제정된 것이라면 율법에도 동일한 원칙이 적용되어야 하는 것이다(참조 갈 3:24~25).

〈7:13~14〉

멜기세덱의 반차를 좇아 새로운 제사장직을 선포하는 가운데 생겨나게 된 율법 내의 변화가 얼마나 철저한 것인지는 이 제사장직이 부여된 자가 레위 지파와 아무런 상관도 없는 자라는 사실을 고려할 때 실감한다. 14절의 "왜냐하면 … 분명하기 때문이다"(프로델론 가르)는 예수께서 어느 지파에 속한 분인지에 관한 사실이 널리 알려져 있었음을 시사해 준다. 한편 14절은 전체적으로 13절의 진술이 역사적 사실로 판명되었음을 확증해 줄 뿐 아니라, 13절이 진술한 바에 부합한 자는 바로 예수라는 사실을 규명해 준다.

〈7:15~17〉

제사장직에 대한 그리스도의 권리는 레위적 제사장직과는 전혀 다른 기반에 기초하고 있다. 그의 권리는 지파적 자격 조건을 뛰어 넘은 본래적인 권리로서, 족장 시대의 한 신비스러운 인물 가운데서 그 모형을 찾아 볼 수 있는 것이다(참조 7:3, 시 110:4).

16절에서는 레위적 제사장직과 그리스도의 제사장직 사이의 이러한 차이가 이중적 대조의 모습으로 제시되고 있다. ① "계명의 법을 좇아" vs. "능력을 좇아", ② "육체에 상관된" vs. "무궁한 생명의". 첫 번째 대조는 외적 제동 장치와 내적 원동력 사이의 대조로서, 이는 새로운 반차의 제사장직을 전혀 다른 기반 위에 올려놓는다. 레위적 제사장직에 대한 율법의 요구 조건들은 인격적인 자질보다는 가계의 유전에 더 집중되어 있다.

그러나 예수의 경우는 그렇지 않다. 그의 제사장직은 살아 있는 능력에 기초하고 있는 것이다. 두 번째 대조의 경우, 사르키네스는 일반적으로 '영적인'(프뉴마티코스)라는 것과 대조적인 개념으로 '육체적인'이라는 의미를 갖지만(참조 고전 3:1), 여기서는 '파괴되지 않은' 혹은 '영원한'(아카탈루투)와 대조됨으로써 '죽을 수밖에 없는'이라는 의미를 갖는다. 이는 아론의 제사장직에 대한 그리스도의 제사장직의 우월성을 다른 측면에서 보여 준다. 아론의 제사장직은 죽음에 의해 계속 계승되어야 하는데 반해, 그리스도의 제사장직은 영속적이라는 것이다(참조 7:23~25).

〈7:18~19〉

18~19절에는 두 대조적인 언급들이 삽입구적인 설명과 더불어 나타나

고 있다. '한편으로'(멘)으로 도입되는 첫 번째 언급은 제사장직과 관련된 율법의 연약성에 관한 언급이다. 여기에 나타나는 율법(프로아구세스 엔톨레스, "전옛 계명")에 대한 세 가지 언급들은 주목할 만하다. ① 그것은 연약하다 – 율법이 비록 가치 있는 기능을 수행하기는 하였지만, 그 근본적인 연약함은 그것이 그 자체만으로는 생명과 활력을 제공하지 못하였다는 데 있다. ② 그것은 무익하다 – 하지만 율법의 '무익함'은 전적인 '무가치함으로 이해되어서는 안 될 것이다. 그것이 무익함은 그것만으로는 하나님 앞에서 죄인들을 의롭게 하는 데 부족하기 때문이다. ③ 바로 이런 이유들 때문에 그것은 폐하였다. 여기서 처음 두 가지 언급들은 마지막 언급의 기반을 제공해 준다.

'다른 한편으로'(데)로 도입되는 두 번째 언급의 주된 주제는 '소망'(엘피스)이다. 이 소망은 "더 좋은"(크레이토노스; 참조 1:4; 6:9; 7:7, 22)이라는 말로 수식되고 있다. 이 '더 좋은 소망'은 연약하고 무익한 전옛 계명 하에서 온전히 이루어질 수 없었던 바를 그리스도인들로 하여금 이룰 수 있도록 해 준다. 그 결과 그리스도인들은 하나님께 더 가까이 나아갈 수 있게 된 것이다.

〈7:20~22〉

예수의 제사장직은 레위적 제사장직과 대조적으로 하나님에 의해 '맹세'로 세워졌다(20~21절). 6장의 권면 문맥에서 도입되었던 맹세 주제가 이제 시편 110:4의 인용과 더불어 레위적 제사장직에 대한 멜기세덱 반차의 우월성을 증명해 보이는 데 적절히 활용되고 있다. 한편 그 맹세한 약속을 성취하신 '영원한 제사장' 예수는 '더 좋은 언약'의 확실한 '보증'[15]이 되신다(22절). 이렇게 볼 때 예수의 제사장직과 레위적 제사장직의 차이는 정도의 차이가 아니라 종류의 차이라고 할 수 있다. 이러한 사실은 다음 단락에서 더욱 분명해진다.

〈7:23~25〉

예수의 대제사장직의 영속성은 이미 앞에서(참조 7:3) 강조되어 왔다. 이제 여기서는 이 영속성이 아론적 대제사장직과 예수의 제사장직 사이의 차이를 강조하는 데 사용된다.

아론적 제사장직은 계승적 원칙 하에 임명되었다. 왜냐하면 그들 중 그 누구도 제사장직의 권한을 영속적으로 누리지 못하였기 때문이다. 그 계열의 최초 제사장이었던 아론은 광야에서 대제사장으로 그의 백성을 섬겼지만, 결국 그의 대제사장직과 의복을 그의 아들 엘르아살에게 넘겨 주어야 했다(민 20:28). 후일에 엘르아살도 죽어 그의 아들 비느하스에 의해 계승되어야 하였고, 그 이후로도 그러한 계승은 계속되어 제2차 성전이 파괴된 주후 70년까지는 83여 명의 대제사장이 그 직책을 계승하였던 것이다(요세푸스, Ant. 20.227).

이에 반해 예수는 그의 제사장직을 영원히 소유하고 계신다. 비록 우리의 대제사장 예수께서 십자가에서 죽으셨지만, 그의 제사장직은 그치거나 다른 사람에게 넘겨지지 않았다. 왜냐하면 그의 죽음은 최종적 사건이 아니었기 때문이다. 그의 죽음은 그의 부활에 의해 그 모습이 가려졌고, 그 결과 그는 다른 제사장들로부터 구별되어 영원한 제사장이 된 것이다. 한편 25절에서는 예수의 변함없는 대제사장직의 결과가 그의 지속적인 구원의 능력이라는 측면에서 특별히 언급되고 있다.

〈7:26~28〉

저자는 지금까지 예수의 제사장직을 멜기세덱의 모형을 통해 설명해 왔다. 그러나 멜기세덱이 예수의 대제사장직을 모두 설명해 줄 수 없는 것은 너무도 분명하다. 따라서 저자는 본 단락에서 시편 110:4에 기초한 멜기세덱과 관련된 논의의 한계를 넘어서서, 예수의 제사장직의 독특한 한 측면, 즉 대제사장 스스로가 단번에 드려짐으로써 완전한 속죄 제물이 된 측면을 설명해 나간다. 레위적 제사장직의 희생 제사는 하나의 모형이었다. 그런데 그 모형이 그리스도께서 자기 자신을 희생 제물로 드림으로써 단번에 그리고 영원히 성취된 것이다.

저자는 이 주제를 8:1~10:18에서 매우 자세하게 다룬다. 그곳에서 저자는 수신자들에게 진정으로 그리고 유일하게 필요한 제사장은 그 자신을 단번에 드리심으로 레위적 제사 제도 전체를 마감하신 분, 즉 예수 한 분뿐이라는 사실을 강한 어조로 설명해 나갈 것이다.

한편 예수의 제사가 완전하고 영원한 것이 된 것은 그의 생애를 통해 드러내 보이신 영적 도덕적 측면에서의 완전한 순종(26, 28절; 참조 2:18; 4:14~16)과 십자가상에서의 죽음(27절)의 결과였다. 그리스도인은 이와 같은 완전한 대제사장을 가지고 있기에 확신 가운데 하나님 앞에 담대히 나아갈 수 있는 것이다(참조 4:16; 7:25).

05

영원한 대제사장이신
예수 그리스도의 섬김

히브리서 8~9장 주해와 적용

서론

히브리서는 신앙 공동체 내에 만연된 무기력, 나태함, 체념, 무관심에 젖어 있던 그리스도인 일반을 향해 주어진, 서신의 형태로 기록된(참조 히 13:22~25) "권면의 말"(λόγος παρακλήσεως 13:22), 곧 "우리에게 보존되어 있는 … 최초의 완전한 원시 기독교의 설교"(Otto Michel, 'Der Hebräerbrief", *KEK* 13, Göttingen: V. & R., 1975, p. 24)이다. 그러므로 히브리서는 지상에서 "나그네" (11:13)로 살면서 지쳐 있는 '도상의 존재' 인 그리스도인에게 '영원한 대제사장' 이신 예수 그리스도를 완전한 구원으로 이끄는 "인도자"(ἀρχηγός 2:10, 개역 성경에서는 '주' 로 번역)요, "영원한 구원의 근원"(5:9)이요, "본"(참조 4:11; 6:12; 13:7)으로 보여 줌으로써 그들을 위로하고 격려하는 권면의 설교이다.

이 설교가 새 천년을 맞이하였으나 여전히 정체의 늪에 빠져 있는 듯한 오늘의 한국 교회에 전해 주고자 하는 메시지는 무엇인가? 특히 이 권면설교의 절정에 놓여 있는 8~9장을 통해 하나님께서 현대를 사는 한국 기독교인들에게 무엇을 말씀하고자 하시는가? 이 질문에 대답하기 위해 먼저 본문을 히브리서 전체에서 그 서 있는 자리를 매김하고, 본문의 구성을 살펴보고 나서, 본문을 주해하고, 현실로 옮길 수 있는 적용을 찾아보기로 하자.

본문의 자리 매김

히브리서는 서신의 전반부가 '교리'로, 후반부가 '권면'으로 전개되는 주요 바울서신(로마서, 갈라디아서, 데살로니가전서, 그리고 후기의 골로새서와 에베소서)과는 달리 '교리'와 '권면'이 교대로 반복된다(참조 Leonhard Goppelt, *Theologie des Neuen Testaments*, hrsg. v. J. Roloff, Göttingen: V. & R., 1980). 이에 대해 나우크(Wolfgang Nauck)나 큄멜(Werner G. Kümmel)은 교리와 권면 중에서 히브리서 저자가 교리보다 권면에 치중했다고 보며, 그 권면의 목표를 '말씀을 듣는 것'(1:1~4:13), '믿는 도리를 굳게 붙잡을 것'(4:14~10:39), 그리고 '믿음의 순종'(11:1~13:17)으로 삼았다고 본다. 그러나 교리-권면의 관계에서 무게 중심을 권면에 두는 이러한 해석은 '영원한 대제사장 예수 그리스도'라는 주제를 다루는 교리 부분을 경시하거나 약화할 수 있다.

게다가 권면 지향적인 해석은 히브리서 저자가 교리와 권면을 왜 교호(交互)적으로 기술하는지에 대해 적절하게 해명할 수 없다. 오히려 히브리서에서 교리와 권면은 서로 나누어질 수 없이 통합되어 있다고 보아야 한다. 교리와 권면의 관계는 교리가 단지 권면의 근거가 되고 권면은 교리로부터 유래되는 단순한 인과(因果) 관계를 넘어서 교리는 여전히 권면과 함께 역사하고 때로는 권면의 앞에 놓이는 통합적인 관계이기 때문이다(참조 '본의 윤리'에 대하여는 Erich Grösser, 'Der Hebräerbrief' 1938~1963, *Theologische Revue* 30, 1964, pp. 136~236, 특히 p. 235). 고펠트는 자신의 「신약성경신학」에서 히브리서를 다음과 같이 분류한다(참조 pp. 573~74).

A. 길 준비자 예수(1:1~6:20)
  1. 그리스도로 말미암아 주어진 말씀은 천사를 통해 중재된 율법보다 뛰어나다(1:1~2:18)
    1) 천사보다 뛰어난 하나님의 아들 예수(1:1~14, 교리)
    2) 선포된 구원을 경시하지 말라(2:1~4, 권면)

3) 대제사장직 수행을 위해 낮아지시는 예수(2:5~18, 교리)

2. 예수로 말미암은 약속은 광야의 백성에서 주어진 약속보다 뛰어나다(3:1~4:13)

1) 모세보다 뛰어난 예수(3:1~6; 교리)

2) 예수의 구원 약속에 대해 마음을 강퍅케 말라(3:7~4:13, 권면)

3. 예수는 자신이 낮아지심으로써 종말론적인 대제사장이 되었다(4:14~6:20)

1) 대제사장 직분 섬김의 전제로서 예수의 낮아지심(4:14~5:10, 교리)

2) 초보적인 도를 버리고 완전한 데 나아가라(5:11~6:20, 권면)

B. 종말론적인 대제사장 예수(7:1~10:18, 교리)

1. 뛰어난 대제사장 예수(7:1~28)

2. 대제사장 예수의 섬김 사역(8:1~10:18)

1) 예수의 제사장직의 자리(8:1~12)

2) 대제사장 예수의 제사(9:1~10:18)

C. 종말론적인 대제사장의 구원 사역에서 나온 권면(10:19~13:17, 권면)

1. 그리스도로 말미암아 열려진 구원의 길에 머물러 있으라(10:19~31)

2. 조상의 믿음의 길과 교회의 믿음의 길(11:1~12:29)

1) 구약 성경에 나타난 믿음의 증인(11:1~40)

2) 그리스도인은 믿음의 길을 견지하라(12:1~29)

3. 기본적 권면을 교회 상황에 적용하기 위한 세부 지침들(13:1~17)

D. 서신의 말미(13:18~25)

위의 구분에서 나타난 것처럼 교리(대제사장이신 예수 그리스도)는 권면의 근거로서 앞에 놓일 뿐 아니라 권면과 함께 작용하며 권면의 앞에서 본보기가 되어 이끈다. 이런 관점에서 고펠트의 히브리서 구성 이해는 타당성을 갖는다. 따라서 히브리서의 절정에 7:1~10:18의 단락이 자리 잡고 있으며, 전체 서신에 전개되는 주제의 '압권'은 이 단락 주제인 '종말론적인(영원한)

대제사장 예수' 다.

본문의 짜임새

이렇게 히브리서 전체를 '교리-권면' 이라는 상호 교대적 진술에서 본문
을 자리 매김한 후 본문의 짜임새를 살펴보면, 8:1~10:18의 본문 중심에
영원한 대제사장 예수가 서 있다. 이 단락은 그랫서(E. Graber)가 올바르게
구분했듯이 "옛 언약과 새 언약"(8:1~13), 그리고 "옛 제의와 새 제의"
(9:1~28), "죄 사함 받음"(10:1~18)으로 삼분(三分)될 수 있다. 내용적으로는 8
장(넓게는 7장)~10:18가 한 단락이나 여기서는 필자에게 할당된 8~9장의 본
문만을 다루기로 한다. 이 단락은 "하늘의 성소에서 영원한 대제사장으로
서 섬기시는 그리스도의 사역"(Helmut Merkel, *Bibelkunde des Neuen Testaments*, G
ötersloh: Gerd Mohn, 1988, p. 244)을 다루고 있다.

8~9장의 본문을 세부적으로 구분하면 다음과 같다.

1. 옛 언약과 새 언약(8:1~13)
   1) 옛 제사장 직무와 새로운 제사장 직무(8:1~6)
   2) 옛 언약과 새 언약(8:7~13)
2. 옛 제의(祭儀)와 새 제의(9:1~28)
   1) 옛 언약의 예법(9:1~10)
   2) 새 언약의 예법(9:11~14)
   3) 법적으로 효력이 있는 새 언약(9:15~22)
   4) 더 좋은 제물이신 그리스도의 최종적인 효력(9:23~28)

본문의 내용 풀기

위에 제시된 세부적인 단락 구분을 따라 8~9장의 본문을 요약적으로 주해하기로 한다. 선정된 본문은 영원한 대제사장이신 그리스도 직무의 우월함을 옛 언약과 새 언약 그리고 옛 제의와 새 제의의 비교를 통해서 서술함으로써 천상의 그리스도에게 있는 최종적인 구원을 나타내고자 한다.

1. 옛 언약과 새 언약(8:1~13)

이 단락은 옛 제사장 직무와 새 제사장 직무를 비교하는 첫 번째 소단락(1~6절)과 이 대비(對比)의 결과 추론된 논지인 그리스도께서 "더 좋은 언약의 중보(자)"에 대해 증명하기 위해 전개하는 옛 언약과 새 언약의 주제를 다루는 두 번째 소단락(7~13절)으로 구성되어 있다.

1) 옛 제사장 직무와 새 제사장의 직무(1~6절)

하나님의 아들 예수는 자기 희생을 통해서 하늘에 들어가셨다. 그리스도의 자기 희생은 땅에서 일어난 일이지만 땅에 속한 것이 아니라 하늘에 속한 것이다. 즉 그것은 종말론적으로 영원한 질적인 성격을 가지고 있다(2~3절). 이러한 예수의 자기 제물 드림과 하늘 성소의 결합은 하늘에 올리우신 예수께서 드리신 자기 희생의 구원론적인 의미를 나타낸다.

이어서 저자는 지상의 모든 제사 행위와 비교할 수 없는 그리스도 제물의 질적인 탁월함을 표현하기 위해 이원론적인 공간 영역을 사용한다(4~5절). 즉 레위 지파 제사장의 제의는 땅에 속한 것이며 단지 하늘에 있는 것의 "모형과 그림자"(5절)이다(참조 9:23; 10:1). "그러나 이제"(6절) 아들의 종말론적인 예배 행위를 통해 새 언약이 세워졌으며 이것이 그리스도인이 사는 삶의 영역을 결정한다. "더 좋은 약속으로 세우신 언약의 중보(자)"(6절)는 다양한 입장간의 중재가 아니라 이미 주어진 약속의 실현을 목표로 삼는다.

2) 옛 언약과 새 언약(7~13절)

첫 언약의 흠(부족함) 때문에 첫 언약이 폐기될 수밖에 없으며 둘째 언약이 세워져야만 한다(7~8a절). 이어서 저자는 새 언약을 입증하기 위해 신약 성경에서 가장 긴 인용절인 예레미야 31:31~34의 말씀을 인용한다. 이 구약 인용은 본래 이스라엘을 갱신하는 예언적인 한 약속이나 여기서는 그리스도 안에 세워진 새로운 구원의 약속을 통해 옛 언약을 해지하는 예고로 이해된다(8b~12절). 이 새 언약은 죄 용서와 결합되어 있다(12절). 저자는 '새 언약'을 예수의 자기 희생에서 일어난 포괄적인 종말론적 속죄 개념으로 이해한다. 즉 이 '새 언약'의 용어는 "그리스도의 구원 사역으로 말미암아 지금 이미 세워져 있는 그리고 완성을 위해 열려 있는 구원을 표현하는 언어적·신학적 수단"(Claus-Peter Mürz, 'Hebräerbrief', *Die Neue Echter Bibel* 16, Würzburg: Echter, 1989, p. 54)이다. 이 새 언약은 그리스도를 통해 열려진 하나님께로 나아가는 통로이며(4:16; 6:19; 10:19~20), 믿는 성도를 하나님께 가까이 이끌 수 있는 것이며(7:11, 18~19), 거룩하게 하는 것이다(2:11; 12:14).

2. 옛 제의와 새 제의(9:1~28)

이 단락은 옛 언약의 예법(9:1~10)과 새 언약의 예법(9:11~14)을 대비(對比)한 후 법적 효력을 갖는 새 언약(9:15~22)과 그리스도 희생의 최종적인 효력(9:23~28)의 소주제를 다룸으로써 무기력한 그리스도인들에게 구원의 확신을 심어 주고 격려하는 권면의 확실한 근거를 제시하고자 한다.

1) 옛 언약의 예법(9:1~10)

이 소단락에서는 먼저 세상에 속한 성소가 언급된다. 특히 레위기 16장의 대속죄일 제사와 관련하여 성소가 둘로 나누어져 있음이 강조된다. 이어 제사장이 매일 '성소'에서 섬기는 예식과 대제사장이 일년 중 속죄일에만 들어갈 수 있는 '지성소'가 대비된다(6~7절). 이 '첫 장막'은 온전하지 않음으로 "현재까지의 비유"에 불과하며(8~9절), 그것은 양심이 아니라 단지 제의적인 청결만 가져다 주는 "육체의 예법"(10절)일 뿐이다.

2) 새 언약의 예법(9:11~14)

다음 단락은 이러한 옛 언약의 예법에 대하여 반제(反題)적으로 "그러나 (개역 성경에서는 생략되어 있음) 그리스도께서"로 시작한다(11절). "장래 좋은 일의 대제사장"이신 그리스도의 종말론적인 속죄 예전은 아론과 그 후손인 대제사장의 속죄 의식과는 비교할 수 없는 질적인 차이가 있다(11~14절).

즉 히브리서 저자에 의하면 영원한 대제사장 예수의 종말론적인 제사만이 "장래의 것"을 중재할 수 있으며(2:5; 6:5; 10:1; 13:14), 새로운 제사 드림은 하늘의 성소에서 행해지며(8:1~3), 그분은 짐승의 피가 아니라 "그 자신의 피로써" 제사드리며(2:5~18; 5:7~10; 10:1~10), 그 제사는 매년 반복할 필요가 없으며(10:1~18), 뿐만 아니라 성도들에게도 "휘장 뒤"로 들어갈 수 있는 길을 열어 주셨다(10:19~22). 그러므로 오직 그리스도의 제물을 통해서만 죽은 행실에서 양심을 깨끗하게 하고 살아계신 하나님을 섬길 수 있다(9:14).

3) 법적으로 효력 있는 새 언약(9:15~22)

이제 13~14절의 진술이 더 심화되어 전개된다. 15절에서 저자는 그리스도께서 "새 언약의 중보(자)이시다"라는 명제를 세운다. 그리스도께서 첫 언약 때에 범한 죄를 속량하시기 위해 죽어야만 했다. 이것을 먼저 일반적인 '유언' 개념으로 증명하고(16~17절), 그리고 나서 '죽음'과 '언약'의 관계를 모세의 율법인 출애굽기 24:3~8의 언약 예식 진술로써 입증한다 (18~22절).

여기서도 저자는 옛 예법을 예수 그리스도 안에서 그 법의 성취라는 관점에서 해명한다. 그렇게 볼 때 "이는 하나님이 너희에게 명하신 언약의 피"(20절)라는 진술에 성찬 진술이 반영되어 있는 것은 결코 우연이 아니다.

4) 그리스도 제물의 최종적인 효력(9:23~28)

이제 그리스도께서 "새 언약의 중보자"라는 명제가 새 언약의 관점에서 해명된다. 하늘의 성소로 들어가는 것은 지상의 제물이 아니라 하늘의 제물을 통해서 가능하다(23절). 그리스도의 희생 제물은 질적으로 월등한 종말론적인, 천상의 것이다(24~26절). 새 언약은 벌써 지금의 시대를 결정하는 그리스도의 유일하며 일회적인 희생 제물로 표현된다. 그것은 단번에 일어난 종말론적인 사건으로서 반복될 수 없다(25~26절).

이러한 비교를 통해서 저자는 독자들에게 한 확신을 불러일으킨다(27~28절). 곧 예수의 죽음은 반복될 수 없으며 죄 사함은 단번에 일어난다. 그의 재림은 또 다른 죄 용서가 아니라 완성을 위해 일어난다. 즉 구원의 문제는 더 이상 모호하지 않다. 그것은 이미 결정되어 있다. 그리스도인은 이미 종말론적인 시대 교체를 경험하고 옛 시대 저편에 살고 있다. 그래서 구원의 완성을 확신해도 된다.

본문의 메시지를 현실로 옮기기

바울서신에서처럼 히브리서에서도 옛 언약과 새 언약은 반제(反題)적으로 대립되어 있다. 하지만 히브리서에서는 이 양자가 율법이 구원할 수 없기에 그리스도는 율법의 마침이라고 언급한(참조 롬 10:4) 바울의 경우처럼 뚜렷하게 대립되어 있는 것이 아니라 임시적인 것과 영원한 것, 부족한 것과 완전한 것의 관계로 설정되어 있다(참조 H. Merkel, *Bibelkunde*, pp. 244).

하늘에서 지극히 높으신 이의 보좌 우편에 앉아 계신 영원한 대제사장 예수 그리스도는 "더 좋은 약속으로 세우신 더 좋은 언약의 중보(자)"이시며 (8:6), "장래 좋은 일의 대제사장"이시며(9:11), "새 언약의 중보(자)"이시며 (9:15), 또한 성도들을 구원에 이르게 하기 위하여 다시 오실 분이시다(9:28).

오늘의 한국 교회는 고도 성장의 후유증과 성장 정체의 무력감, 실추된

도덕성, 그리고 몇몇 사건으로 인한 사회의 지탄으로 위축된 '빛과 소금' 으로서의 그리스도인 정체성 위기 등으로 인하여 몹시 지쳐 있다. 그러나 오늘의 본문은 무관심과 무기력, 권태와 불확신에 빠져 있는 그리스도인들에게 이 모든 위기에서 벗어나도록 종말론적인 영원한 대제사장 예수를 주목하게 한다. 이것은 모든 권면의 기독론적인 기초요 신학적인 기초이다. 그러니까 히브리서의 권면은 다른 신약 성경의 권면처럼 이성이나 양심에 호소하는 단순한 헬라적인 '권고'(paraenesis)가 아니라 그리스도 안에서 일어난 하나님의 구원에 근거를 두고 이에 호소하는 '신적 권고'(paraklesis)이다. 그러므로 그리스도인의 행동과 삶에 있어서 중요한 것은 무엇을 어떻게 행하기에 앞서 자신의 행위와 삶이 무엇에 근거되어 있으며 무엇으로부터 나오고 있는가 하는 것이다. 이것이 8~9장 본문이 의도하는 핵심 메시지다.

06

믿음의 백성이 가야 할 길

히브리서 10~11장 주해와 적용

우리는 히브리서가 신학 논문처럼 명확하게 구분되지 않는다는 점을 고려하여 앞뒤의 내용과 논리적으로 연결되는 단일한 내용 묶음으로 주석해 가지 않고, 현 성경이 가지고 있는 장 구분을 따라 공동내용을 중심으로 하는 각 단락을 따로 따로 주해하며 앞뒤 문맥을 살피도록 하겠다.

그리스도의 영원한 제사(10:1~18)

본문은 그리스도의 죽음을 구약 시대의 제사제도와 비교하며 완전하신 하늘의 대제사장이신 그리스도의 희생이 구약 시대의 제사보다 우월하며 완전하다는 것을 알리는 긴 문단(8:1~10:18)의 요약적 결론에 해당한다.

1. 그리스도의 오심과 그 희생적 제사, 그리고 이에 따르는 모든 일들이 "좋은 일들"의 실체라는 관점에서 율법과 비교되었다. 율법은 "장차 오는 좋은 일들"의 그림자일 뿐이다(1절). "좋은 일들"이란 표현은 하나님의 뜻을 따르는 진리라는 것, 따라서 사람들에게 최상의 결과를 가져오는 것이란 의미를 가지고 있다.

"실체와 그림자"란 비유어는 율법의 제한성과 그리스도에의 의존성을 보여 주는 비유어이다. 실체가 없다면 그림자도 없다. 그림자는 실체가 있음을 알려 주고 그 실체에 전적으로 의존한다. 이 비유가 뜻하는 것은 율법이 시간적으로 먼저 주어졌지만 하나님의 계획 속에서는 논리적으로 정반대의 순서를 가지고 있다는 점이다. 즉 나중에 오실 그리스도와 그 하신 일들이 있을 것이기 때문에 율법이 먼저 주어졌다는 것이다. 만약 하나님의 의도 속에 그리스도의 일들이 계획되어 있지 않았더라면 율법도 애당초 주어지지 않았을 것이란 논리이다.

2. 율법이 좋은 일들의 그림자요 그리스도의 일들이 그 참 실체라는 사실로부터 제사제도의 제한된 기능이 설명된다. 율법 하에서 늘 드리는 제사로는 누구도 온전히 용서함을 받을 수 없다(1, 4, 11절). 그것은 죄를 생각하게는 하지만(3절) 깨끗하게 하지는 못한다(4, 11절).

반면에 그리스도의 제사는 사람들의 죄를 이미 완전히 깨끗하게 하였다(10, 14절). 저자는 "우리가 거룩함을 얻었다"(10절), "거룩하게 하신 자들을 영원히 온전케 하셨다"(14절)고 선언한다. "저희 죄와 저희 불법을 다시 기억하지 않으리라"(17절)는 하나님의 말씀이 성취된 것이다.

3. 속죄 제사의 반복성과 일시성도 율법의 그림자로서의 역할을 증명하는 것이다. 율법 하에서는 죄를 위해서 해마다 제사를 반복할 수밖에 없었다(1, 3절). 제사는 죄를 씻어 주는 것이 아니라 죄를 생각나게 하는 것이기 때문이다. 제사가 이런 것이 아니었다면 어떤 일이 일어났을까? 저자는 "섬기는 자들이 단번에 정결케 되어 다시 죄를 깨닫는 일이 없고 제사도 끝났을 것이다"(2절)고 단언한다. 하지만 그런 일은 없었다. 제사제도는 이스라엘의 역사를 통해 대대로 이어져 내려왔다. 제사장마다 매일 서서 섬기며 자주 같은 제사를 드려야만 했다. 만약 실체이신 그리스도의 오심과 그의 좋은 일들이 없었다면 제사는 마냥 계속될 수밖에 없었을 것이다.

그러나 그리스도는 죄를 위하여 단 한 번의 영원한 제사를 드리셨다(10절). 한 번으로 영원히 유효한 제사를 드리신 것이다. 따라서 이제 하나님께서는 죄와 불법을 다시 기억하지 않으신다. 당연히 죄를 위하여 다시는 제사를 드릴 필요가 없다(18절). 그림자인 율법과 그 제사제도는 실체 그리스도가 오시고 좋은 일들을 실현하심으로 그 끝을 맞이한 것이다. 이렇게 첫 것을 폐하시고 둘째 것을 세우시는 것은 구약 성경에 이미 예언되어 있었던 하나님의 뜻이었다(9절). 이 점을 증명하기 위하여 저자는 예레미야 선지자의 예언을 더 인용하며 그리스도의 사역으로 그것이 성취되었음을 선언했다. "그 날 후로는 저희와 세울 언약이 이것이라 하시고 내 법을 저희 마음에 두고 저희 생각에 기록하리라"(16절). 그리스도의 영원한 제사는 하나님께서 원래 의도하셨던 것이지만 율법과 비교하여 "새 언약"이라고 불린다.

4. 제사에 사용된 제물의 비교도 그림자와 실체의 차이를 보여 준다 (9:12~14). 율법 하에서는 해마다 드리는 속죄제사에 짐승의 피가 사용되었다. 그러나 황소와 염소의 피가 죄를 없앨 수는 없다(4절). 짐승의 피는 사람의 죄를 속하는 실체는 아닌 것이다. 속죄제사에 사용되는 짐승의 피의 불충족성을 증명하기 위해 저자는 다윗의 시를 인용하며 하나님께서 제사와 예물을 원하지 않으시고 번제와 속죄제를 원하지도 않으신다고 이미 선포하셨다고 설명한다(5~6, 8절).

반면에 하나님께서 처음부터 예비하신 속죄제물은 두루마리 책에 기록된 "한 몸"(7절), 즉 그리스도였다. 그리스도는 하나님의 뜻을 행하기 위하여 세상에 오셔서 자신의 몸을 단 번에 드리시고 믿는 사람들이 거룩함과 온전함을 얻게 하셨다. 자신의 몸으로 드리는 그리스도의 영원한 제사는 이렇게 황소와 염소의 피로 예표된 하나님의 뜻을 이행하는 것이었다.

5. 그림자와 실체의 차이는 제사드리는 주체의 비교에서도 드러난다. 율법 하에서는 제사장들이 매일 서서 섬기며 자주 같은 제사를 드려야 했다. 그들 자신도 연약에 쌓여 있었고 다른 사람들과 차이가 없었기 때문에 이스라엘의 역사 속에 수많은 제사장들이 그들의 의무를 충실히 수행했지만 이런 제사는 "언제든지 죄를 없게 하지 못했다"(11절).

그러나 그리스도는 죄를 위하여 영원한 제사를 드리시고 하나님 우편에 앉으셔서 원수들을 정복하실 때까지 기다리신다. 그리스도의 제사장으로서의 사역은 자신의 백성을 위해 아직도 계속되고 있다.

이상과 같이 요약한 본문에 두드러지게 나타난 내용은 죄를 위한 그리스도의 영원한 제사와 이 제사의 효력으로 사람들이 완전하게 죄사함을 받았으며, 거룩함과 온전함에 이르렀다는 것이다.

믿음에 계속 거할 것을 권면함(10:19~25)

본 단락에서 히브리서 저자는 하나님께서 계획하시고 이루신 그리스도의 선한 일들, 즉 영원한 제사와 이로 인한 죄의 완벽한 용서가 믿는 사람들에게 어떤 결과를 초래했는지를 밝히며, 이에 근거하여 계속 믿음에 거할 것을 독자들에게 권면하고 있다. 하나님의 일들은 사람들에게 특정한 응답, 즉 믿음을 요구하기 때문이다.

예수님을 믿는 사람들이 얻은 특권을 저자는 성소를 비유로 삼아 설명한다. 하나님께서 그리스도의 영원한 속죄제사에 근거하여 자기 백성의 죄와 불법을 다시는 기억하지 않으시기 때문에 믿는 사람들은 하나님의 하늘 성소에 들어갈 담대함, 즉 어떤 죄의식이나 거리낌도 없는 마음을 가진다.

우리는 예수님의 피를 의지해서 그렇게 하나님의 존전에 나아간다. 예수님께서 하나님께로 가는 새롭고 산 길을 활짝 열어놓으신 것이다. 이 새롭고 살아있는 길이 뚫린 휘장은 그리스도의 육체로 설명된다(20절). 그리스도께서 자신의 죽음으로 하나님께 가는 영원한 길을 마련하셨다. 따라서 성도들이라도 예수님의 피를 의지해서만 하나님께 다가갈 수 있는 것이다.

또한 저자는 신자들이 하나님께 가는 당당함을 얻었다고 말할 뿐만 아니라 이에 근거하여 "하나님께 다가가자"고 권한다(22절). 율법 아래에서 제사장이 짐승의 피를 뿌리고 손을 맑은 물에 씻음으로 죄 없이 하나님의 성소에 들어가는 것같이, 실체로 오신 예수님은 "큰 제사장"으로 자신의 피를 우리의 마음에 뿌려 악한 양심으로부터 우리를 해방시키시고, 우리의 몸을 맑은 물로 씻겨 주셨다. 이렇게 성령에 의해 주어지는 "참된 마음과 확실한 믿음"은 하나님께 당당히 다가갈 수 있는 도구로서의 조건이 된다.

두 번째 권고는 "소망의 흔들림 없는 고백을 굳게 붙들라"(23절)는 것인데 그 이유는 약속을 하신 분이 신실하시기 때문이다. 저자는 이것이 어떤 약속, 어떤 소망에 관한 것인지는 구체적으로 밝혀 놓지 않았다. 만약 우리가 그것을 문맥에서 찾아본다면 다음과 같은 것을 의미한다고 보아야 할 것이다. 즉, 속죄에 근거한 하나님께 나아감, 영원한 구원, 하늘 백성의 영광 등을 믿고 바라보며 고백하는 것 등이다.

저자의 권고는 개인적 신앙생활의 차원에서 이제 공동체를 향한 차원으로 확대된다. "서로 돌아보아 사랑과 선행을 격려하라"(24절). 하늘의 시민권을 가지고 이 땅에서 쉽지 않은 삶을 살아가는 신자들은 사랑과 선행의 격려를 위하여 서로 돌아보아야 하며 함께 모여야 한다. 우리는 같은 믿음, 같은 소망을 가지고 같은 예수님을 따라 하늘의 성소에 계신 같은 하나님께 함께 나아가는 사람들이다.

사랑과 선행은 교회 안의 사람들을 위해서도 필요하지만 교회 밖의 사람들을 위해서 더욱 필요하다. 함께 모이는 것은 공동체의 믿음과 소망, 이에 관한 고백을 계속 확실하고 단단하게 만들어 주기도 하지만, 다른 한 편으로는 세상을 향한 하나님의 백성의 사명을 상기시키고 세상에 대조되는 세상 속의 교회의 정체성을 더욱 확실하게 해 준다. 어떤 어려운 상황 가운데서도 우리는 모이기를 게을리 하거나 피하거나 폐하지 말아야 한다. "그날이 가까워지고 있음을 볼 수록 더욱 그렇게 해야 한다."

함께 모여야 하는 또 다른 이유는 죄를 짓는 사람들로 남지 않기 위해서이다. 이것을 저자는 "왜냐하면"이란 접속사로 26절 이하를 이어간다. 우리는 다른 성도들과 기꺼이 만나고 공동체적 삶을 이 세상 안에서 눈에 띄지 않게 지속해 감으로써 죄를 그치고 사랑과 선행을 계속 만들어가야 하는 사람들이다.

죄와 멸망에 대한 경고(10:26~31)

이 문단은 문법적으로 보면 "왜냐하면"이란 접속사로 앞의 문단과 긴밀하게 결합되어 있다. 즉 죄와 멸망에 대한 경고는 성도들이 서로 격려하여 사랑과 선행을 자극하고 열심히 모여야 할 이유가 된다. 또한 저자는 이 문단에서 성도들이 돌이킬 수 없는 죄를 짓고 이로 말미암아 하나님의 무서운 심판에 빠질 수 있음을 경고하고 있다.

그리스도의 피로만 하나님께 당당히 나아갈 수 있다는 앞에서의 설명은 한 편으로는 우리가 계속 믿음에 머물러 있어야만 함을 알려 주며 – 이것은 앞부분에서 저자가 설명했고 앞으로 계속 강조할 것이다 – 다른 한 편으로는 그리스도의 희생으로만 해결될 수 있었던 죄의 문제에 신자들이 극도로 민감하게 깨어 있어야 하고 적극적으로 피해 가야만 함을 알려 준다.

히브리서의 기자도 성도들이 본질적으로 의인으로 바뀌었다고 말하지는 않는다. 성도들이 실제적으로 죄에서 완벽하게 해방되어 생각으로나 무의식적으로도 죄를 지을 수 없고 의만을 행할 수 있는 그런 성인으로 변했다고 말하지도 않는다. 우리는 실제로 완벽한 의인으로 살아가는 그런 사람들은 아니다.

다만 예수님의 희생적 제사에 근거하여 그리스도 안에 있는 사람의 죄를 더 이상 기억지도 않으시고 하늘의 의인으로 취급해 주시는 것이 우리가 살아있는 동안의 하나님의 평가방법이다. 그리고 이것을 받아들여 살아 숨쉬며 믿는 자로 행하는 것이 남은 여정을 걸어가는 우리 신자들의 신앙생활이다. 믿는 자로서 이 세상에 남겨져 남은 삶을 살아가는 동안 성도들은 믿음의 길에 들어와 있다는 점을 제외하면 누구나 똑같은 사람으로 세상을 살아간다. 그리스도의 영원한 제사라는 성도들이 입고 있는 흰 두루마리를 벗겨 놓으면 여전히 사람일뿐이다.

우리 앞에는 아직 선과 악의 갈림길이 놓여 있다. 우리는 여전히 의와 죄를 선택해야 하는 순간에 직면한다. 그리스도의 피를 힘입어 양심의 가책에서 해방되었지만 삶의 순간순간에 우리는 선한 의지와 악한 의지, 선한 욕구와 악한 욕구, 의를 좋아하는 마음과 죄를 좋아하는 마음의 갈등을 경험한다. 그리고 한 행동이 끝난 다음에는 어김없이 잘했다는 감사나 못했다는 자책의 소용돌이에 휘말리게 된다. 선행에 힘쓰라고 계속 권면해야만 할 정도로 선을 행한다는 것은 우리에게 여전히 쉽지 않은 과제이다. 죄에 경각심을 가지고 죄를 피하지 않는 한 죄의 성향은 여전히 성도들을 위협하는 현실의 크나큰 과제다.

히브리서의 저자는 당당히 하나님께 다가가는 성도들이 믿음의 길에 들어선 후에 일어날 수 있는 범죄의 가능성에 마음을 쏟고 있다. 그는 '진리의 지식'을 받은 신자들이 특히 고의적으로 계속하여 죄를 지을 수 있음을 염려하며 강력한 경고를 적어 두었다. 자신과 이 편지의 독자들을 구별하지 않고 함께 묶어 "우리가" 그런 짐짓 죄를 계속 짓는다면 "죄를 위한 제사는 이제는 더 이상 없다"고 선언한다(26절).

그는 이런 죄에 대하여 6:4~8에 이미 한 번 경고한 바 있다. 그러나 그리스도의 사역과 이에 근거한 믿음의 역할과 가치를 강하게 말하며 하나님께 당당히 나아가자고 권면한 지금 그는 다시 한 번 이 주제를 끄집어 낼 필요를 느꼈다. 예수님의 제사가 단번의 영원한 제사인 만큼 그런 사람에게 남아 있는 것은 "무서운 마음으로 심판을 기다림", "대적하는 자를 멸하는 맹렬한 불"뿐이기 때문이다(27절). 이는 그런 행동, 그런 삶이 하나님의 아들을 발로 짓이기는 짓이며, 거룩하게 한 언약의 피를 부정한 것으로 돌리는 짓이요, 은혜의 성령을 모독하는 짓이기 때문이다. 6:6의 표현을 빌리면 이것은 "하나님의 아들을 다시 십자가에 못박는 모욕"이기 때문이다.

그가 경고하는 심판이나 맹렬한 불은 살아 계신 하나님의 심판의 보응을 지시한다. 앞에서 말한 믿는 자들의 특권인 하나님께 나아가는 당당함이 무색할 정도의 강한 어조로 그는 "살아 계신 하나님의 손에 빠져 들어가는 것이 얼마나 무서운가!"(31절)라고 안타깝게 한탄하고 있다. 성도의 심판가능성을 증명하기 위하여 저자는 두 가지 예를 구약에서 인용한다. 첫째,

모세의 율법 아래에서 하나님의 백성이 죽음의 처벌을 받았다는 것(28절), 둘째, "주님께서 자기 백성을 심판하리라"고 하신 것이다(신 32:36).

그림자인 율법 아래에서 하나님은 율법을 범하는 사람들을 원수로 취급하셨다. 실체인 예수님께서 오신 이후 하나님은 예수님의 영원한 제사를 거부하거나, 이에 의지하여 하나님께 오지 않거나, 그 영광스러운 피를 모독하는 사람을 원수로 취급하시는 것이다.

하나님 편에 초점을 맞추면 구원을 위해 사람이 할 수 있는 일은 아무것도 없다. 구원을 실어나르는 도구인 믿음도 하나님께서 주시는 것이다. 그러나 인간 편에 초점을 맞추면 누구나 해야 할 일이 있고 피해야 할 일이 있다. 히브리서의 저자는 심각한 죄의 위험성을 경고하며 앞에서 하나님의 편에 맞추었던 시각을 사람의 상황으로 이동시켰다고 말할 수밖에 없다.

인내의 권면(10:32~39)

본 단락은 신앙의 출발점을 상기시키며 히브리서의 독자들을 위로하고 그들이 당면한 어려움을 인내로 극복할 것을 권면한다. 히브리서의 최초 독자들이 당면한 어려움은 – 자세하게는 알 수 없지만 – 박해와 환난이었던 것으로 추측된다. 그리고 저자가 두 번에 걸쳐서 경고한 배교, 고의적이고 지속적으로 죄를 지어 돌이킬 수 없는 심판과 멸망의 길로 가는 범죄도 이런 어려운 상황에서 연유한 것으로 생각된다.

저자는 하나님의 무서운 심판을 두려워하라고 경고한 다음 곧바로 독자들이 신앙의 길에 들어섰던 첫사랑의 날들을 기억해 보라고 권한다. 왜냐하면 하나님에게로 돌아온 그 첫사랑의 순간은 누구에게나 가장 강력한 인상을 남기기 때문이다. 그리고 하나님을 사랑하고 하나님께 감사하는 마음이 가장 순수하기 때문이다. 그래서 신앙의 존립을 위협하는 상황에서 신앙의 길을 과연 떠날 수 있는지를 가장 날카롭게 판단할 수 있는 근거가 된다.

저자는 다른 모든 면을 젖혀두고 독자들이 경험했던 많은 힘든 싸움들과 이런 상황에서 고통을 감내했던 사실을 특별히 지적한다. 왜 이 주제를 선택했을까? 히브리서를 저자가 쓰고 그 첫 독자들이 읽게 될 때 비슷한 상황이 전개되고 있었던 것이 아닐까? 다시 한 번 닥친 힘겨운 현실에서 그때 그런 마음으로 견디어 내라는 의도가 깔려 있지는 않았을까?

저자는 비교적 자세히 독자들의 경험을 알고 있던 사람이다. 그는 독자들이 신앙의 길에 들어섰기 때문에 겪었던 일들, 즉 사람들의 비방과 환난을 받으며 공개적인 구경거리가 되었던 사실 내지 같은 종류의 사람들로 취급받았던 사실을 언급했다. 그 때 그들은 이런 어려움을 당하는 사람들을 동정하고 함께 고통을 당했으며 이로 인해 소유물이 줄어들고 빼앗기는 것도 기뻐했었다. 그렇게 할 수 있었던 이유는 그들이 지상의 소유보다 더 좋을 뿐만 아니라 영원히 없어지지 않는 다른 소유, 즉 하나님의 영적 은혜들을 가지고 있었기 때문이다.

영적 상황은 사실 조금도 달라진 것이 없다. 다만 외부적인 상황에 변화가 왔을 뿐이다. 그러므로 저자는 독자들을 향해 지금도 그런 담대함을 버리지 말라고 권한다. 그런 담대함으로 "큰 삯을 받을 것이다"(35절)라는 위로도 잊지 않았다. 그가 말하는 큰 삯이란 하나님의 약속을 의미한다.

그리스도의 희생으로 하나님의 보좌에 당당히 나아가는 성도들에게 인내가 필요하며 하나님의 뜻을 행하는 것이 필요하다. 저자는 인간 편에 시각을 맞추어 "하나님의 뜻을 행한 후에 너희가 약속을 얻기 위하여 너희에게 인내가 필요하다"고 충고한다.

시기의 문제도 위로의 한 부분이다. 아무리 고통이 길다 하더라도 "오실 분이 오시기까지"가 고통의 시간적 한계이다. 그러므로 저자는 그리스도께서 다시 오시며 결코 지체하지 않으실 것임을 약속하듯 기록해 놓았다. 그 시간은 잠시 잠간에 지나지 않는다. 만약 주님이 속히 오시지 않는다면 우리가 서둘러 주님에게로 가는 방법도 있다. 인생은 긴 것처럼 보여도 주님의 재림의 시간에 비교하면 훨씬 더 짧은 시간이다.

따라서 믿음의 길에서 떠나는 것은 어리석은 일이다. 의인은 믿음으로만 산다. 어떠한 사회적 외부적 어려움도 믿음으로 열린 하나님께 가는 길을 방해할 수 없다. 고통에 새침해지거나 성도들의 필요를 외면하거나 범죄하거나 교회를 떠나는 것은 시작한 길을 되돌아가는 것밖에 되지 않는다. 첫사랑의 순간을 경험하고 믿음의 길에 들어서서 하나님을 향해 당당히 나아가기 시작한 성도들, 하나님께서 인정하시는 의인들은 잠시도 믿음을 떠날 수 없다. 뒤로 물러서는 길은 멸망의 길일 뿐이다. 그렇게 뒷걸음질치는 것을 하나님께서 결코 기뻐하지 아니하신다(38절).

저자는 우리가 영혼을 구원함에 이르는 믿음을 가진 자라고 다짐하며 그의 권고를 끝맺고 11장에서 믿음과 믿음의 위인들을 소개함으로 인내하며 믿음을 지킬 것을 더욱 강하게 권한다.

믿음을 가진 사람들(11:1~40)

본문은 믿음장이라는 별명으로 성도들에게 늘 애독되는 부분이다. 히브리서의 저자는 이 11장에서 구약의 인물들을 열거하며 그들이 믿음을 가지고 산 사람들임을 소개한다. 저자는 적지 않은 분량에 걸쳐 이들을 소개하면서 믿음을 가지고 살아가는 것이 갑작스럽게 나타난 새로운 일이 아니며, 이 믿음이 구약성도들의 삶의 구심점이었음을 증명하고 있다. 다른 한편으로는 – 히브리서의 전반적인 주제에 맞게 – 이 구약 시대의 사람들이 비록 믿음을 가지고 살기는 했지만 그들은 약속의 시대에 있었고 저자를 비롯한 성도들은 그 약속이 이루어진 시대에 살고 있음을 말하고 있다.

어떻든 이스라엘의 역사, 즉 구약 성경 속에 구름같이 둘러싼 허다한 믿음의 증인들이 있음을 그는 독자들에게 상기시키고 용기를 가지고 앞을 보고 믿음의 경주를 인내로 계속해 가자고 권한다(12:1). 이 11장은 박해와 고통 중에 신음하며 신앙의 위기에 직면해 있는 성도들을 위로하고, 다시 불신의 세계로 돌아가는 것을 경고하며 믿음을 지킬 것을 자극하는 주제를 가진 10장의 끝절과 12장의 첫절에 대한 구체적인 실증인 것이다.

우리가 11장을 믿음장이라고 부르기는 하지만 "믿음"이라는 용어와 관계하여 크게 두 가지 고려해야 할 사항이 있다. 첫째, 저자는 믿음이 무엇인지 정확하게 정의를 내리지 않았다. 명확한 것은 이들의 믿음은 그리스도의 일들을 계획하신 하나님을 믿었다는 것뿐이다. 이들이 하나님을 믿은 것이 그리스도를 믿는 것과 어떤 의미가 있는지에 대해서 별 설명이 없다. 이 점은 기독교 세계에서는 구원에 이르는 믿음으로 불리우는 아주 중요한 주제이다. 그러나 히브리서 전체적인 맥락에서 보면 이들은 그리스도와 관련된 약속의 시대에 살았으며 그런 의미에서 이들의 믿음도 분명 그리스도를 믿음과 관련되어 있다고 말할 수 있다.

둘째, 저자가 이들의 믿음의 증거로 언급한 내용들은 구약 성경의 기록과 비교해 보면 지극히 단편적이다. 하나님을 믿었다는 면만을 부각시킬 뿐, 각 사람이 그 믿음과 함께 내보였던 불신과 죄와 인간적 약점들을 하나도 고려하지 않은 것이다. 이 점을 우리는 히브리서 전체의 내용과 연결하여 이렇게 이해해야 할 것이다. 죄와 허물, 불신과 인간적인 실수들은 그리스도의 희생적 자기 제사에 근거하여 하나님에 의해 전적으로 없는 것으로 취급되고 있다. 10:17에 인용된 말씀대로 "저희의 죄와 불법을 다시는 기억하지 않으리라"는 하나님의 방법이 구약의 인물을 설명하는데 직접 사용된 것이다.

이 두 가지 사항을 고려하여 우리는 각 사람들의 구체적인 삶과 믿음의 사실을 직접 비교하여 평하거나 그들의 믿음과 기독론적 믿음 사이의 관계를 정확하게 파악하지 않고, 본문에 표현된 내용만을 단순히 살펴볼 것이다.

1. 믿음의 정체(11:1~3)

저자는 '믿음이 무엇인가?' 라는 질문에 답을 하면서 11장을 시작하고 있다. 그에 따르면 믿음은 바라는 것들, 즉 기대하는 것들을 확신하는 것이다. 보이지 않는 것들을 증거하는 것이다(1절). 물론 인간의 상상이나 주관적인 생각들을 혼자 확신하고 열광적으로 증거하는 것을 믿음이라고 부르는 것은 아니다. 4절 이하를 읽어보면 믿음의 내용이 구체적으로 무엇인지에 대해 비교적 자세하게 기록되어 있다. 세계가 하나님의 말씀으로 창조된 것을 알게 하는 것이 믿음이라는 예를 3절에 수록해 놓았다.

저자는 첫 세 절에서 자세한 내용을 말하지 않고 믿음이 무엇인지를 일반적으로 서술했을 뿐이다. 그리고 구약 시대의 주요 인물들이 모두 같은 하나님을 믿음으로 살았고 그 믿음의 증거들이 구약 성경에 기록되어 있음을 서론적으로 언급한 것이다. 구약 성경에 기록되어 있는 하나님의 사람들의 삶은 믿음이 없이는 불가능했다는 것이 저자의 주장이다. 즉 그들의 믿음의 증거들을 제시함으로써 그들이 믿음으로 산 믿음의 증인들임을 증명하는 것이 이 11장 전체의 목적이다.

2. 아벨과 에녹 : 하나님을 찾음(11:4~6)

아벨이 가인보다 더 나은 제사를 드린 것은 그의 믿음 때문이었다. 하나님께서 그의 제물을 수납하신 것은 그의 믿음에 대한 증거이다. 그렇게 하나님께서 그를 의로운 자라고 증거하신 것이다(4절).

에녹은 믿음으로 인해, 살아서 세상을 떠났다. 그는 살아있을 때 하나님을 기쁘시게 하는 자라는 증거를 얻었다. 저자에 의하면 하나님을 기쁘시게 할 수 있는 요소는 믿음뿐이다. 따라서 하나님을 찾는 사람은 적어도 하나님께서 살아 계신 것과 자신을 찾는 사람들에게 응답하시고 보답하시는 분임을 믿어야 한다. 에녹이 죽지 않고 세상을 떠났다는 사실이 이러한 믿음에 대한 증거다.

3. 노아, 아브라함과 사라 : 하나님의 약속을 믿음(11:7~16)

노아는 아득한 미래에 있을 보지 못한 일에 대한 하나님의 경고에 믿음으로 방주를 예비하였다. 방주를 지어 가족을 구원한 것이 그의 믿음에 대한 증거이며, 동시에 믿지 않은 세상을 정죄하고 의의 상속인이 된 증명이다.

하나님의 부르심과 땅의 약속을 받았을 때 아브라함은 이 약속을 받아들였고 하나님을 믿었다. 알지 못하는 약속의 땅을 향해 고향을 떠난 것이 그의 믿음을 증거한다. 아브라함과 이삭, 야곱이 약속의 땅을 소유하지는 못했지만 그곳을 떠나지 않고 장막을 치고 살았다는 사실도 하나님의 약속을 믿었다는 증거로 제시된다(9절). 그들은 하나님께서 설계하시고 지으실 성이 건설될 터를 믿음으로 받아들인 것이다(10절).

사라도 늙은 나이에 믿음으로 아들을 낳을 능력을 얻었다. 할머니가 아이를 낳았다는 사실이 그가 하나님의 신실하심을 믿었다는 증거다. 아브라함과 이삭, 야곱이 자신을 외국인, 나그네로 말했다는 사실도 그들이 더 나은 고향을 확신하며 사모하고 있었다는 증거로 제시된다. 그러나 그들의 믿음은 단순히 가나안 땅에 대한 기대만은 아니었다. 그들은 하늘에 있는 본 고향을 사모하며 땅에서 나그네로 자처하며 살았던 것이다.

저자는 신약의 전통을 따라 아브라함을 믿음의 조상으로 보고 있었음이 틀림없다. 저자는 그들이 기대하는 것을 확신한 결과 하나님께서 "아브라함과 이삭과 야곱의 하나님"으로 불리기를 부끄러워 아니하셨고 영원한 한 성을 예비하셨다고 주석함으로써 아브라함의 후손들이 이미 하늘의 공동체로 간주되었음을 강조한다. 비슷한 암시를 우리는 사라의 믿음에 대한 서술에서도 읽을 수 있다. "죽은 자와 같은 한 사람으로 말미암아 하늘에 허다한 별과 해변의 무수한 모래와 같이 많은 사람들이 생육하였다"(12절). 명확하지는 않지만 그리스도와의 관련성을 희미하게 엿볼 수 있는 부분임이 틀림없다.

4. 아브라함부터 모세를 거쳐 선지자들 : 하나님을 의지함(11:17~32)

아브라함을 하늘 성소를 그리워한 믿음의 조상으로 암시한 히브리서의 저자는 다시 아브라함에게서 시작하여 하나님을 믿는 것이 그들의 삶에 어떤 증거를 새겨 놓았는지를 길게 서술하고 있다.

아브라함은 시험받았을 때 믿음으로 약속의 독생자를 하나님께 드렸다. 그의 믿음은 하나님께서 죽은 자 가운데서 아들을 다시 살리실 것을 확신한 것이었다. 이삭을 약속의 독생자로 부르고, "네 자손이라 칭할 자는 이삭으로 말미암으리라"는 메시아 예언을 인용한 것에서 그리스도와의 관련성을 희미하게 느낄 수 있다.

이삭과 야곱은 믿음이 있었기에 장래의 일을 말하며 아들을 축복했다. 요셉은 이스라엘 자손이 종으로 있을 때에 하나님께서 해방시켜 주실 것을 믿었기에 이스라엘의 출애굽을 예언하고 자신의 뼈를 함께 가지고 나갈 것을 부탁했다.

모세의 부모는 믿음으로 아들을 숨겨 바로의 명령을 어기며 두려워하지 않았다. 모세의 믿음은 바로의 공주의 아들이라 불리는 것을 거절하고 하나님의 백성과 고난받기를 선택한 것에 나타나 있다. 저자는 모세의 고난을 "그리스도를 위하여 받은 능욕"이라고 표현하며 하나님의 보답을 기대한 믿음의 인물로 묘사했다(26절). 모세가 애굽을 떠난 것(27절), 유월절의 피 뿌리는 제도를 정한 것(28절)도 모두 믿음으로 이루어진 일이었다. 그는 보이지 않는 하나님을 보는 것 같이 믿었다. 모세와 그리스도와의 관련성을 그런 대로 명확하게 밝혀 놓은 것은 그림자와 실체로 대비되는 율법과 그리스도의 일들 때문인 것으로 생각된다.

모세를 따라 애굽을 나온 이스라엘 백성 모두가 믿음으로 홍해를 마른 땅으로 건넜으며 여리고 성을 무너뜨렸다. 라합이 정탐꾼을 영접하고 도망치게 한 것도 하나님을 믿는 믿음으로 한 일이다. 반면에 출애굽 때 이스라엘을 괴롭히던 애굽 사람들, 여리고 사람들은 믿음이 없어 멸망 당했다.

저자는 기드온, 바락, 삼손, 입다, 다윗, 사무엘까지 이름만 언급하고 선지자들을 한 묶음으로 말하며, 믿음의 증거들을 열거하자면 시간이 부족하다고 글을 줄여 놓았다.

5. 요약적 서술(11:33~40)

그러나 믿음의 증거들이 다 끝난 것은 아니다. 33절부터 저자는 주체를 언급하지 않은 채 3인칭 복수형을 사용하여 믿음의 증거들을 열거하고 있다. 그가 열거하는 사례들은 "나라들을 이긴 것", "의를 행한 것", "약속을 받은 것", "사자들의 입을 막은 것", "불의 세력을 멸한 것", "칼날을 피한 것", "연약한 가운데서 강하게 된 것", "전쟁에 용맹 되어 이방 사람들의 진을 물리친 것", "여자들이 자기의 죽은 자를 부활로 받은 것", "더 좋은 부활을 얻고자 하여 악형을 받되 구차히 면하지 아니한 것", "희롱과 채찍질뿐 아니라 결박과 옥에 갇히는 시험도 받은 것", "돌로 치는 것과 톱으로 켜는 것과 시험과 칼에 죽임을 당한 것", "양과 염소의 가죽을 입고 유리하여 궁핍과 환난과 학대를 받은 것", "광야와 산중과 암혈과 토굴에 유리한 것" 등이다. 이 모든 일들이 저자에게는 앞에서 이름을 열거하며 언급한 믿음으로 산 사람들의 경우처럼 살아 계신 하나님을 믿으며 살았다는 믿음의 증거들이었다.

저자는 이들이 비록 예언의 시대에 약속을 보지 못하고 살았지만 하나님을 믿음으로 살았기 때문에 세상이 감당할 수 없는 사람들이었다고 힘주어 말하고 있다. 그들은 믿음으로 살았고 그 증거를 역사에 흔적으로 남겨 놓은 것이다.

구원의 더 좋은 것들, 즉 실체이신 그리스도와 그리스도의 일들은 그들에게는 미래의 것이요 신약 시대 사람들을 위하여 하나님에 의해 예비된 것이었다. 그러나 예수님의 영원한 제사가 나타남으로 그들의 믿음과 그들의 구원도 온전히 이루어졌다고 저자는 결론적으로 말한다.

07

배교하지 말고 전진하라

히브리서 12~13장의 주해와 적용

저자는 믿음과 오래 참음으로 약속을 기업으로 받은 구약의 성도를 믿음의 본으로 제시하다가(6:9~12; 11장) 이곳에서 배교하지 말고 계속 전진할 것을 교훈한다. 12장은 보다 큰 단위인 10:19~12:29('새롭고 산 길이신 예수')까지의 후반부로서 예수를 바라볼 것(1~3절), 징계의 유익(4~11절), 용기를 내어 전진할 것(12~13절), 주님을 만나지 못할까 두려워 할 것(14~17절), 복음의 은총(18~24절), 경고하신 자를 거역하지 말 것(25~29절) 등으로 나뉜다.

13장은 결론적인 요약과 권면으로서 형제 사랑을 계속할 것(1~3절), 혼인을 귀히 여길 것(4절), 있는 바를 족한 줄로 알 것(6절), 지도자들의 믿음을 본받을 것(7절), 예수 그리스도의 영원하신 제사사역(8~12절), 예수에게로 나아갈 것(13~14절), 찬미의 제사를 드릴 것(15절), 선을 행하고 나눠 주기를 잊지 말 것(16절), 지도자들에게 복종할 것(18~19절), 공동체를 위한 기도(20~21절), 개인적인 인사(22~24절), 종결적인 축도(25절)로 구성되어 있다.

주해와 적용

1. 예수를 바라볼 것(12:1~3)

11장에서 믿음과 오래 참음으로 약속을 기업으로 받은 구약의 성도들을 제시한 저자는 여기서는 믿음의 최고 모본을 보여 주신 예수 그리스도를 제시한다. 그는 그 앞에 있는 즐거움을 위하여 십자가를 참으사 부끄러움을 개의치 아니하시고 끝까지 전진하신 성도의 모범이시다.

1절. "이러므로 우리에게 구름같이 둘러싼 허다한 증인들이 있으니." 11장에서 예를 든 구약의 선진들과 비록 예로 제시되지는 않았지만 모든 구약의 선진들을 가리킨다. 그들은 신약 성도들이 본받을 모범이면서 동시에 신약 성도들과 똑같은 그리스도의 증인들이다. 저자는 이런 배경에서 다음의 교훈, 즉 경기에 참가하는 선수가 취할 자세에 대한 교훈을 주고 있다.

"모든 무거운 것과 얽매이기 쉬운 죄를 벗어 버리고." 경기에 참가하는 선수는 시합 전에 고된 훈련을 통하여 군살을 제거하고 경주시에 불필요한 의복과 장신구를 벗어 버려야 한다. 옛날 헬라에서 경기시의 선수들은 완전 나체가 되어야 했다. 마찬가지로 영적인 경주를 위해서 성도는 '모든 무거운 것', 즉 천국에 들어가는 데 방해되는 요소들을 제거해야 한다. 서양 속담에 '사람마다 지옥에 내려가는 사다리가 하나씩 있다'는 말이 있다. 여기서 사다리란 사람을 넘어뜨리는 약점을 말한다. 이 사다리는 사람마다 다르다. 이 사람에게 약점이 되는 것이 다른 사람에게는 아닐 수 있으며, 다른 사람에게 약점이 되는 것이 이 사람에게는 아닐 수 있다. 우리는 저마다 자신의 약점과 결점이 무엇인지를 알아야 한다.

"인내로써." 본서의 관심 있는 단어이다(6:12, 15; 10:36). 그것은 믿음과 밀접한 관계가 있다. 믿음은 인내에서 나타나고 인내는 믿음이 있어야 가능하다. 이 두 가지가 함께 역사하여 약속하신 기업을 얻게 한다(6:14). 11장에 열거했던 믿음의 영웅들은 모두 인내의 인물들이라 할 수 있다.

"경주를 경주하며." 원형 경기장에서 운동 선수가 경주하는 것을 배경으로 한다. 헬라인들은 인생을 경주에 비유했으나(Herodotus, viii, 102), 저자는 신앙생활을 경주에 비유한다.

2절. "믿음의 주요 또 온전케 하시는 이." '믿음의 창시자요 완성자'란 뜻이다. 그리스도는 구원의 주시요(2:10) 또한 '믿음의 주'시다. 그의 믿음은 신구약의 모든 믿음들 중 근원되는 믿음이요 최고의 믿음이다. 그는 믿음을 시작한 자요(믿음의 주), 믿음을 완성한 자다(최고의 믿음을 가진 자, 믿음을 온전케 한 자). 그의 믿음은 이데아적 믿음이요, 다른 모든 인간의 믿음은 그림자적 믿음이다.

"바라보자(아포론테스)." 곁눈을 팔지 않고 시선을 집중시키는 행동을 가리킨다. 히브리서는 우리가 신앙생활에서 곁눈을 파는 것, 즉 배교하지 말 것을 특히 강조한다(필자, 「히브리서 주석」, 서울: 대한기독교출판사, 1994). 예수께서는 앞에 있는 즐거움만 바라보고 십자가를 참으사 부끄러움도 개의치 않으셨다.

3절. "너희가 피곤하여 낙심치 않기 위하여." 수신자들은 지금 피곤하여 낙심해 가는 징후를 보이고 있다. 그들은 믿음의 경주를 중단하려고 하고 있으며, 그들의 인내심은 점차 흔들리고 있었다(2:1; 3:12, 14; 4:1, 11, 16; 6:4~6, 11; 10:23, 26f, 35, 36, 39). 이러한 공동체에게 저자는 예수 그리스도의 인내를 제시함으로서 힘과 용기를 갖도록 하고 있다.

"죄인들의 이같이 자기에게 거역한 일을 참으신 자를 생각하라." 인내의 주제를 다시 강조한다.

2. 징계의 유익(12:4~11)

본서의 수신자들은 이미 환난을 경험했고(10:32ff.) 또 앞으로 환난이 예상되는 상황 가운데 있다(4절). 그들은 환난과 다가오는 시련 때문에 그리스도교를 등지고 유대교로 돌아가려는 상황 가운데 있으며, 그들 중 얼마는 벌써 집회열이 식어져 있는 가운데 있다. 그들은 그리스도인이 고난을 당하는 문제에 대해 회의를 품고 있었을 것이다. '하나님이 살아 계시고 그리스도가 우리의 구주라면 그리스도인이 어찌하여 고난을 당하는가?', '그리스도교 신앙을 고백한 결과 오는 것은 고초와 환난뿐이란 말인가?', '하나님은 우리의 행복에 무관심하고 아무런 도움을 주지 않고 방치하고 계시는가?' 저자는 이러한 의문들에 대한 답변으로서 징계의 의의에 대해 논의하고 있다.

4절. "너희가 죄와 싸우되." 운동 경기를 연상하며(경주에서 권투로 초점을 변화시켰다) 죄를 의인화시켜 말한 것이다. 이 죄는 1절의 일반적인 죄와는 달리 공동체를 위협하고 있는 적대적인 세력으로서의 죄이다(3절의 "죄인들" 은 그리스도를 적대한 자들이다).

"아직 피 흘리기까지는 대항치 아니하고." 이에 대해서는 하나의 단언적 진술로 보는 견해(Chrysostom 등 교부들)와 공동체에 대한 질책으로 보는 견해(Delitzsch)가 있다. 전자는 이 말이 공동체가 겪어온 일을 묘사하고 있다고 보는 것이고, 후자는 공동체가 어느 정도 헌신했는가를 저자가 판단하고 있다고 보는 것이다. 전자는 '아직'(우포)란 부사에 근거하고 있고, 후자는 다음 절의 '그리고'(카이)를 대등접속사로 보는 데 근거하고 있다. 어느 편이든 가능하나 후자를 택해 둔다. 4절과 5절이 등위접속사로 연결되어 있고, 5절은 질책적인 어조로 되어 있기 때문이다.

공동체는 그들이 복음을 받아들인 후 공적인 모독, 재산 약탈, 일부 성도의 투옥 등을 비롯한 고난의 큰 싸움에서 참아 왔었다. 그러나 지금껏 자신들이 고백하는 신앙을 위하여 목숨까지 내놓아야 할 시험을 당한 적은 없었다. 그런데 이런 시험의 가능성이 엿보이고 더 고통스런 박해가 다가오는 것을 보게 되자 그들은 현재 뒤로 주춤거리고 있으며 경주를 포기할 생각까지 하고 있다.

그리하여 저자는 공동체가 복음을 위하여 피흘리는 지점까지 참고 고난받을 각오가 되어 있어야 함을 역설하고 있는 것이다. '피흘리기까지'는 생명을 내걸 정도의 투쟁을 의미한다. 그리하여 저자는 그들이 현재의 고난을 징계로 알고 감수할 것을 말한다.

6절. "주께서 그 사랑하는 자를 징계하시고." 징계는 자식이 잘못할 때 아비가 사랑하는 마음에서 하는 것이다. 하나님도 성도를 사랑하시기 때문에 징계하신다. 그러나 그 징계는 꼭 성도가 범죄했기 때문만은 아니다. 성도를 훈련시켜 보다 성숙한 믿음에 이르게 하려 할 때도 징계하신다(약

1:2~4).

7절. "아들과 같이 너희를 대우하시나니." 징계의 첫 번째 의의이다. 그것은 우리가 하나님의 아들 되었음을 나타낸다. 그것이 없으면 사생자요 참 아들이 아니다. 하나님은 그의 아들들이 아닌 자들에 대해서는 심판을 세상 끝날까지 미루신다(마 13:30). 그러나 아들들에 대해서는 즉각 심판을 행하신다(고전 11:32).

10절. "우리의 유익을 위하여 그의 거룩하심에 참예케 하시느니라." 징계의 두 번째 의의이다. 징계는 우리로 하나님의 거룩하심에 참예케 한다.

우리의 세상사가 순조롭게 진행될 때는 거룩함에 대한 욕망이 쉽게 사라진다. 그러나 환난을 통해 연단과 훈련을 받을 때 우리는 더욱 주님을 가까이 하고 거룩한 생활을 영위할 수 있다.

"양념이 식욕을 왕성하게 하여 음식을 맛있게 하듯이 환난은 우리의 마음속에 그리스도를 향한 욕구를 불러 일으킨다. 우리가 평온할 때는 갈증이 없고 그리스도께 관심을 가지지 않는다. 그러나 환난에 처하고 감옥에 들어갈 때는 그리스도를 사모하게 된다. 그 때 비로소 주님을 부르는 법을 배우게 된다. 주님을 향한 기갈을 느끼게 된다. 그리고 주님을 양식삼아 배부름을 얻으려 한다. 우리가 건강과 번영을 누리는 동안은 그리스도를 갈망하지 않는다. 그래서 환난이라는 이 양념은 우리에게 매우 유익하다. 그것은 우리에게 더욱 큰 갈증과 더욱 왕성한 식욕을 주어 그리스도께 나아가게 만들며 그리스도를 양식 삼아 살아가게 만든다"(Hugh Latimer). "고난당하기 전에는 내가 그릇 행하였더니 이제는 주의 말씀을 지키나이다 … 고난당한 것이 내게 유익이라 이로 인하여 내가 주의 율례를 배우게 되었나이다"(시 119:67, 71).

11절. "의의 평강한 열매를 맺나니." 징계의 세 번째 의의이다. 징계는 의의 평강한 열매를 맺게 한다.

'평강한 열매'는 운동 경기와 관련된 은유법으로서, 특히 '평강한'(에이-레니콘)은 운동 경기가 끝난 후 선수가 누리는 휴식과 긴장 이완을 보여 주는 말이다. 즉 운동선수가 경기 후 휴식의 열매를 취하듯이 징계로 말미암아 연단을 받은 자에게는 '의의 상급'이 주어진다는 것이다. 여기 '의'는 그리스도 안에서의 하나님의 구원을 가리키는것으로(롬 3:21; 마 5:6, 10), 바울은 선한 싸움을 싸우고 달려갈 길을 마치고 믿음을 지킨 자에게는 '의의 면류관'이 예비되어 있음을 말했다(딤후 4:8). 징계는 쓰지만 그 열매는 달다.

"연단의 뿌리는 쓰다. 그러나 그 열매는 달다"(Diogenes Laertius, v. 18). "하나님의 손에서 오는 연단을 천부께서 자기의 유익을 위해 계획하신 일로 받아들이는 사람은 원망이나 반감을 느끼지 않을 것이다. 그는 자기 영혼을 '고요하고 평온케 한 자'이다(시 132:2 참조). 이러한 상태는 하나님의 뜻에 순응하는 의로운 삶을 경작할 수 있도록 비옥한 토양을 제공해 준다"(F. F. Bruce).

길이 험하다는 이유로 용기를 잃고 투쟁을 포기하는 것은 수확을 상실하게 만드는 것이다.

3. 용기를 내서 건전하게 전진할 것(12:12~13)

이 곳에서는 앞의 운동 경기의 비유를 계속 배경으로 하면서, 수신자가 위축된 신앙 상태에서 용기를 내어 계속 전진할 것을 권면한다. 경기는 계속적인 훈련과 더불어 혹독한 면이 있기 때문에 결심이 약한 선수는 손을 내려 뜨리고 무릎에 심한 허약감과 피곤을 느끼며 마침내 실망한 나머지 경주에서 쉽게 비틀거리면서 코스를 똑바로 유지하지 못한다. 그러므로 경기자는 결심을 분명히 해야 하며 힘을 내어 앞으로 계속 전진해 나가야 한다.

12절. "피곤한 손과 연약한 무릎." 전자는 맥빠진 손으로서 경기를 계속하려는 결심이 빈약한 운동 선수에게 일어나는 현상이다. 후자는 심한 허약감을 느끼는 무릎으로서 역시 경기를 중단코자 하는 선수에게 오는 현상이다. 모두 수신자들이 신앙생활에 지루함과 권태를 느끼고 배교하고자 함을 나타낸다. 필로(Philo)는 투쟁을 포기하고 애굽으로 되돌아가려 한 광야의 이스라엘 백성들을 힘이 빠져 손을 떨어뜨리는 운동선수에 비유했다(De Congressu, p. 164).

13절. "너희 발을 위하여 곧은 길을 만들어 저는 다리로 하여금 어그러지지 않고 고침을 받게 하라." '곧은 길'은 '구부러진 길'과 대조되는 것으로 올바른 길, 정통의 길, 그리스도교 신앙의 길을 뜻한다. 수신자들은 지금 곧은 길을 떠나(배교) 잘못된 길로 가려고 한다.

'저는 다리'는 절름발이가 된 다리로서 피곤하여 지친 상태를 나타낸다. 수신자들은 믿음의 길에 피곤해 있으며 지친 상태에 있다(12:3). 그들은 피곤한 손, 연약한 무릎, 저는 다리를 한 경주자와 같다.

'어그러지지 않고'는 ① '길을 벗어나지 않고'(KJV, Spicq, Hughes 등), ② '탈골되지 않고'(RSV, Moffatt, Westcott, F. F. Bruce) 등 두 가지 해석이 다 가능하나 ②를 취한다. ①을 취할 경우 '저는 다리'와는 관련이 없으며, ②는 '저는 다리'와 연결되기 때문이다. 저는 다리가 탈골될 경우 더 이상 나아갈 수 없게 된다.

저자는 피곤해 있는 공동체가 하루 속히 치유되기를 바라고, 탈골되어 더 이상 전진하지 못하는 배교의 상태에 이를까 두려워하는 것이다.

4. 주님을 못 뵐까 두려워하라(12:14~17)

운동경기의 비유를 떠나서 이제는 윤리적인 사항을 다룬다. 그러나 그 어조는 역시 배교를 경고하는 어조다.

14절. "모든 사람으로 더불어 화평함과 거룩함을 좇으라." 주님을 뵈옵기 위해 해야 할 첫 번째 일이다. 마음이 청결하고(마 5:8) 화평케 하는 자라야(마 5:9) 주님을 뵐 수 있다.

15~16절. "하나님의 은혜에 이르지 못하는 자가 있는가 두려워하고 … 더러움을 입을까 두려워하고 … 에서와 같이 망령된 자가 있을까 두려워하라." 모두 배교를 경고한 것이다. 하나님의 은혜에 이르지 못함은 앞의

'주님을 뵈옵지 못함'과 관련이 있다. 그것은 경주에서 낙오하여 앞에 놓인 상급에서 돌아서는 것을 의미한다. 저자는 이미 앞에서 누누이 이런 배교에 대해 경고했다(3:12; 4:1; 6:4~6; 10:26~31). '쓴 뿌리'는 신명기 29:18에 배경을 둔 것으로, 거기서는 마음이 하나님을 떠나 이방신을 섬기려는 자들을 가리켰다. 마카비1서 1:18에서는 '안티오코스 에피파네스'를 '죄의 뿌리'로, 에스라4서 3:20~22에서는 '악한 마음'을 '악한 뿌리'라고 하고 있다. 여기서는 배교자를 가리킨다(3:12). '더러움'은 배교로 인해 공동체가 받는 손상을 가리킨다. 한 사람이 배교하게 되면 전 공동체에 그 영향이 미치는 것이다.

에서는 두 이방 여인을 아내로 취하였으며, 유대인의 전설에서는 성욕이 강성한 사람으로 전해져 내려오는 사람이다(Philo, Legum Allegoriae iii.2; Genesis Rabba, pp. 65, 70, 72). 그는 음행하는 자였고(문자적으로) 또 망령된 자였다. '망령된 자'는 목회서신에 4회 나오며(딤전 1:9; 4:7; 6:20; 딤후 2:16), 거룩한 것을 경멸하고 모독하며 짓밟는 사람을 뜻한다. 에서는 하나님께서 주신 거룩한 장자의 명분을 경멸하고 짓밟은 사람이었다. 그는 거룩하고 고귀한 것을 무가치한 것으로 여겼다(히 10:29 참조).

또 그는 배교자의 좋은 모델이다. 이는 이 부분의 서술 방식이 배교를 경고하는 6:4~6, 10:26~31의 서술 방식과 동일한 데서 알 수 있다. 즉 이 세 부분은 모두 '특권 – 포기 – 결과 – 심판 – 이유'의 순서로 기술되어 있다. 그는 장자의 명분을 경히 여겼고 그 결과 하나님께 버린 바 되었는데 그 이유는 망령되게 행했기 때문이다.

오늘도 하늘의 비침을 얻고 은사를 맛보고 성령에 참여한 바되고 하나님의 말씀과 내세의 능력을 맛보고 진리를 아는 지식을 받고서 타락한 자, 즉 짐짓 죄를 범한 자, 즉 배교자들은 더 이상 구원의 기회가 없다. 왜냐하면 그들은 에서처럼 망령되게 행했기 때문이다. 그들은 하나님의 아들을 밟고 자기를 거룩케 한 언약의 피를 부정한 것으로 여기고 은혜의 성령을 욕되게 했기 때문이다. 그리스도를 떠나서는 구원의 길이 없다. 그에게는 무서운 마음으로 심판을 기다림과 대적하는 자를 소멸할 맹렬한 불만 있을 뿐이다.

5. 복음의 은총(12:18~24)

앞서 배교자 에서를 예로 들어 배교를 경고한 저자는 이곳에서 시내산과 시온산을 비교함으로서 성도가 누리는 축복을 설명한다. 목적은 공동체가 에서처럼 이 큰 축복을 놓치지 않도록 권면하기 위해서다.

18~21절. 먼저 옛 언약을 부여했던 시내산의 무서운 광경을 묘사한다. 그 산은 인간이 만질 만한(침범할 만한) 가시적이요 현세적인 산이었다. 그리고 그곳에는 '불붙는', '흑운과 흑암과 폭풍', '나팔소리', '말하는 소리'가 있었다(출 19:3f, 16, 18, 19; 신 4:11~12). 하지만 그 곳은 죄를 가진 인간으로서는 접근이 불가능한 율법의 세계였고, 하나님의 위엄과 두려움으로 가득찬 공포의 산이었다.

22~24절. 다음으로 새 언약을 부여했던 시온산의 은혜로운 광경을 묘사한다. 그 산은 지상의 세계가 아닌 천상의 산이며, 수많은 천사와 성도들이 가 있는 하늘의 예루살렘이다. 신약의 성도들은 성육신하신 아들이 자기 몸을 온전히 드리신 제사와 완벽한 계시에 힘입어 하늘의 지성소에 담대히 나아갈 수 있게 된 것이다(히 10:19f). 아니 이미 이르러 있는 것이다. 그런데도 수신자들은 이 은혜를 모르고 다시 율법에로, 모세에게로, 시내산으로 되돌아 가려는 생각을 하고 있다. 그들은 그리스도의 완벽한 최종적, 단회적 제사 대신 무능력한 아론 체제 하에서의 성막과 성전의 제사 제도로 돌아갈 위험에 처해 있고, 은혜의 복음을 버리고 쓸모없는 율법주의를 붙잡을 위험에 처해 있다. 그리하여 저자는 복음의 은총이 얼마나 큰가를 보여 주려고 한 것이다.

6. 하늘로 좇아 경고하신 자를 거역하지 말라(12:25~29)

앞서 지상의 시내산(율법)과 천상의 시온산(복음)의 대조를 통해 복음의 은총(수신자들이 얼마나 놀라운 은총을 현재 누리고 있는지)을 보인 저자는 이 곳에 와서 다시 한번 더 엄숙한 경고를 말한다. 그 내용은 곧 하늘로 좇아 경고하신 자를 거역치 말라는 것이다.

25절. "너희는 삼가 말하신 자를 거역하지 말라." 여기 말하신 자란 그리스도를 가리킨다. 그분은 '이 모든 날 마지막'에 말씀하신 아들이다(1:2).

땅에서 경고하신 자. 모세를 가리킨다. 그는 땅 차원의 경고자에 불과한 자다.

"하물며." '경한 것에서 중한 것으로'의 논조이다.

"하늘로 좇아 경고하신 자." 그리스도를 가리킨다. 그는 하늘(이데아) 차원의 경고하신 자다.

"배반하는 우리일까 보냐." 모세의 말을 거역했던 자들이 응분의 심판을 피하지 못하고 불신앙으로 인해 멸망했다면(3:19, 4:1), 그보다 더 귀하고 중하신 그리스도의 말씀을 거역하는(배교하는) 우리가 어찌 심판을 피할 수 있겠느냐는 것이다. '아포스트레포메노이'는 디도서 1:14, 디모데후서 4:4에서 배교를 나타내는 동사다.

7. 지도자들의 믿음을 본받을 것(13:7)

저자는 믿음과 오래참음으로 약속을 기업으로 받기 위해 끝까지 전진한 자들로서 이 곳에서 다시 과거에 있었던 공동체의 지도자들을 제시한다.

7절. "너희를 인도하던 자들." 공동체의 지도자들을 가리킨다. 공동체가 본받을 세 번째 부류이다. 첫째는 구약의 선진들(11장), 둘째는 예수 그리스도(12:1~3), 셋째는 본서의 공동체를 인도하던 지도자들(13:7)이다. 이들은 과거에 공동체를 지도하다가(2:3) 지금은 죽은 자들이다.

"생각하며(므네모뉴에테)." 기억하라(remember)란 것이다.

"저희 행실의 종말." 즉 '저희 행실의 결과'를 뜻한다. 이것이 구체적으로 무엇을 뜻하느냐에 대해 두 가지 견해가 있다. ① 순교로 장식한 증언 사역의 영광스런 최후(Spicq, Moffatt, Westcott, Tasker, 대부분의 라틴 주석자들), ② 그들의 전 생애에서 나타난 매일의 행동의 '총체', '성과', '업적'(Chrysostom, F. F. Bruce, Hughes). 여기서는 ②를 취한다. 그러나 그 속에 ①도 포함될 것이다.

"주의하여 보고(아나테오룬테스)." 합성동사로서 신약에서는 이곳과 사도행전 17:23에만 나온다. 주의 깊게 관찰하라는 뜻이다.

"저희 믿음을 본받으라." 저자의 주된 관심사이다. 저자가 11장에서 구약의 믿음의 영웅들을 보여 준 것도, 12장에서 예수 그리스도를 믿음의 본으로 제시한 것도 모두 수신자가 저희의 믿음을 본받게 하기 위함이다. 수신자들을 믿음의 길로 처음 인도했던 이 사람들의 훌륭한 증언 사역과 하나님의 영광을 위한 그들의 기쁨에 찬 삶, 확고한 부활의 소망을 안고 죽어 갔던 태도 등을 수신자들이 상기해 본다면, 그들은 신앙의 걸음을 중간에 포기하고 싶은 그릇된 생각을 떨쳐버리는 데 큰 도움을 얻을 것이다.

8. 예수 그리스도의 영원한 제사 사역(13:8~12)

이 부분은 본서의 주제 가운데 하나인 그리스도의 제사 사역의 완전성을 다시 언급한 부분이다. 8절은 그리스도의 제사 사역의 영원성, 9절은 유대교의 불완전성, 10~12절은 그리스도교의 완전성을 논하고 있다.

8절. "예수 그리스도는 어제나 오늘이나 영원토록 동일하시니라." 이는 본체론적 관점에서 그리스도의 본성은 불변한다는 것(Origen, Athanasius, Gregory of Nazianzus, Cyril of Alex. 등), 혹은 권고적인 관점에서 바로 앞절과 관련시켜 과거에 함께 하신 하나님이 오늘도 함께 하시며 영원토록 함께 하실 것임을 나타내는 것(Hervius, Peter Lombard)이 아니다. 오히려 예수 그리스도의 속죄 사역이 단회적이면서 영원함(Once for All)을 나타내는 말이다(F. V. Filson). 그리스도의 속죄 사역은 단회적인 역사적 사건으로서 한 번으로 영원한 효력을 지니는 것이다(7:27; 9:26; 10:10, 12, 14).

9절. "여러 가지 다른 교훈." 유대교의 교훈들을 가리킨다. '여러 가지'와 '하나'를 '유대교'와 '그리스도교'의 상징으로 삼는 것은 저자의 방법이었다(1:1~2; 7:23; 10:1~4). '여러 가지'는 진리의 상대성과 불완전성을 나타내며, '다른'은 바른 교리, 즉 정통신앙에서 벗어난 이단 사상을 가리킨다. 유대 랍비들의 미묘한 결의론(casuistry)은 복잡다단한 계율과 교리였으며(Delitzsch), 그 교리들은 바른 그리스도교의 교리를 벗어난 '다른' 교리들이었다.

"마음은 은혜로써 굳게 함이 아름답고." '은혜'는 12:28을 보아 하나님의 은혜에 대한 감사를 뜻한다. 마음은 그리스도교의 복음으로 다스려야지 유대교의 율법으로 할 것이 아니다.

"식물로써 할 것이 아니니." '식물'은 유대교의 식물(food)에 관한 규례를 뜻한다(9:10). 외적인 권위에 의해 부과된 식물에 관한 유대교의 규례들은 사람들로 하여금 하나님과 함께 동행하도록 돕지 못한다.

"식물로 말미암아 행한 자." 유대교에 속한 자를 가리킨다. 그들은 식물에 관한 규례(레 11:1~23)를 지키려고 노력하는 자들이다.

"유익을 얻지 못하였느니라." 마음의 윤택함(마음을 굳게 함)을 얻지 못했다는 것이다.

10절. "우리에게 제단이 있는데." 유대교의 무익성과 무능성에 대조하여 그리스도교의 완전성을 제시하려 한다. '우리에게 있는 제단'은 공동체의 제단으로서 그리스도교의 제단, 즉 그리스도의 십자가를 가리킨다.

"그 위에 있는 제물은 장막에서 섬기는 자들이 이 제단에서 먹을 권이 없나니." 이 제단 위에 있는 제물은 대속죄일의 제물이다. 유대교의 제사 가운데 제물을 제사장들이 먹을 수 없는 경우는 오직 대속죄일의 제물이었다. 다른 날의 짐승 제물의 살코기와 소제물은 제사장들이 자신들의 양식으로 삼을 권리가 있었으나(레 3:3~4), 대속죄일의 제물만은 먹을 수 없었다. 왜냐하면 이 날에는 제물의 육체를 영문 밖에서 완전히 불살라 버리기 때문이다(레 16:27). 그리스도교의 제단인 그리스도의 골고다는 한번으로 영원한 효력을 지닌 대속죄일의 제단과 같은 것이다. 그곳은 성소가 아닌 지성소와 같은 곳이요, 둘째 장막에 해당하는 곳이며, 여럿이 아닌 한 대제사장에 의해 1년에 한 번 섬겨지는 대속죄일의 제단과 같은 곳이다(9:1~8).

9. 예수에게로 나아갈 것(13:13~14)

앞의 신학적인 진술에 근거하여 권면을 한다. 그 권면은 곧 영문 밖에 계신 예수에게로 나아가자는 것이다.

13절. "그런즉 우리는 그 능욕을 지고 영문 밖으로 그에게 나아가자." '그 능욕'은 그리스도의 능욕으로서 그리스도를 위해 받는 능욕을 뜻한다(11:26 참조). 예수를 따라 가는 것은 곧 십자가를 지는 일이다(막 8:34). 예수는 영문 밖에서 죽으셨으므로 예수를 따라가는 길은 곧 영문 밖으로 나가는 길이다. 대속죄일의 제물은 영문 밖에서 불태워졌으므로 영문 밖은 곧 대제사장 예수의 종교, 즉 그리스도교를 의미한다. '영문 안'은 예루살렘으로서 유대교를 상징하며, '영문 밖'은 골고다 언덕으로서 그리스도교를 상징한다. '영문 안'은 십자가가 없는 곳으로 세상이 알아 주는 곳이라면, '영문 밖'은 십자가가 있는 곳으로 멸시와 천대와 능욕이 있는 곳이다.

수신자들은 지금 그들의 결심이 약해져 있었으며, 보다 쉽고 세상이 알아주는 안전한 '영문 안'의 생활을 찾아 되돌아가고 싶은 유혹을 느끼고 있다. 이런 자들을 행해 '우리는 그 능욕을 지고 영문 밖으로 그에게 나아가자', 즉 멸시와 천대와 고난의 십자가를 지고서라도 참 구원이 있는 그리스도교로 나아가자고 한다. "(수신자들은) 현재 가장 순수한 최초 형태의 유대교로부터도 물러나라는 요구를 받고 있다. 유대교는 하나님이 잠정적인 제도로 세우신 것이다. 이제 그 기능은 끝났다"(Westcott).

14절. "우리가 여기는 영구한 도성이 없고." 현세에는 영구한 도성이 없다. 모든 것이 임시적이며 장차 멸망할 것들이다. 마찬가지로 유대교 안에는 영구한 것이 없다. 율법도, 언약도, 제사제도도, 제사직도 모두 변역될 것들이다. 그것들은 모두 그림자요 참 형상이 아니다. 그것들은 겉보기에는 세상이 알아 주는 제도요 든든한 제도 같아도 그리스도의 강림과 더불어 폐지된 제도들이다. 성전의 파괴와 멸망은 그 좋은 증거다. 그러므로 여기에는 '온전함' 이나 '참' 이나 '영원함' 이 없는 것이다. 이것은 저자가 본서를 통하여 지금까지 누차 강조해 온 사상이다(8:5, 13; 9:9~10, 24; 10:1, 3~4, 9, 11 등). 수신자들은 '여기에', 즉 이 유대교에는 '영구한 도성이 없기에', 즉 온전한 구원이 없기 때문에 온전함을 위해서는 영문 밖으로 나아가야 한다. 오늘날 신자들 가운데는 그리스도교를 떠나가는 자들이 있다. 그러나 그리스도를 떠나서는 영구한 도성이 없다는 사실을 알아야 할 것이다.

"오직 장차 올 것을 찾나니." 수신자들은 유대교에서 참 만족을 얻지 못하고, '장차 올 것', 즉 영원한 것, '좋은 일' (9:11; 10:1), 완전한 것, '이데아' 를 찾기 위해 그리스도교로 개종한 자들이다.

신학적 메시지

1. 성도는 자신의 약점과 결점이 무엇인지를 알고 이를 제거해야 한다.

2. 성도는 인내가 필요하며 곁눈을 팔지 않고 시선을 한 군데로 집중시키는 일이 필요하다. 예수는 믿음의 주이시며 믿음의 완성자시다. 그는 믿음의 모본이시다.

3. 성도의 고난은 사랑하는 자에게 내리시는 징계다. 그것은 우리로 하나님의 거룩함에 참여케 한다.

4. 신앙생활이 피곤하여 낙심되는 일이 있더라도 용기를 내어 전진해야 한다.

5. 에서는 배교자의 모형이다. 에서처럼 그리스도인의 특권(복음의 은총)을 포기하지 말라. 배교하면 더 이상 구원의 길이 없다.

6. 신앙 선배들의 믿음을 본받으라.

7. 예수 외엔 진정한 구원이 없다. 그리스도교의 길이 비록 능욕의 길이더라도 그 길로만 나아가라.

주(註)

1부

1장

1. 이 글에서 필자는 '저자' 문제는 다루려 하지 않는다. 논의가 복잡하고 장황할 뿐 아니라, 그 결과 얻는 결론도 명확하지 않고, 역사적 배경 이해에도 그리 도움을 주지 못하기 때문이다. 제안되어 왔던 저자들 가운데 바울의 가능성은 거의 희박하며, 아볼로의 가능성은 흥미롭기는 하지만 외적 증거의 결여가 큰 약점으로 남는다. 그밖에 누가, 바나바, 빌립, 스데반, 브리스길라, 마리아 등 기발한 제안들이 많이 있어 왔지만, 아직 그 어느 제안도 결정적인 공감대를 얻지 못하고 있다.

2. 본 표제를 "히브리인들에 대항하여"라고 번역하려는 시도들이 있어 왔지만 이러한 시도는 결코 성공적일 수 없다. 참조 P. Ellingworth, *The Epistle to the Hebrews* (NIGTC; Carlisle: Paternoster Press, 1993), pp. 21~22.

3. 이삭의 축복을 빼앗긴 에서 이야기 참조. 17절: "너희의 아는 바와 같이."

4. C. Spicq. *L´ Epître aux Hebreux* I(2 vols; Paris: Gabalda, 1952~1953), pp. 226ff; idem, 'L´ Epître aux Hebreux: Apollos, Jean-Baptiste, les Hellénisters et Qumran', *Revue de Qumrân*, 1 (1958~1959), pp. 365ff. 또한 P. E. Hughes. *A Commentary on the Epistle to the Hebrews* (Grand Rapids: Eerdmans, 1977). p. 15 는 쿰란 제11동굴에서 나온 파피루스 단편들의 멜기세덱에 대한 언급들과 히브리서의 멜기세덱에 대한 언급들 사이의 연관성을 매우 인상적인 것으로 받아들이면서, 두 집단 사이의 연관성을 매우 긍정적으로 평가한다.

5. Y. Yadin, "The Dead Sea Scrolls and the Epistle to the Hebrews", *ScrHier* 4 (1958), pp. 36-55.

6. H. W. Montefiore, *Epistle to the Hebrews* (BNTC; London: A & C Black, 1964), pp. 9~29.

7. 예를 들어, J. Moffatt, *The Epistle to the Hebrews* (ICC; Edinburgh: T & T Clark, 1924), pp. xxiv ff.; E. F. Scott, *The Epistle to the Hebrews: Its Doctrine and Significance* (Edinburgh: T&T Clark, 1992). esp. p. 200.

8. 하지만 상당수의 학자들은 유대인-이방인 혼합 수신자의 가능성을 제안한다. 예. Ellingworth, *Hebrews*, pp. 21~26; D. A. Hagner, *Hebrews* (NIBC; Peabody: Hendrickson, 1990). pp. 1~5.

9. 이러한 문안의 부탁은 전체 공동체의 인도자들과 상당수의 성도들이 본 서신의 수신자들 가운데 포함되어 있지 않았음을 보여 준다.

10. 이와 관련된 보다 자세한 논의에 대해서는 B. Lindars, *The Theology of the Letter to the Hebrews* (NTT; Cambridge: Cambridge University Press, 1991), pp. 8~15를 보라(도

서출판 솔로몬에서 출판된 번역판이 있음).

11. 브루스, 「히브리서」(서울: 생명의말씀사, 1986), p. 33.

12. 과거에는 이러한 입장을 취하는 주석가들이 상당수 있었다. 그 목록에 대해서는 Spicq, *Hebreux* I, p. 239, note 1을 보라. 이러한 입장을 취하는 최근의 주석으로는 P. E. Hughes, *A Commentary on the Epistle to the Hebrews* (Grand Rapids: Eerdmans, 1977), pp. 18~19(크리스찬서적에서 출판된 번역판이 있음)를 들 수 있다.

13. 물론 몇몇 학자들(예. D. M. Hay; G. Theissen)은 히브리서와 클레멘트 1서 사이의 유사성이 클레멘트가 히브리서를 인용한 결과라기보다는 두 저자가 공통 자료를 사용한 결과라는 주장을 하기도 한다. 하지만 이러한 주장에 대해서 P. Ellingworth, 'Hebrews and 1 Clement: Literary Dependence or Common Tradition?' *BZ* 23 (1979), pp. 262~269는 적절히 논박하고 있다.

4장

1. 루터가 공개적 토론을 제안하면서 내걸었던 95개조항의 내용은 주로 특정한 종교적 행위를 통해서 죄를 면할 수 있다는 가톨릭교회의 가르침을 반박하는 것인데 특히 면죄부의 남용에 대해서 많이 지적하고 있다.

2. 칭의의 문제에 있어서 개혁자들과 로마 가톨릭 사이에 있었던 신학적 입장의 차이에 관한 자세한 설명은 다음의 책에서 잘 소개하고 있다. Tony A. S. Lane, Justification by Faith: in Catholic-Protestant Dialogue, An Evangelical Assessment (London, New York: T & T Clark, 2002).

3. 바울은 창세기 15:6을 인용하면서 아브라함이 후손에 관한 하나님의 약속을 믿은 것을 근거로 하여 그가 믿음으로 의롭다함을 받았다는 것을 주장하는 반면, 야고보는 창세기 22장에서 아브라함이 하나님의 명령에 따라 이삭을 제물로 바친 그의 순종을 근거로 하여 아브라함이 행함으로 의롭다함을 받았다고 설명하고 있다.

4. 히브리서에서 강조하는 인간론적인 측면과 종말론적인 측면의 믿음은 루터의 기독론적인 관심을 만족시켜 주지 못했기 때문에 루터는 히브리서를 야고보서와 더불어 아주 낮게 평가했다.

5. 바울 서신에서는 '피스토스'를 '신실하신' 대신 '미쁘신'으로 주로 번역하고 있다.

6. 로마서의 전반부 1~12장은 그리스도를 통해 주어진 구원에 관한 신학적인 설명이지만 13장 이후 후반부에는 실천적인 권면으로서 그리스도의 구원의 복음에 따라서 인간이 믿음으로 거룩하게 살아야 할 것을 설명하는 인간론적인 문제를 다루고 있다.

7. Gerhard Dautzenberg, "Der Glaube im Hebraerbrief", BZ 17 (1973), 161~77.

8. Erich Grasser, Der Glaube im Hebraerbrief (Marburg: Elwert, 1965), 65~66.

9. Dennis Hamm, "Faith in the Epistle to the Hebrews: The Jesus Factor", CBQ 52 (1990), 270~91; Victor (Sung-Yul) Rhee, "Christology and The Concept of Faith in Hebrrews 5:11~6:20", JETS 43/1 (March, 2000), 83~96.

10. Rhee, "Christology", 93.

11. 히브리서 1장의 구약 인용에 관한 자세한 설명은 다음에 소개된 나의 책을 참고하라.

Kiwoong Son, Zion Symbolism in Hebrews: Hebrews 12:18~24 as a Hermeneutical Key to the Epistle (Milton Keynes: Paternoster, 2005), 105~24.

12. 이 논쟁은 바울 서신에서 pivstij Cristou/라는 특정한 형식으로 등장하는 표현의 해석에 관한 문제이다(롬 3:22, 26; 갈 2:16, 20; 3:22; 빌 3:9).

13. Hamm, "Faith", 281~82.

14. 히브리서에서는 안식의 장소인 천상적 예루살렘에 들어가는 것을 성소 안으로 들어가는 것과 동일시하고 있다. Kiwoong Son, Zion Symbolism, 91~93; 137~140.

15. 물론 히브리서에서 제시하는 믿음이 신약의 다른 성경에서 제시하는 믿음과 근본적으로 다른 것은 아니다. 문제는 우리 자신에게 있는데 그동안 우리는 이신칭의와 관련하여 믿음의 주제를 다룰 때에 너무 기독론 중심적으로만 생각해 왔기 때문에 믿음의 인간론적 측면의 설명이 다소 생소할 수도 있을 것이다.

16. Kasemann, Wandering, 74~75.

17. A. T. Lincoln, "Sabbath, Rest and Eschatology in the New Testament", in D. A. Carson (ed.), From Sabbath to Lord' s Day. A Biblical, Historical and Theological Investigation (Grand Rapids: Zondervan, 1982), 206.

18. N. Elia Peter, "Bible Study: Practical Exhortation Hebrews 3:7~15", Asia Journal of Theology 3 (1989), 576~581, 577.

6장

1. 위대한 믿음의 순교에 관해서 위에 언급된 마카비 문서를 꼭 읽어 볼 것을 권한다.

2. 마카비의 일곱 아들들은 율법에 금지된 돼지고기 먹기를 거절함으로 순교를 당했다.

2부

3장

1. 오토 미헬, 강원돈 역 「히브리서」(서울: 한국신학연구소, 1987), pp. 52~113; F. B. Craddock, "The Letter to the Hebrews," in The New Interpreter's Bible, Vol. 12, eds. L. E. Keck et al (Nashville: Abingdon, 1998), pp. 8~10.

2. A. Vanhoye, "Situation et signification de H breux V. 1~10," NTS 23 (1976~1977), pp. 445~456.

3. William L. Lane, Hebrews 1~8 (WBC 47a; Dallas: Word Books, 1991), p. 103.

4. F. B. Craddock, "The Letter to the Hebrews," p. 57.

5. S. J. Kistemaker, Hebrews (Grand Rapids: Baker Book House, 1984), p. 124.

6. W. Schenk, "Hebräerbrief 4, 14~16: Textlinguistik als Kommentierungsprinzip," NTS 26 (1979~1980), pp. 242~252.

7. Lane, Hebrews 1~8, p. 115.

8. 오토 미헬, 「히브리서」, p. 90.

9. E. Käsemann, "Hebräer 4, 14~16," in *Exegetische Versuche und Besinnungen* (G ttin-gen: Vandenhoeck & Ruprecht, 1970), p. 304.

10. Lane, *Hebrews 1~8*, p. 117.

11. R. A. Stewart, "The Sinless High-Priest," *NTS* 14 (1967~1968), pp. 126, 130~131.

12. F. F. Bruce, *The Epistle to the Hebrews* (Grand Rapids: Eerdmans, 1964), pp. 94~95.

13. 예수님은 하나님과 가까우면 가까울수록 사람 앞에서 하나님을 더 잘 계시할 수 있고, 동시에 사람에 가까우면 가까울수록 하나님 앞에서 사람을 더 잘 대변할 수 있다. 예수님의 하나님의 아들 됨과 대제사장이 됨은 이 두 사역을 완전하게 수행하기 위함이다. 참조 게할더스 보스, "히브리서에 나타나는 그리스도의 제사장직," 「구속사와 성경해석」(서울: 크리스챤 다이제스트, 1998), p. 171.

14. D. M. Hay, "Glory at the Right Hand: Psalm 110 in Early Christianity," *SBLMS* 19 (Nashville: Abingdon, 1973), pp. 114~145.

15. F. B. Craddock, "The Letter to the Hebrews," p. 62.

16. T. Boman, "Das Gebetskampf Jesu," *NTS* 10 (1963~1964), p. 268.

17. Rengstorf, *TDNT* 4, pp. 410~412; Michaelis, *TDNT* 5, pp. 917, 934~935.

18. D. Guthrie, *Hebrews* (Grand Rapids: Eerdmans, 1983), pp. 131~132.

19. F. B. Craddock, "The Letter to the Hebrews," pp. 13~16.

20. Lane, *Hebrews 1~8*, p. 136.

21. F. B. Craddock, "The Letter to the Hebrews," pp. 68~69.

4장

1. 대제사장 주제는 이미 2:17~3:1에서 간략하게 도입된 바 있다.

2. 하지만 흥미롭게도 5:11과 6:20은 멜기세덱에 관한 언급으로 이 삽입 단락을 시작하고 끝맺는다. 이는 멜기세덱 주제로부터의 일탈과 회귀를 지시해 주는 것으로 보인다.

3. 예를 들어 F. F. Bruce, G. W. Buchanan, P. E. Hughes, D. Guthrie, H. W. Attridge 등. 하지만 W. L. Lane, *Hebrews 1~8* (WBC; Dallas: Word Books, 1991), pp. 125~128은 5:11을 새로운 단락의 시작이라고 주장한다. P. Ellingworth, *The Epistle to the Hebrews* (NIGTC; Carlisle: Paternoster Press, 1993), pp. 297ff도 참조하라.

4. 참조 Lane, *Hebrews 1~8*, pp. 134~135.

5. 5:12의 "너희가 다시 하나님의 말씀의 초보가 무엇인지 누구에게 가르침을 받아야 할 것이니" 구절을 특히 6:1~2과 연관해서 어떻게 이해해야 할지에 대해서는 많은 제안이 있어 왔다. Lane, *Hebrews 1~8*, pp. 136~137은 본 구절을 반어적으로 이해해야 할 것을 제안하기도 하지만, 6:1~2을 어떻게 이해하는가에 따라 직설적으로 이해하는 것도 가능하다. 참조 P. E. Hughes, *A Commentary on the Epistle to the Hebrews* (Grand Rapids: Eerdmans, 1977), p. 190, 특히 n. 23; Ellingworth, *Hebrews*, pp. 303~304.

6. 저자는 6:1~2에서 초보의 상태에서 벗어나는 것과 관련된 구체적인 교훈을 덧붙인다: "죽은 행실로부터의 <u>회개</u>와 하나님께 대한 믿음의 기초를 썼음들과 <u>안수</u>와 죽은 자의 <u>부활</u>과

영원한 심판에 관한 교훈과 더불어 다시 쌓지 말라"(필자의 사역; 밑줄은 필자의 것임). 지면 관계상 본 소고(小考)에서 다루지 못하는 1b~2절의 문장 구조 및 초보와 관련된 여섯 가지 교리적 기초들의 의미 규정은 간단하지 않다. 이와 관련된 논의에 대해서는 많은 주석들 중에 Ellingworth, *Hebrews*, pp. 313~316을 보라.

7. 본 경고 단락에 대해서는 교회사를 통해 특히 '그리스도인의 견인' 교리와 관련하여 많은 논의가 이루어져 왔지만, 아직까지도 그 해석과 관련된 긴장감이 해소되지 않고 있다. 여기서는 지면 관계상 본 단락에 대한 자세한 논의를 제공할 수 없으며, 단지 본 단락의 해석과 관련하여 주의해야 할 점들 및 본 단락이 히브리서 논지의 흐름상 하는 역할에 초점을 맞춘 전반적이고 개략적인 논의만 제공될 것이다.

8. Ellingworth, *Hebrews*, p. 317.

9. 이들의 모습은 다음 네 개의 분사구들로 묘사되고 있다: "한 번 비침을 얻고", "하늘의 은사를 맛보고", "성령에 참예한 바 되고", "하나님의 선한 말씀과 내세의 능력을 맛보고. 이들 네 분사구들이 그리스도인의 경험을 묘사한 것인가 아닌가에 대해 많은 논의가 있어 왔지만 아직 완전한 의견의 일치를 보지 못하고 있다. 하지만 이와 관련된 논의를 지나치게 교리적 관점에서 접근하는 것은 적절치 못하다. 주목할 사실은 이러한 자들에 대한 언급이 그리스도인들인 수신자들과 연관해서 나타나고 있다는 점이다.

10. D. A. deSilva, "Hebrews 6:4~8: A Socio-Rhetorical Investigation (Part 2)", *Tyndale Bulletin* 50 (1999), pp. 234~235(번역은 필자의 것임).

11. 하나님의 약속과 맹세 사이의 차이 및 저자가 하나님의 맹세의 필요성을 왜 이렇게 부각시키고 있는가에 대한 간략하지만 유익한 논의가 Ellingworth, *Hebrews*, pp. 334~345에서 발견된다. 또한 참조 H. W. Attridge, *The Epistle to the Hebrews* (Hermeneia; Philadelphia: Fortress Press, 1989), pp. 180~181.

12. 참조 Lane, *Hebrews 1~8*, p. 160; Ellingworth, *Hebrews*, p. 350.

13. 히브리서와 관련된 멜기세덱에 관한 연구 논문들은 대단히 많은데, 그 중 1976년 이후의 것들에 대한 목록이 Ellingworth, *Hebrews*, p. 354에서 소개되고 있다. 이 주제에 대한 보다 간략하지만 유익한 논의가 Attridge, *Hebrews*, pp. 192~195에서 발견된다.

14. F. F. 브루스, 「히브리서」 (서울: 생명의말씀사, 1986), p. 224.

15. 신약 성경에서는 여기서만 사용되는 '엥구오스'는, 파피루스들에서의 용법으로 미루어 볼 때, 다른 사람에 대한 보증인으로서 자신의 목숨을 거는 자를 의미하는 것으로 보인다. 그렇다면 예수는 새로운 제사장직에 대한 하나님의 맹세가 성취되도록 하기 위해 자신의 목숨을 보증으로 내놓은 자의 모습으로 이해될 수 있다. 참조 Lane, *Hebrews 1~8*, p. 188.

원어 일람표(히브리어/헬라어)

288

크레이토노스 κρείττονος

*θ는 원칙적으로 'ㅆ'로 음역했으나, 필자가 'ㅌ' 혹은 'ㅍ'를 선호한 경우 필자의 의견을 존중했습니다.
*υ는 원칙적으로 'ㅟ'로 음역했으나, 필자가 'ㅜ'를 선호한 경우 필자의 의견을 존중했습니다.